刘宝存　主编

比较高等教育研究丛书

初编　第 **1** 册

美国大学治理的文化基础研究

黄 海 啸 著

花木兰文化事业有限公司

国家图书馆出版品预行编目资料

美国大学治理的文化基础研究／黄海啸 著－－初版－－新北市：
花木兰文化事业有限公司，2022〔民 111〕
目 4+210 面；19×26 公分
（比较高等教育研究丛书 初编 第 1 册）
ISBN 978-986-518-736-1（精装）
1.CST：高等教育 2.CST：大学行政 3.CST：学校管理
4.CST：美国
525.08   110022075

ISBN-978-986-518-736-1

9 789865 187361

比较高等教育研究丛书
初编 第一册   ISBN：978-986-518-736-1

美国大学治理的文化基础研究

作 者	黄海啸
主 编	刘宝存
企 划	北京师范大学国际与比较教育研究院
总 编 辑	杜洁祥
副总编辑	杨嘉乐
编辑主任	许郁翎
编 辑	张雅淋、潘玟静、刘子瑄 美术编辑 陈逸婷
出 版	花木兰文化事业有限公司
发 行 人	高小娟
联络地址	台湾 235 新北市中和区中安街七二号十三楼
	电话：02-2923-1455／传真：02-2923-1452
网 址	http://www.huamulan.tw 信箱 service@huamulans.com
印 刷	普罗文化出版广告事业
初 版	2022 年 3 月
定 价	初编 14 册（精装）台币 38,000 元 版权所有 请勿翻印

美国大学治理的文化基础研究

黄海啸 著

作者简介

　　黄海啸，女，山东菏泽人；哲学博士，教育部人文社科重点研究基地北京师范大学国际与比较教育研究院博士后；日本山口大学、美国丹佛大学、英国赫瑞·瓦特大学、爱丁堡大学访问学者。具有多学科视野和丰富国际交流阅历，先后任山东大学高等教育研究中心、山东大学经济学院副教授，硕士生导师，山东大学儒家文明协同创新中心"传统文化与国民教育"课题组成员、山东大学一流大学建设方案、本科评估专家组专家。

　　曾任山东大学政策研究室专职研究员。主要从事儒家哲学与文化、教育经济、国际高等教育比较的研究和教学工作。目前供职于山东大学经济学院，研究方向为教育经济、经济思想史国际比较和人文经济学。参与多项国家重大及地方横向学术项目研究，发表学术论文多篇。

提　　要

　　本书是基于作者在美国作访问学者的阅历、考察和访谈，在博士后出站报告基础上修改而成。初衷是重点考察美国一流大学治理结构和运作模式，但身临其境、深度访谈和部分参与其治理程序后，深感其治理结构和程序背后的"人"的"Idea""Believed""Feeling""Habitus"……更重要，更制约，更根本，随果断将研究题目改为其大学治理的文化基础研究。考虑到"文化"是大题目，现代"西学"里又有很多研究范式和理论模型，本书锁定比较"质性"的研究方法，重点集聚典型文献、典型故事、人物，关键场景和事件，然后综合运用多学科理论视野进行"文化析解"，而不追求确定的结论。全书共分九章：一、问题的提出：为什么是"文化"？二、遗传与变异：美国大学治理特色及治理结构；三、制度之母：美国大学治理中的文化影响因素；四、守成与超越：信托文化与外行董事会制度；五、从"特许"到程序协商：美国大学的法治文化；六、从"雇佣"到"牧猫"：大学里"学术卡里斯玛"的制度化变迁；七、桥通内外：美国大学"舵手"的领导力文化；八、进步才是硬道理：绩效文化与学术资本主义的超越；九、"欧洲鸟与美国鹰"之启示：民主文化下美国大学的共同治理。

"在大学里，一个民族的灵魂才反照出自己的真相。"

——英国哲学家荷尔丹（Lord Haldane）

"大学之道，在明明德，在亲民，在止于至善。"

——中国《四书》之《礼记·大学》

"教育有如一条大河，而文化就是河的源头和不断注入河中的活水，研究教育，不研究文化，就只知道这条河的表面形态，而摸不着它的本质特征。"

——中国当代教育家顾明远

《比较高等教育研究丛书》总序

刘宝存

20 世纪 80 年代以来，科学技术突飞猛进，知识经济迅猛发展，国际竞争日趋激烈，经济全球化不断深入，文化多元化趋势增强……世界教育面临前所未有的新形势、新问题和新挑战。为了应对这些新形势、新问题和新挑战，以更好的姿态进入 21 世纪，世界各国无不把教育作为优先发展的战略领域，把教育改革与创新作为应对时代挑战和提高国际竞争力的重要举措，在全球范围内兴起了一场教育改革运动。在如火如荼的全球性教育改革中，世界各国都致力于建构世界一流的教育体系和教育标准，推动教育公平，提高教育质量，改进教学模式和方法，推动教育的国际化和信息化，促进教育治理体系和治理能力的现代化，提升教育为社会经济发展服务的能力，满足社会民众日益增长和个性化的教育需求。与以往的教育改革多聚焦于某一个层次或某一个领域的教育不同，世纪之交的教育改革运动涉及学前教育、基础教育、高等教育、职业教育、师范教育、教育管理、课程与教学等各级各类教育和教育的各个领域，是一场综合性的教育改革，而且迄今已经持续三十多年，但是仍然呈方兴未艾之势。

高等教育是一国教育体系中的最高层次，在培养高层次人才、开展科学研究和社会服务、推动国际合作与交流等方面发挥着至关重要的作用。从各国高等教育领域的教育改革看，新自由主义教育思潮成为占主导地位的教育思潮，新公共管理和治理理论被奉为圭臬，追求卓越和效率、倡导分权和扁平化管理、强调公民参与和公共责任，成为高等教育管理的价值取向。世界各国在高等教育中追求卓越，致力于创新人才的培养，特别是培养面向 21 世纪的教师、提高博士生培养的质量成为高等教育改革的重点。为了培养创新人才，各国高等学校在人才培养目标、课程设计、教学模式和方法、教学评价等方面进行改革，本科生科研、基于问题的学习、服务性学习、新生研讨课等以探究能力和实践能力为导向的教学模式和方法风行世界，建构高等教育质量保障体系成为各国的共同选择。在信息技术和全球经济一体化的推动下，各国致力于打造智能化校园，促进信息技术与教育教学、大学治理的融合；致力于发展跨境教育和学生流动，提升高等教育的国际竞争力和影响力。

北京师范大学国际与比较教育研究院是中国成立最早、规模和影响最大的比较教育研究机构，也是比较教育学科唯一的国家重点学科依托机构。该院 1999 年获批首批教育部普通高等学校人文社会科学重点研究基地，2012 年获批教育部国别和区域研究基地，2017 年成为教育部高校高端智库联盟成员单位。该院的使命是：（1）围绕世界和我国教育改革与发展的重大理论、政策和实践前沿问题开展研究，探索教育发展的规律，把握国际教育发展的趋势，为我国教育改革与发展提供理论支撑；（2）为文化教育部门和相关部门培养具有国际视野、通晓国际规则、能够参与国际事务与国际竞争的高层次国际化人才；（3）积极开展教育政策研究与咨询服务工作，为中央和地方政府的重大教育决策提供智力支撑，为区域教育创新和各级各类学校的改革试验提供咨询服务；（4）积极开展国际文化教育交流与合作，引进和传播国际先进理念和教育经验，把我国教育改革发展的先进经验和教育研究的新发现推向世界，成为中外文化教育交流的桥梁和平台。60 多年来，该院紧紧围绕国家战略，服务国家重大需求，密切跟踪国际学术前沿，着力进行学术创新，提升咨政建言水平，成为世界有重要影响的国际与比较教育理论创新中心和咨政服务基地；牢牢把握立德树人的育人方向，创新人才培养模式和方法，成为具有全球竞争力国际化人才的培养基地；充分发挥舆论引导和公共外交功能，深化国际交流与合作，成为中国教育经验国际传播中心和全球教育协同创新中心。

为了总结该院在比较高等教育领域的研究成果，我们以该院近年来的博士后报告和博士论文为基础，组织了这套《比较高等教育研究丛书》。《比较高等教育研究丛书》的各位作者现在已经在全国各地的高等学校工作，成为在比较教育领域崭露头角的新秀。首辑丛书包括十四部，具体如下：

黄海啸　美国大学治理的文化基础研究

陈　玥　中美研究型大学博士生教育质量保障体系的比较研究

翟　月　美国大学非营利管理教育课程设置研究

孙　珂　美国高校创新活动的风险治理机制研究

李丽洁　美国营利性高等教育机构的组织学分析

李　辉　美国联邦政府对外国留学生的监管研究

苏　洋　「一带一路」国家来华留学博士生教育质量监控体系研究

尤　铮　美国大学在亚洲的海外办学研究——基于对纽约大学的考察

肖　军　德国大学治理模式变迁研究

褚艾晶　荷兰高等教育质量保证政策研究

徐　娜　俄罗斯提升国家研究型大学国际竞争力的策略研究——以制度
　　　　变迁理论为视角

郑灵臆　芬兰「研究取向」的小学教师教育研究

朋　腾　俄罗斯高等师范教育人才培养模式变革研究

王　蓉　美国高校服务－学习实践的研究

根据我们的设想,《比较高等教育研究丛书》将不断推出新的著作。现在呈现在各位读者面前的只是丛书的第一辑,在条件成熟时我们陆续将推出第二辑、第三辑……。同时我们也希望在第二辑出版时不仅包括北京师范大学国际与比较教育研究院的研究成果,而且希望将国内外其他高等学校的研究成果纳入其中;不但出版基于博士后研究报告和博士论文修改而成的研究成果,而且希望出版高等学校和研究机构教学科研人员的研究成果,不断提高丛书的质量。同时,我们还希望聆听大家在选题方面的建议。

《比较高等教育研究丛书》的出版,得到花木兰文化事业有限公司的大力支持,特别是杨嘉乐女士为丛书的出版花费了许多心血,在此我谨代表各位作者向她们表示衷心的感谢。

刘宝存

2021 年 11 月 28 日

于北京师范大学国际与比较教育研究院

题　记

　　百余年前，中国洋务派领袖张之洞曾劝学曰：“世运之明晦，人才之盛衰，其表在政，其里在学。”在当今国际竞争日益加剧的信息、智识经济时代，教育尤其是“大学”（university）的重要性更是历史空前。国家综合实力的竞争几乎就等于高等教育质量与规模的比拼，这有力证明着一个历经千年和日久弥新的知识、文化、智慧机构——大学的地位和贡献越来越无可替代。在当今世界，大学数量和质量几乎已成为每个民族智力水平、发展质量的最硬核支撑。人才和创新的重要性，让高等教育规模和大学办学水平几乎等同于一个国家的生产力水平和社会发展程度。高等教育日益成为每个国家创造力的引擎、每个地区发展活力和社会繁盛的智力保障。是众多世界一流大学让美国保持了很长时间的世界一流国家地位和实力！

　　作为具有 5000 年悠久历史的文明古国和进入飞速发展新时代的社会主义强国，中国在继续保持开放、向世界一切先进经验学习的基础上，立足本国实践、充满文化自信，加快建设一批“中国特色世界一流大学”无疑是高质量实现中华文明伟大复兴的坚实保障。中国当代教育家、国际比较教育的开创者顾明远先生曾说：“教育有如一条大河，而文化就是河的源头和不断注入河中的活水，研究教育，不研究文化，就只知道这条河的表面形态，而摸不着它的本质特征”。[1]中国之所以是教育大国，中华文明之所以续五千年精彩仍熠熠生辉，就在于其文化恢弘的“包容性”“开放性”。“疫情泛滥”与百年未遇世界之大变局、大危机面前，“地方全球性”与“全球地方

1　顾明远，《中国教育的文化基础》[M]，太原：山西教育出版社，2004 年 1 月。

性"是当代世界发展变革的叠加态和二重奏，也成为考验每个民族国家未来前景的最核心议题。近代以降，开放中的"现代性追求"一直是中华民族这个古老文明之鲜明主题；现代性、未来性中的"中国性"更是我们实现伟大民族复兴的最终极目标和伟大"中国梦"扎实有效落地的历史征程。

> "红日初升，其道大光。河出伏流，一泻汪洋。
>
> 纵有千古，横有八荒。前途似海，来日方长。"

自梁启超先生歌颂和期冀的"少年新中国"启蒙以来，"古今中西"中的"中国方案""中国自信"一直到今天，仍是中国改革、进取的主旋律。在新一轮百年未有人类大变局大危机面前，作为五千年中华文明的当代继承者和中华民族未来最先进文化的创造者，中国领导人习近平总书记指出："对丰富多彩的世界，我们应该秉持兼容并蓄的态度，虚心学习他人的好东西，在独立自主的立场上把他人的好东西加以消化吸收，化成我们自己的好东西"。

就高等教育而言，中国现代意义上的"大学"是欧美舶来品。为了"强国梦""世界一流大学梦"，中国近现代优秀知识分子、仁人志士曾先后满腔热忱地向外求索、向世界先进高等教育治理经验学习：德国、日本、美国……不同地域的大学理念、治理模式都曾被我们纳入学习、借鉴的框架和范畴，不同的"试验田"都曾在中华大地上掀起涟漪，甚至波澜壮阔，但总难免"橘生淮南则为橘，生于淮北则为枳，叶徒相似，其实味不同。所以然者何？水土异也。"[2]如民国时代北京大学之蒋梦麟、胡适，东南大学之郭秉文（1908 年赴美留学，1914 年获哥伦比亚大学教育学博士学位），都曾探索、借鉴过美国大学的成功模式，但都因"文化适应性"问题而没能取得渴望中的成功；而蔡元培时期的北大、抗战时期的西南联大之所以能创一时之"历史辉煌"，反而是因为蔡先生等时代俊杰自身的中西文化修养带给他们中西智慧融合的大历史智识，能够基于教育规律和人类文明共识坚守"大学是一个具有坚固的民族根基的国际机构"之信条[3]，从而探索出一条立足本土、借鉴全球的成功之路。历史实践已证明，无论是治国之体制，还是治学

2　《晏子春秋·杂下之六》。

3　[美]菲利普·阿特巴赫语，转引自莫顿·凯勒、菲利斯·凯勒著，史静寰等译，《哈佛走向现代：美国大学的崛起》[M]，北京：清华大学出版社，2007 年，《世界一流大学研究》总序。

之路徑，學習、借鑒某些經驗可以，不理解其深層文化與制度相互作用機理的照搬是絕對沒有"活路"的。在"世界一流大學"夢想焦慮之下，渴望"崛起"與"復興"的中國在不斷檢討本國高等教育弊端的基礎上，越來越深刻地認識到教育治理效能、大學運作模式有效性對高等教育成敗具有決定性作用。自"錢學森之問"2005年誕生和2009年成為公共命題以來，中國社會及學術界的探索、求解已逐步深化，大家更將追索教育制度的有效性務實地轉化為"教育治理"的有效性。其中一個表現就是，學術界將中國大學的弊端歸因為大學治理體系與治理結構有效性偏差導致的大學組織特性的偏離，並期待挖掘、整合更多制度的優越性，學習西方大學先進治理經驗，規避"學術資本主義""績效官僚主義""新自由主義"的種種弊端，凝練更多的"中國現代性"治理模式和經驗，把中國大學從機械功利的"五唯"評估和過度"行政化"中解放出來，逐步實現向"中國特色的現代大學治理體系"框架下凸顯"教育性""學術性""服務性"和"創新性"的大道回歸。為實現這樣的"教育強國"宏偉目標，一系列的新政策方針已逐步出台。

　　2017年教育部等五部門聯合發布了《關於深化高等教育領域簡政放權放管結合優化服務改革的若干意見》，鼓勵高校推進內設機構取消行政級別的試點，管理人員實行職員制。隨後《中共中央國務院關於全面深化新時代教師隊伍建設改革的意見》《深化新時代教育評價改革總體方案》《關於深化職稱制度改革的意見》等文件對深化高校教師職稱制度改革、分類推進職稱制度改革、建設高素質專業化創新型教師隊伍做出了系統部署。2021年3月發布的《"雙一流"建設成效評價辦法（試行）》則要求認真吸收世界上先進的辦學治學經驗，更要遵循教育規律，扎根中國大地辦大學；要扭轉不科學的教育評價導向，堅決克服唯分數、唯升學、唯文憑、唯論文、唯帽子的頑瘴痼疾。這為中國"雙一流"建設指明了前進方向、提供了根本遵循。

　　中國秉持開放國策，建設世界一流大學無疑需要借鑒國際經驗，但大國教育更需要的是文化自信基礎上的文化繼承和文化創造。歷史經驗已昭示我們，"照搬""模仿"的學習、借鑒方式是不可能"後來居上"的，"彎道超車"的後發優勢必須要基於文化自信和創新性學習，而文化繼承與創新更能孕育"換道超車"模式的東方特色現代化大學制度創造。中華民族的"教育強國夢"，必須要有強大的"中國特色大學"來做智力和思想支撐。正是在這個意義上，習近平總書記2018年5月2日在北京大學考察時，要求北大要扎根中国大地办大学，不要把北大办成"第二个哈佛和剑桥"，而是要办成"第一个北大"；2021 年 4 月 19 日在清华大学考察时又强调："一流大学建设要坚持党的领导，坚持马克思主义指导地位，全面贯彻党的教育方针，坚持社会主义办学方向，抓住历史机遇，紧扣时代脉搏，立足新发展阶段、贯彻新发展理念、服务构建新发展格局，把发展科技第一生产力、培养人才第一资源、增强创新第一动力更好结合起来，更好为改革开放和社会主义现代化建设服务。"

如何解读"扎根中国大地办大学"？我们的理解是：坚守主体性基础上的借鉴、继承和创造，即 100 余年中国特色马克思主义实践经验指导下的外来经验学习吸收和 5000 年中华文明智慧创造性转化相结合。其中"社会主义大学文化创新"和"社会主义大学制度创新"是这种"新时代中国特色社会主义大学治理"的一体两面。

常言道"文化是制度之母"，每一套体制、制度与治理模式，都有其背后的文化环境和生成逻辑。比较教育学者霍夫曼（Diane M. Hoffman）曾说："文化应成为一个视角，应通过它来建构比较教育的研究框架，而不只是被研究的对象，从而可以通过新的路径来探寻比较教育领域中那些塑造人类行为的隐晦的、藏匿于表面之下的具有活力的问题与范畴的意义与价值所在。"[4]中华民族勇于学习，也善于学习，拒绝生搬硬套，就是注重研究全球一切优秀制度背后的逻辑和优秀文化中所蕴含的价值。中华经典《礼记·学记》有言："化民成俗，其必由学；建国君民，教学为先"。《礼记·大学》则训示我们："大学之道，在明明德，在亲民，在止于至善。"文化是民族之灵魂，教育理念和信仰是文化之生机体现。我们的教育理念、教育信仰立意高远而宏大，我们务必在继承这种优良教育文化基因的基础上，基于中国文化精神内核和文化先进性来选择和创造适合中国历史、现实与未来繁荣昌盛的大学制度。因为制度的效应主体是"人"，而每个民族、每个国家的"人"都有其特有的"文化心理结构"。当然，开放性的中国不会拒绝吸收世界上一切现代性、后现代性成功大学治理经验，因为每个伟大、先进民族也都是最具开放性、最善于吸收、学习、融合世界先进文化的民族，中华民族悠久的沧桑兴衰史充分证明了这一点！

4　Diane M. Hoffman. Culture and Comparative Education: Toward Decentering and Recentering the Discourse [J]. Comparative Education Review, 1999. (43), p.464-488.

　　本专著以近 400 年历史的美国高等教育为研究对象，探求的核心主题，正是美国大学治理结构背后的文化、价值，以及治理结构和治理效能的逻辑关系。我们好奇和追问的核心问题是：一、为什么具有悠久传统的欧洲大学"老鸟"能孵化出美国大学这只"巨鹰"？二、进一步将第一个问题置换为，在贫瘠的北美荒原上，新兴的美国是如何学习并超越其欧洲"老爹"而孕育出北美大学"巨鹰"的？

　　大量的文献阅读、较长时间的现场观摩、考察、访谈，我们的初步研究结论是，美国高等教育的举世瞩目成就是因为几乎零基础的北美荒原既有新教徒务实而变通的艰苦奋斗，又有基于"新教伦理精神"提炼出的美国民族理性——实用主义、科学主义、进步主义哲学、法治信托文化与社会达尔文主义。而"实用主义"范畴下，美国大学治理文化中一条最核心的文化理念，就是无论来自哪个民族，已被新文化大熔炉"冶炼"过的"美国公民"在奋斗、开拓的新环境里，形成了这样一种全民信仰："大学"是世界高等学问和高深知识的宝库和喷泉，美国社会创新和经济发展都是从这些学问和知识而来，所以我们宽容学术，保护大学，美国大学没有"围墙"而秩序井然就是这一信仰的最好证明。一般研究认为，美国大学治理结构具有共享性、制衡性和松散性等特征。这些特征的形成与美国的低权力距离国家文化紧密相关。在低权力距离文化下，美国人养成了平等参与公共事务的思想观念（共享性）、分权制衡的思维方式（制衡性）和联邦主义的生活方式（松散性）。[5]美国大学之所以能没有围墙而秩序井然，是因为美国人民基于这样的文化信仰对大学和教学科研等学术活动保持着高度的信任和尊重！

　　作为美国文化核心要素的这几样思想武器帮助美国人民没有照抄照搬欧洲的样板，而是努力汲取欧洲先进大学理念精髓的基础上，逐步培育出具有自己鲜明民族特色的优良大学基因，如"外行董事会"代表社会智慧和社会需要对大学的方向性牵引和动机开发；学术委员会、评议会、教授协会等学院知识分子组织参与治理对大学"学术至上""学术自由"的有效保障；政府制定政策、颁布法案、营造环境对大学施加"非法律的合法影响"从而引导而不是直接控制大学发展等等，这些宝贵经验不仅是美国能够诞生众多世界一流大学的保障，也为全球大学治理贡献了精彩智慧和宝贵经验，值得我

5　刘爱生，〈美国大学治理结构的主要特征及其文化基础〉[J]，《外国教育研究》，2014 年 8 月，第 62-70 页。

们学习和借鉴。但是，其大学课堂上长期灌输的"西方中心主义""功利主义""利己主义""自由主义"思想，使美国的大学在培养了这个金融帝国的统治基础、政治军事强国的所谓"精英"人才基础的同时，也导致了美国巨大的贫富差距、社会撕裂，同时其"霸权主义""资本军国主义"也给世界人民制造了痛苦和灾难。这足以让我们警醒、反思，并引以为戒！

就方法和范式而言，"文化"研究有人类学大视野的"体系"（system）研究、结构功能主义硬架构的"结构"（structure）分析，也有生态主义"环境生成"说和行为动力学家的"动机论"解释。中国传统学术对"文化"的"人文化成"理解接近于系统、动态的建构主义建构（constructed）框架。本文综合吸收各派文化论精华，以文化社会学、组织文化学、组织社会学、文化符号学等研究视角切入，也借鉴迪尔凯姆的文化社会学、拉德克利夫·布朗"功能的文化社会学"、斯宾塞、E.B.泰勒、埃里克·阿什比等进化论的文化社会学、吉尔特霍夫斯塔德组织文化理论、迈耶和罗恩的组织社会学中新制度主义关于组织文化的阐述框架。本研究高度重视并尝试运用普林斯顿大学克利福德·格尔茨有关"文化析解"（culture explication）的文化符号学理论和埃德蒙·金的教育洞察等研究方法，来解释、论证美国大学治理结构的文化基础及其治理文化之变迁，深入挖掘美国大学有效治理现象背后的深层次文化原因。基于上述理论和新颖的研究方法、独特的研究视角，期待能得出与目前国内学术界已有的美国大学研究略为不同的研究结论：其一，美国大学的治理结构是斗争博弈的结果，是文化流行理念演变的结果，而不变的正是这样的文化信念：每个时代都要根据国家实力正相关地保障大学的自治与自由，才能保障这个国家的整体智商与国家发展、社会进步的可持续一体化进步；其二，文化是制度之母。而大学文化、理念是为了保障大学里的"学术优先"。美国大学的规模壮大和质量提升过程，是大学里"学术卡里斯玛制度化"的过程；其三，在北美大陆形成的"实用主义""社会达尔文主义""民主个人主义""学术资本主义"的这些核心文化理念和理论，成就了美国在不同时期的成功，使美国超越了欧洲大学的制度传统，创造并建构出崭新的美国大学文化和发展模式，实现了"一只欧洲老鸟孵化出美国巨鹰"的神话与传奇，但同时也埋下一些导致"道德沦丧""自私功利""贫富分化""社会撕裂""狂妄自负"诸多负向价值和隐患。世界著名教育哲学家伯顿·克拉克曾说："安蒂奥克、里德、斯沃思茅等几所学院之所以能跃居 800 所院校的最高层次，至关重要的因素是形成了强烈而统一的自我信念。"是的，一流的大学文化必然孕育一流大学信念；有了基于文化自信的一流信念，才能实现具有世界开放性和民族地域特色的一流大学。对于中国而言，美国在学习中创造性地转化欧洲大学模式的精华，具有鲜明特色地构建起自己民族乃至世界辉煌成就的高等教育体系，其创新精神和构建路径有着重要的参考价值。

目

次

第一章　问题的提出：为什么是"文化"？如何解释？

第一节　问题的确立及研究意义

一、问题的确立

在信息与智识经济时代的当今世界，国家综合实力的竞争几乎就等于高等教育质量与规模的比拼，这有力证明着大学在当今世界几乎已成为每个国家创造力和软实力的引擎和标志国家现代与传统、先进与落后、发达与衰败的最核心机构。高等教育发展水平成为衡量一个国家发展水平和发展潜力的重要标志。一流大学群体的水平和质量决定了高等教育体系的水平和质量，一定程度上也决定了这个国家社会发展和国家治理现代化的水平和质量。高等教育要与国家一体化发展、成为国家现代化的坚强支撑，这道理和经验已经是国际共识。美国能够自二战后"爆发"并长期维持世界强国地位，正是其众多的世界一流大学对国家建设、社会进步、人才聚集贡献的结果。大学与国家发展的契合程度，成为直接影响大学办学水平的最关键要素。如美国的普林斯顿大学就将"为国家服务"作为校训，哈佛大学、加州理工大学、麻省理工学院等，全面参与了曼哈顿工程、阿波罗登月计划、人类基因组计划等重大工程，在服务重大科技战略中持续产出前沿尖端成果并迅速崛起、保持长期优势。斯坦福大学也是在服务国家战略目标中，凝练出原创性科学问题，开创前沿科学研究领域，并创立科学园区，形成了一流大学为区域经济服务、园区为一流大学提供支撑的新模式。[1]国际竞争的加剧，更强化了世界高等教育的迅猛发展和争创一流的大比拼，如美国前总统奥巴马曾宣称："今天在教育上超过我们的国家，在将来会在竞争中超过我们。"[2]美国历届总统都非常重视籍以一流大学群体保障其世界强国霸权地位，也刺激和保障了其高等教育在全球高等教育体系中长期处于引领地位。虽然特朗普执政以来，其一系列带有强烈反智主义、反全球化、反多元化色彩的政策主张对美国高等教育发展造成了极为不利的影响。但拜登上台后强力推出"高中后教育计划"（Plan For Education Beyond High School），强调加强对高等教育的资金支持，以推动美国高等教育的再次繁荣。[3]

近年来，世界百年未有之大变局和新冠肺炎疫情全球大流行交织影响世界。尤其是疫情肆虐全球，人类社会已被深刻改变，世界又一次进入新的动荡变革期。除了竞争，世界更需要多方位深层次合作来应对人类的共同未来。要复苏全球经济，推动世界实现更加强劲、绿色、健康的全球发展，时代呼唤能担当"人与自然生命共同体""人类命运共同体"智商与精神领袖的新型绿色大学。中国5000文明追求"天人合一"，具有极强的和平性、包容性和绿色发展性，面对人类命运的又一次调整，中国政府秉持和平和睦和谐发展、绿色可持续共同发展理念，在学习西方大学治理经验的基础上，更注重克服极端自由主义、精致的利己主义、残酷丛林法则的社会达尔文主义、庸俗浅薄的知识资本主义等等弊端，正在努力建构"人民至上"，以绝大多数人民的幸福为"国之大者"的东方治理模式。中国特色的世界一流大学必然是这种理念追求的奠基者、实现者。如2018年5月，习近平总书记在北京大学考察时强调，培养社会主义建设者和接班人，是我们党的教育方针，是我国各级各类学校的共同使命。大学对青年成长成才发挥着重要作用。高校只有抓住培养社会主义建设者和接班人这个根本才能办好，才能办出中国特色世界一流大学；2021年5月习近平总书记在清华大学考察时强调，我们要建设的世界一流大学是中国特色社会主义的一流大学，我国社会主义教育就是

---

1 邱水平，〈对新时代中国高等教育内涵式发展的几点思考〉[J]，《中国高等教育》，2020年10月9日。

2 [美]德尔班科著，范伟译，《大学：过去、现在与未来》[M]，北京：中信出版社，2014年，第23页。

3 刘宝存、商润泽，〈拜登时代美国高等教育将去向何方——新任总统拜登教育政策主张述评〉[J]，《比较教育研究》，2021年6月。

要培养德智体美劳全面发展的社会主义建设者和接班人。如何加快建设中国特色世界一流大学？中国出台了一系列相关政策，如《国家中长期教育改革和发展规划纲要（2010-2020 年）》第七章"高等教育"篇第一条则更直接强调："提高质量是高等教育发展的核心任务，是建设高等教育强国的基本要求。"我们已逐渐认识到，只有"一流的大学"，才有一流的国家；2020 年10 月，中共中央、国务院印发了《深化新时代教育评价改革总体方案》，明确了新时代中国教育评价改革的任务书和路线图。面对"百年未有之大变局"，在"十四五"规划谋篇布局之际，政府与学术界已对中国特色世界一流大学的高质量内涵式发展有了新一轮思考与探索。教育具有较强的人道主义色彩，中国特色的世界一流大学旨在培养能在解决一系列全球性问题和人类所面临的新挑战中发挥重要作用的世界一流人才，更多地参与全球治理和贡献人类美好未来。因为，正如 1992 年联合国可持续发展《二十一世纪议程》（Agenda 21）指出的："教育是促进可持续发展和提高人们解决环境与发展问题能力的关键"。[4]

"一流大学"又从何而来、如何建构呢？"一流大学"梦想焦虑之下，渴望"崛起"和"复兴"的中国在不断检讨本国高等教育弊端的基础上，也越来越深刻地认识到教育制度类型、大学运作模式的选择对高等教育成败功过具有决定性作用。中国的教育界更将这种教育制度的有效性务实地转化为"治理结构"的有效性。我们观察到，自"钱学森之问"2005 年诞生和 2009 年成为公共命题以来，国家、社会及学术界的探索、求解已逐步深化，表现之一就是学术界将中国大学的弊端归因为大学的治理结构、运行过程中仍存在形式主义、官僚主义做派，"唯数量""唯论文"现象严重，导致大学组织特性偏离、学术产出低效、服务国家建设和社会发展能力不足、人才培养质量有待提升。石中英先生认为，要走出"五唯"困境，最重要的是要回归教育本体，完善教育评价治理体系，加强教育评价学科建设，并且要内外结合，创造更加良好的社会支持体系。[5]近几年中国推出的系列教育改革政策，都旨在用更多机制的特色性、务实性、高效性与治理体系的"现代性"来消

---

4 阚阅、徐冰娜，〈可持续发展教育全球行动计划动因、机制与反思——联合国教科文组织全球治理的视角〉[J]，《比较教育研究》，2020 年 12 月。

5 陈先哲，《2020：中国高等教育的转型与研究》，中国社会科学网，2 月 1 日，https://mp.weixin.qq.com/s/Xx06QrNGXTWy_HH4_XxX9g。

解这种偏离，把中国大学从"被管理"之下的过度"行政化"中解放出来，逐步实现向"中国特色的现代大学治理"之下凸显"方向性""服务性""学术性"和"创造性"平衡、兼顾的模式转变。习近平总书记深刻指出，"世界一流大学都是在服务自己国家发展中成长起来的。"在建立高质量教育体系和推进高水平教育对外开放的新时代，这无疑为中国实现自己的世界一流大学梦指引了方向，明确了方针，贡献了方略。同时，秉持"各美其美，美人之美，美美与共"中华文明美德，习近平强调还"要倡导人类命运共同体意识，在追求本国利益时兼顾他国合理关切，在谋求本国发展中促进各国共同发展。"所以，中国特色的世界一流大学不是故步自封和内卷，而是不仅能支撑、服务于中国成为十四亿人民的幸福家园，还能为构建更加公正合理的国际秩序，引导国际社会朝着更加开放、包容、普惠、平衡、共赢的方向发展，可以为新时代迫切需要解决的问题提供大批一流国际人才。

人类高等教育发展的历史规律已经证明，大学的"质量与规模"在国家经济、政治条件接近的环境下，会直接受制于这个国家所选择大学制度的性质、大学治理的模式以及高等教育的结构，因为制度和结构的现代性、科学性、合理性、高效性直接决定了这个国家高等教育质量的高度、规模的适宜度与结构的合理度。大学的优劣成败，"教育制度扮演更加核心的角色"[6]教育制度之于大学无疑重要，运营模式及治理结构更直接决定了大学的质量、性质以及成就，但制度与治理体系从何而来？运营模式、治理模式能否模仿、照搬、移植呢？这些问题的解答学术界已多有求索，艾萨克·康德尔（Issac Kandel）的判断"教育不能摆脱文化形式的影响，因为它是在这种文化形式中发挥其功能"[7]是世界教育重视文化研究的写照；而中国国际比较教育创始人之一顾明远先生所秉持的"比较教育文化研究"视野有很强的解释能力。如顾先生追问："美国、法国、德国都是经济发达的资本主义国家，可是他们的教育制度和处理教育事实的方法又大相径庭，即使同处欧洲大陆，法国和德国的教育也大不相同；而社会制度不同的东方国家，如中国、日本、韩国的教育传统却有许多相同之处。这是为什么？"[8]顾先生思考的过

---

6 [美]海因兹-迪特·迈尔、布莱恩·罗万，〈教育中的新制度主义〉[J]，《北京大学教育评论》，2007 年 1 月，第 15-24 页。

7 刘宝存、王婷钰，〈人类命运共同体理念下的比较教育：可为、应为与何为〉[J]，《比较教育研究》，2021 年 8 月。

8 顾明远主编，《民族文化传统与教育现代化》[M]，北京师范大学出版社，2001

程和结果在其两本专著中进行了系统表述。第一本专著叫《民族文化传统与
教育现代化》，该书用"因素分析法"和"历史分析法"得出的深刻历史经验
告诉我们：国际大视野下，中西各不同国家的教育制度只有与不同民族、地
域的文化体系相匹配相融洽，其制度、机制才能真正起作用，真正扎根、有
效、可持续；中央民族大学教育学院常永才教授非常赞赏顾先生的思路，认
为这是中国比较教育研究在方法、视角上找"新意"从而实现新范式转向的
丰硕成果："向文化人类学借鉴，应是比较教育研究方法革新的一个有效举
措。人类学影响日甚，尤其是其独到的研究方法。人类学一直所倡导的文化
主义的影响已经贯穿到所有的社会科学领域。"[9]第二本专著叫《中国教育
的文化基础》，该书强调中国早期固有的文化传统固然是中国教育的文化基
础，但明清以来的西方文明、近代以后的马克思主义与前苏联教育、改革开
放以后引进的种种思潮同样也成为了中国当代教育的文化基础。[10]熊庆年先
生的研究也对大学治理中的文化影响给予了足够重视："大学治理结构是大
学制度的核心，构建一个适应社会发展要求、符合本国实际的大学治理结构，
是现代大学制度建设的根本任务。大学治理结构不是一个抽象的理论存在，
而是时代和环境的产物，是一定条件下的客观实在。大学治理结构具有区别
于其他组织的共性特征，同时，每所大学的治理结构又具有独特性。脱离历
史发展和文化环境的条件制限，就不可能真正理解大学治理结构的本质。"
[11]熊庆年先生以复旦大学高等教育研究所为平台，20 多年来主要致力于高等
教育管理问题研究，包括宏观层面的政府、社会和大学关系的研究、公共政
策研究和中观层面的现代大学制度研究、高等院校内部治理研究，他显然已
高度重视从大社会系统的视角深度剖析不同大学制度的社会文化环境特质。
长期以多学科视角研究现代大学制度的王洪才先生及诸多国内学者，更越来
越深入地洞悉到文化环境对制度及治理结构的制约和影响，并深入探讨了二
者相互作用的机理，把文化称之为大学治理的内在逻辑："从实践方式看，

　　年，第 2 页。

9　常永才、孟雅君，〈中国比较教育研究方法的革新：文化人类学视角〉[J]，《比较
　　教育研究》，2004 年 12 月，第 14-17 页。

10　高益民，〈顾明远教授文化观的若干辨析〉[J]，《比较教育研究》，2008 年 9 月，
　　第 10-15 页。

11　熊庆年、代林利，〈大学治理结构的历史演进与文化变异〉[J]，《高教探索》，2006
　　年 1 月，第 40-43 页。

人们在论述大学管理时，比较注重垂直权威的运用，强调正式权力，强调任务职责的分配，而在谈及大学治理时则强调每个成员的共同参与精神，强调非正式权威，强调文化的引导力量。"[12]

自新中国顾先生开创比较教育研究的文化学派始，后续众多学者关注制度背后的文化问题研究，这既与世界范围内"人文社科"研究的"文化转向""伦理转向""实践转向"的"后理论"思潮有一定相关性，而起起伏伏、冷冷热热的文化视角间歇性又与中国的政治、社会思潮环境高度一致，表现出中国学术的特殊性。受这些研究和洞见的启示，本专著展开自己的核心问题和分析问题的成因都将在学界已有的美国大学治理过程或治理结构基础上，更专注于转向其治理背后的文化基础探析，重点考察其文化基础与治理体系之间匹配相恰的逻辑机制和运行规律。如我们常谈论美国大学的"学术自由"，但很少研究绝大多数美国大学有政治规矩背后的文化和逻辑："美国的大学也限制教授在课堂上的言论。笔者所在的大学和其它大学一样，在校规里明文规定，教授不能使用教室作为传播个人政治观点的舞台。"[13]美国大学的治理经验之所以成为全世界研究的对象，是因为其治理结构背后的治理逻辑、治理文化有系统性和一定程度上可资借鉴的先进性，是一种比较有效、相对先进的文化治理，正如王洪才教授所说："大学治理强调的是对主体精神的尊重和内在创造性的激发。只有当大学管理走向了文化管理时，在管理理念上依靠自我管理而不需要外部强制的时候，才可称得上达到了治理的境界。"[14]

中国文化历来有"它山之石可以攻玉"的开放性。文献搜索显示，国内学术界已有一系列关于"美国大学治理"的研究专著面世，如王英杰、刘宝存主编吴慧平所著《西方大学的共同治理》、欧阳光华《董事、校长与教授：美国大学治理结构研究》、洪源渤《共同治理——论大学法人治理结构》、湛中乐《通过章程的大学治理》、尹晓敏《利益相关者参与逻辑下的大学治理研究》、秦惠民《教育法治与大学治理》、王清远《城市型大学治理体系与治理能力现代化的实现：兼评"一带一路"域外经验》等等。这股研究热潮为中

---

12 王洪才，〈大学治理的内在逻辑与模式选择〉[J]，《高等教育研究》，2012年9月，第24-29页。

13 伍国，〈漫谈美国大学的制度与文化〉[J]，《同舟共进》，2018年。

14 王洪才，〈大学治理的内在逻辑与模式选择〉[J]，《高等教育研究》，2012年9月，第24-29页。

国学术界、教育界带来了美国大学治理模式、治理结构的系统图景，为我们学习西方大学治理智慧提供了非常有价值的经验和参照。同时也让我们联想到，这新一轮的开放学习与 19 世纪末 20 世纪初蔡元培、胡适、梅贻琦等留洋博士归国后中国的第一轮向西方学习，似有重新接续之感，但方向和性质已大不相同。前事不忘，后事之师。我们在继承爱国、进步、民主、科学伟大五四精神的同时，已充满民族自信地构建起新时代中国特色社会主义文化，并用这种中国特色社会主义文化指导、助力一切事业改革。[15]继承与反思两种功课下足功夫，我们才能从历史的教训中汲取智慧和力量。我们最不能忘记的一个沉痛教训就是：研究、学习欧美的大学治理模式、治理结构固然重要，但制度和治理结构移植通常无效，照搬更是死路一条。如 1921 年主张向美国学习的先驱教育家郭秉文在东南大学移植美国的"三会制"。"董事会"运作之初为学校解决了丰厚的财源，但极短暂的"成功"之后，东大的教授们因"学术权力"渐被社会财团捆绑而渐生不满，郭秉文也在随后的"易长风波"中被迫辞职，其精心移植的"美国治理结构"也因水土不服而流产。[16]沉痛的历史教训告诉我们，任何制度体系都有其文化基础和价值内核，真正的学习应该是学习它那种文化与制度相得益彰的基本逻辑和运行经验。制度改革只有与本国文化的创造性地转化同步并进，革新了的制度才能行之有效并根深叶茂。正如美国学习欧洲而超越欧洲的创造性学习那样——制度的借鉴必须完成文化适应性、文化创造性过程改造。基于这样的判断和认识，本研究将核心问题锁定在美国大学治理背后的文化基础是什么以及这些文化价值如何与制度相互形塑相互推进？如果说"治理结构是一个组织中各利益群体的相互关系，它通过权力的配置和运作机制来达到关系的平衡，以保障组织的有效运行并实现其根本目的。"[17]那么，本研究就是要通过析解大学治理中各利益相关者责权关系何以这样、那样存在的理由，即从组织文化、制度文化的视角看，美国大学治理结构背后的信仰、理念、价值观、逻辑基础是什么？

---

15 习近平，在纪念五四运动 100 周年大会上的讲话。

16 张雪蓉，《以美国模式为倾向：中国大学变革研究（1915-1927）——国立东南大学为个案》[D]，华东师范大学，2004 年。

17 熊庆年、代林利，〈大学治理结构的历史演进与文化变异〉[J]，《高教探索》，2006年 1 月，第 40-43 页。

二、研究意义

众所周知，相较于欧洲大学，美国的高等教育是"后来者"，殖民时期九大学院之首的哈佛学院就是英国剑桥大学的摹本——"牛津是剑桥的母亲，剑桥是哈佛的妈妈"。而哈佛所在的小镇，被命名为 Cambridge，为了区别于英国的剑桥，中文译名称为"坎布里奇"。对此，有人打趣说："一只不错的英国老鸟孵化出美国的巨鹰来。"[18]为什么具有悠久传统的欧洲大学"老鸟"能孵化出美国大学这只"巨鹰"？原因是在贫瘠的北美荒原上有新教徒的务实、奋斗与变通，及在"新教伦理精神"基础上提炼出的美国民族理性——实用主义、科学主义、进步主义哲学、法治信托文化与社会达尔文主义。作为美国文化核心要素的这几样武器帮助美国人民没有照抄照搬欧洲的样板，而是在努力汲取欧洲先进大学理念要素的基础上，逐步培育出具有自己鲜明民族特色的优良大学基因，如"外行董事会"代表校外智慧和社会需要对大学的方向性牵引和动机开发；学术委员会、评议会、教授协会等学院知识分子组织参与治理对大学"学术至上""学术自由"的有效保障；政府制定政策、颁布法案、营造环境对大学施加"非法律的合法影响"[19]，引导而不是直接控制大学发展等等。值得重点关注的是，美国大学具有国际竞争优势的成就取得，是其勉力坚守大学是"学术共同体"文化的奋斗结果，应该说，美国大学的辉煌是其民族尊重学术的理性精神的胜利。如哈佛大学教育研究生院曾就教师对学术共同体的看法对美国 51 所院校的 4500 名终身聘用轨教师做过调查，他们发现教师们对所在院系的氛围、文化和学术共同体的关注远要高于对工作量、终身聘用制度和报酬的关注，对问卷的回答进行的回归分析表明，对于预测教师工作满意度的重要性来说，氛围指标比报酬指标重要五倍。[20]美国在学习中创造性地转化欧洲大学模式的精华，成功构建起具有自己民族特色并标榜世界的高等教育体系，其创新精神和构建路径对中国极具参考价值。

中华民族是个善于学习、有广阔胸襟的开放民族。国际儒联主席、著名

---

18 世界名校牛津剑桥之争的历史起源，新浪读书，[EB/OL] http://book.sina.com.cn/excerpt/eduhissz/2005-12-26/1032194915.shtml。

19 [美]罗纳德·G·埃伦伯格主编，沈文钦等译，《美国的大学治理》[M]，北京大学出版社，2010 年，第 5 页。

20 王英杰，〈重构学术共同体：建设世界一流大学的治理制度和组织文化〉[J]，《比较教育研究》，2021 年 5 月。

儒学大家成中英先生总结说："中国文明早期的视野是比较宽广的，中国人强调包容，强调一种开阔的融合。中国文明是谦虚的文明，愿意学习，强调自我才能的发挥和贡献，中国人不是排他的，强调兼容，这是全人类应该学习的。我们不能排他，要允许多样性，鼓励多样性，我们要不断去学习，在科学、经济、医术等各方面都要参与、学习、合作，然后竞争、分享、共享，我觉得这才是中国文明的发展之道。"[21]当然，同样重要的是，中国需要在广泛学习的基础上，创建辉煌的适合本民族文化根基、独具特色的社会主义高等教育体系。这种创建必然是"全球地方性"与"地方全球性"的交融叠加和螺旋变奏，落脚点一定是基于中国文化的世界一流大学的"中国性"呈现。用洪成文教授的话说，在"跟跑欧美发达国家"似乎还是许多国家高等教育无力挣脱的局面时，从"亚洲元素"观点，形成世界高等教育第三极的趋势在日益增强。中国作为"东方大国"和亚洲强国，必然能开创出新时代的另一种模式，从而发挥出自己的影响力，在竞争激烈的国际高等教育舞台上找到新的立足点，真正实现中国高等教育的强大。[22]中华民族只有将一系列"自己的大学"建造成世界一流大学，才有中国教育强国的真正实现。正是这种文化自信和世界胸怀之下，规划纲要才强调"健全充满活力的教育体制。进一步解放思想，更新观念，深化改革，提高教育开放水平，全面形成与社会主义市场经济体制和全面建设小康社会目标相适应的充满活力、富有效率、更加开放、有利于科学发展的教育体制机制，办出具有中国特色、世界水平的现代教育。"纲要引领之下，中国学术界一直以睿智的开放性眼光和世界一体化胸怀持续"向西方找智慧"，近40年以研究美国为主的先进国家大学制度特色尤其是大学治理结构的文献和专著积累丰厚。"它山之石可以攻玉"，但"特色创新方能琢器"。学习绝不提倡照搬和简单的模仿，积极有效的学习是为了吃透别国先进制度、治理结构生成的规律和逻辑，以便培育自己的新文化创建自己的新模式。习近平总书记在五四运动95周年之际到北京大学考察时，就要求北大要扎根中国大地办大学，不要把北大办成"第二个哈佛和剑桥"，而是要办成"第一个北大"，让北大师生深感责任

---

21 对话成中英：中国文化将迎来新觉醒时代，https://baijiahao.baidu.com/s?id=1606
　343544885437493&wfr=spider&for=pc。
22 洪成文，《培育"世界高等教育第三极"中国高校如何发挥出影响力》[N]，光明
　日报，2014年1月7日，第013版。

重大。"扎根中国大地"如何解读？我们认为，其最本质的含义是基于文化自信、文化传承和文化创新基础上的"制度改良与模式创造"——即任何机构的制度、运作治理模式都无法简单照搬和模仿，真正的学习是搞清楚其制度、模式生成的原理、价值和逻辑，再因地制宜地进行"地域性"转换和创造。如何超越照搬、模仿，创造性地建构有自己民族特色的大学制度、大学治理模式，理应成为我们高等教育研究者的迫切任务和使命。研究美国大学的治理文化，有助于我们理解其大学制度和治理结构如何生成，搞清其值得学习和借鉴的运行经验。适合我们文化的治理模式有没有，哪些好的治理方式适合我们更新观念、改造文化来接纳？厘定这所有的问题，才是真正有意义、有效果的积极学习。只有这样的有效学习，才符合习近平总书记所说的，是为了创造自己独特的文明和制度而学习："我们推进国家治理体系和治理能力现代化，当然要学习和借鉴人类文明的一切优秀成果，但不是照搬其他国家的政治理念和制度模式，而是要从我国的现实条件出发来创造性前进。"[23]正是在这样的世界胸怀、世界眼光中坚持民族自信、文化自信，我们才能没有负担地勇于借鉴别人的文化智慧，来创造自己文化新的辉煌。继承传统文化、吸纳世界文明智慧，生成中国新文化理念，才会有中国特色制度和治理模式的改进和完善；对于大学，研究美国大学治理的文化基础，学习、吸纳其合理、有效又适合中国国情的要素，或借鉴其生成好的治理模式的逻辑、路径，都有助于我们建构中国特色的现代大学制度、设计中国特色的大学治理结构和治理模式。而这样的学习和借鉴，才会有众多中国"世界一流大学群"的诞生。"美国鹰"有可能超越"欧洲老鸟"，有了上述的继承和学习，我们完全能够实现世界高等教育史上的"中国雄狮"超越"美国之鹰"！

第二节　概念的甄别与研究范围界定

　　问题聚焦之后，任何研究都需要辨析清楚其核心概念、界定清楚其研究边界，以便为研究的展开扫清障碍、厘定疆域。本研究的核心概念有治理、学术治理、大学治理、大学文化、大学组织文化、大学制度文化、文化析解

---

23 习近平：优秀传统文化是最深厚的文化软实力，2014 年 10 月 15 日，新华网，[EB/OL] http://news.southcn.com/china/content/2014-10/15/content_110121516.htm。

（explication）等等。鉴于中国学术界关于治理、大学治理的文献已非常之多，这两个概念含义已比较稳定、成熟，本文借鉴的基础上稍作评述即可为我所用。"文化"概念虽然复杂，但本文不纠缠其浩如烟海的争议，本着"文化""culture"在东西方文本和真实生活世界里确乎存在了几千年，而坚信它的实在性和共识性，确认"文化"之于群体行为的意义和隐性规约性："一个有机的能动的总体，它关涉到人们观察和解释世界、组织自身、指导行为、提升和丰富生活的种种方式，以及如何确立自己在世界中的位置。"[24]熊庆年教授在研究文化之于大学治理结构形成的作用时明确指出：文化是一个极有包容性的概念。我们的研究选取文化人类学和社会文化学对"文化"的理解，将"文化"界定为不同"空间地域环境"影响不同族群社会观念、行为方式、组织形态独特性的信仰理念、价值观审美观和评判、选择"好坏优劣"的逻辑体系。这样的理解既有"文化比较"的视野，也有"过程析解"的渗透，与中国文化所秉持的"人文化成"旨意相通，强调文化的动态性和生成性分析。历史地纵向与"要素分析"地横断交错审视，我们不难发现大学治理结构、治理模式在不同民族之间迁移甚多，然而所有的"漂移"终究都会产生变异，这种变异就是"文化"的结果。[25]为了集中火力深化本论题的研究，我们重点厘清大学文化框架下的大学组织文化、大学制度文化两个概念，以更有效地厘清大学治理结构的文化影响因素。

一、治理、大学治理及学术治理

无论在汉语还是英语世界里，"治理"歧义与考辨文献都可谓汗牛充栋，国内每一本相关论著、论文都无一例外地对其进行了基本相似的界定。因教育学很大程度上是应用学科，本研究充分吸收、继承国内学者的研究成果。如有关现代意义上"治理"的含义，我们抓取俞可平先生定义中的两个核心要义"自主"与"互动"："治理的本质在于，它所偏重的统治机制并不依靠政府的权威和制裁。治理的概念是，它所要创造的结构和秩序不能从外部强加，它发挥作用，是要依靠多种进行统治的以及互相发生影响的行为者的互动。"[26]这样的"治理"随着高等教育的现代化越来越与"大学"捆绑、

---

24 陆扬、王毅著，《文化研究导论》[M]，上海：复旦大学出版社，2006年，第10页。

25 熊庆年、代林利，〈大学治理结构的历史演进与文化变异〉[J]，《高教探索》，2006年1月，第40-43页。

26 [英]格里·斯托克著，华夏风译，〈作为理论的治理：五个论点〉[J]，《国际社会

叠加在一起，是因为大学作为创造性、精神性学术、文化共同体的特殊"组织特性"使然。治理有四大特征：治理不是一整套规则，也不是一种活动，而是一个过程；治理过程的基础不是控制，而是协调；治理既涉及公共部门，也包括私人部门；治理不是一种正式的制度，而是持续的互动。[27]这种以共同体活力、效率和使命为目标的系统、动态理解组织管理的概念，恰恰与本研究对具有"人文化成"功能的"大学文化"做专题研究的意义相契合。

美国本土研究"大学治理"加上中国介绍、研究"美国大学治理"的文献可谓汗牛充栋。美国学者约翰·科森是"最早对'管理'与'治理'作出分理，堪称大学治理研究第一人"，"大学治理研究"发端其于 1960 年出版的专著：《大学与学院的治理》（Governance of Colleges and University）一书。科森认定正是美国大学从"管理"走向"大学治理"，才使得美国高等教育取得了举世瞩目成就。[28]美国著名学者伯恩鲍姆继承科森研究的基础上，进一步揭示了美国"大学治理"的内涵，即有效平衡大学里"基于合法性权威的行政系统"和"基于专业权威建立的学术系统"两种"权威群体"："平衡两种不同的但都具有合法性的组织控制力和影响力的结构和过程，一种是董事会和行政机构拥有的基于法定的权力，另一种是教师拥有的权力，它以专业权力为基础。"并将世界银行报告《迎接世界级大学建设的挑战》中所使用的"良好治理"（favorable governance）概念引入高等教育治理，从而出现了美国历史上"并治"（parallel governance）、"分治"（independence goverance）、"共治"（shared goverance）三种有效大学治理模式的探讨。[29]

另一符合本文观点和论证需要的是李福华博士从时间边界、规模边界、制度边界对"大学治理"与"大学管理"进行的慎密区分，尤其是"大学治理"依赖的制度环境："（1）相对成熟的市场经济。……（2）相对发达的公民社会。"[30]在社会主义条件下发展市场经济的命题，原本在传统政治经济学

科学》，1999 年，第 1 页。

27 [美]罗纳德·G·埃伦伯格主编，沈文钦等译，《美国的大学治理》[M]，北京大学出版社，2010 年，第 5-6 页。

28 刘晨光、顾建民，〈美国大学有效治理研究的回顾与反思〉[J]，《江苏高教》，2014 年 3 月，第 7-11 页。

29 施晓光，〈一流大学治理："双一流"建设所必需〉[J]，《探索与争鸣》，2017 年第 8 期，第 39-42 页。

30 李福华著，《大学治理的理论基础与组织架构》[M]，北京：教育科学出版社，2008 年，第 24 页。

和西方主流经济学中并不成立。然而，中国共产党在一百年来，经过不同阶段层次递进地探索，最终形成了中国特色社会主义市场经济思想，由此完成了对传统理论的突破。可以说，新中国成立 70 年以来已完成了历史上具有深远意义的伟大转折，这其中就包括从高度集中的计划经济体制到充满活力的社会主义市场经济体制的转折。[31]所以我们已具有了高等教育治理现代化的社会基础。另外，“大学治理”概念强调相对性与过程性：“在大学发展过程中，治理和管理是交织在一起的，有时是管理占主导地位，有时是治理占主导地位。也就是说，对不同时期、不同规模、不同制度环境大学而言，大学治理和大学管理的地位和作用是不一样的。”[32]这种对“治理”动态、系统性的理解是复合中国文化“人文化成”意蕴的，能够非常有效地解释“大学文化”对于“大学治理”的潜移默化和涵养塑成“功用”。这种“功用”和“功效”，正是通过“人的心智”与“群体行为”相互影响和作用的结果，正如洪源渤博士有关大学治理过程中“人”和“文化”的关系所进行的分析，也正是本研究核心问题所在：“大学治理是指大学内外利益相关者参与大学重大事务决策的结构和过程，包括治理结构和治理过程两个方面。治理结构是一种基本制度安排，具有可观擦性和可控制性。在治理中，结构是一个基础性条件，所有决策活动都是在一个基本的治理结构中展开。治理过程主要包括两个方面的问题：一是‘人’的因素对治理的影响；二是文化因素对治理的影响。”[33]因为“人”是一切事业的设计者、承担者，人是“文化”的主体也是文化的结果。正如霍普金斯大学第一任校长吉尔曼先生在一次题为《大学的功用》演讲中宣称的那样，建立大学有多种目的，但首先是为了建设一个比现在更好的社会，因为人是初衷、是主体，也是目的：“人和方法造就大学，礼堂、书籍、仪器都比不上它们重要。”[34]

概而言之，“治理”是公共事务运作现代性的体现，隐含着两个核心含义：对外基于信托和拥有特许，内部则基于“平等”“法治”，即平等交流

---

31 董志勇、沈博，〈中国共产党关于社会主义市场经济发展的百年探索〉[J]，《经济学动态》，2021 年 7 月。

32 李福华著，《大学治理的理论基础与组织架构》[M]，北京：教育科学出版社，2008 年，第 25 页。

33 洪源渤，《共同治理——论大学法人治理结构》[M]，北京：科学出版社，2010 年序。

34 Hugh Hawkins. Pioneer: Ahistoryofthe Johns Hopkins University, 1874-1889. Thejohns Hopkins Universi-tyPress, 1984, p326.

基础上的组织参与者之间面向组织共同目标的合理资源配置与权力、义务分配。"大学治理"的基本前提是大学利益主体多元化以及所有权与管理权的分离，其精神实质，旨在解放利益相关者的主动性与自管理智慧、规范利益参与方的平衡关系，是多主体、多目标组织自上而下与自下而上同时进行且不断互动的自我协商管理的过程。"治理"的精神实质决定了治理过程必然是复杂组织多元文化冲突（亨廷顿）与文化对话（新儒家杜维明的体系）双重作用的结果。康奈尔大学前校长弗克·H·T·罗兹在《创造未来》一书中写道："董事会的任务是治理（governance），在治理和管理（management）之间存在着一个不同的世界。治理包括：批准院校任务和目标；批准院校政策和程序；任命、审查和支持校长，以及对学科点、活动和资源的监督。相反，管理职责包括在董事会认可的政策和程序之内使院校有效地运作并达到目标；有效利用资源；对最优质的教学、研究和服务的创造性支持。董事会的职责是治理，而不是管理。"[35]

就本质区别而言，"治理"有相对于"管理"的现代性、进步性和话语优越性，前者对应于"共同体及领导力"，后者则与"权威及执行力"匹配。区别于商业组织经营的盈利与绩效最大化目标，"大学治理"与"脑力劳动""立德树人""知识创造"相匹配，是高等教育管理复杂化、多元化、现代化、民主化的产物，更有利于服务"大学"这种"复杂学术组织"特殊的"组织特性"——探索与研究宇宙与人类规律、传递与深化人类学问、服务与增效人类生活与治理。"大学治理"在本质上是"学术治理"，只有同时确保"学术高效"和"学术良善"的治理才是符合人类长远利益和可持续发展的治理，才称得上"大学的善治"。随着大学的规模与复杂性增加，大学的"治理"因素也逐渐增加，"管理"和"行政"因素会逐渐减弱。当然，历史的航行不会是一帆风顺的，在倒行逆施、丧失民族智慧与理智的疯狂年代、迷茫岁月，"大学治理"会被野蛮地蹂躏、破坏，代之以控制之下的政府强势管理和行政，如"纳粹时期"的德国大学、"麦肯锡主义"时期的美国大学、"文革时期"的中国大学等等。

35 [美]罗纳德·G·埃伦伯格主编，沈文钦等译，《美国的大学治理》[M]，北京大学出版社，2010年，第9页。

二、大学文化、大学制度文化、大学组织文化

宽泛的意义上，有时"文化"就指一系列理念、价值与思维方式的有机混合，如乔纳森曾说："南北战争不仅一扫南方的奴隶文明，同时也扫除了几乎所有的北方学术文化。之后又花了将近半个世纪的时间，美国才发展出取代旧文化的新文化，找到帮助人们应对现代生活状况的一套理念和一种思维方式。"[36]这个层面讲，我们研究美国大学治理文化，就是追寻其大学治理背后的理念、解释体系与思维方式，即何以如此治理大学的理念信念和逻辑思维方式。在以此为理解"美国文化"意蕴基础上，作为中国学者，我们的研究和析解必然带有中国文化的特质。而顾明远先生用于解释教育基础的文化定义会给我们一个基本遵循："文化是人类在处理人与世界关系中所采取的精神与实践活动的方式及其所创造出来的物质和精神成果的总和，是活动方式与活动成果的辩证统一。"[37]这种动态、系统论的"文化观"是符合我们始于《周易》"人文化成"文化传统精神的。同时，本文充分吸收顾明远教授去除"文化研究""狭隘民族性"的一大贡献，秉持人类命运共同体大视野，将一切民族的优秀文化理解为人类文明的智慧结晶。

（一）大学文化

人是文化的创造者和践行者。正是因为人的社会性才使人都活在自己环境文化的"蜘蛛网"上。而这个最亲近、最真切的"蜘蛛网"就是组织文化，因为现代社会场景里绝大多数的人都生活在有形、无形的"组织"之中。大学作为一种人类特殊的"文化组织"，更与文化有着千丝万缕的密切性连接，她既是人类文化的创造者、也是民族文化的先行者，其组织特性、组织运营赖以顺畅进行的制度结构，无不在一种特有文化理念集合体的笼罩之下。迪尔和彼得森是 20 世纪 90 年代研究学校文化的美国代表学者，他们认为在学校每日生活的表面下是一条由影响人们处理日常事务的情感、习惯、规范、价值观形成的"地下河"，这套人们认为理所当然的预期影响着人们的思考、感觉和行为，因此他们将学校文化定义为："一组规范、价值和信念、典礼和仪式、象征和神话，这些因素构成了一所学校不同于其他学校的

---

36 [美]乔纳森·R·克尔著，冯国平等译，《大学之道》[M]，北京：人民文学出版社，2013 年，第 35-36 页。

37 高益民，〈顾明远教授文化观的若干辨析〉[J]，《比较教育研究》，2008 年 9 月，第 10-15 页。

个性，正是这些不成文的因素随着时间的流逝促使教师、管理者、家长和学生一起工作，一起解决问题，共同迎接挑战和失败"[38]而本文研究大学治理的文化基础，正是这种大学文化、大学组织文化、大学制度文化的交织、融汇体，是大学群体及大学人选择自己组织制度、规范自己组织行为、凝练自己组织规章的一系列精神喜好和理念信仰集合体。换言之，所谓大学文化，就是指大学群体创造、习得且共有的一切理念信念和行为逻辑。

与"大学文化"接近的概念还有"大学精神"。本文尝试以"人""事""物"三位一体、动态循环、螺旋上升的中国哲学生态观和马克思主义哲学系统观先后结合的智慧来认识这两个概念的逻辑关系。如果说大学精神、大学文化可以通过大学的人、事、物来承载和践行的话，而大学的"人"则是指可以对大学发展造成影响的"多元利益相关者"；而所谓"事"则是大学历史的最真实内容——大学内部各群体之间、大学与外部理念、能量、信息交换中发生的一系列连续"典故与事件"；"物"则是指蕴含着一定大学精神文化的大学建筑、环境、制度等"有形体"。其中"治理结构"与"规章制度"则是在一定理念指引下，以契约、合同等有形法律形式和习惯、规约等隐形习俗形式，调解"利益相关者"组织关系、职业行为的条规体系，它规定了"大学叙事"的历史形态和展开样式。在一个民族国家、一个历史时期大学之所以是这样而不是那样，正是因为"大学人"选择了这样几个核心大学理念，而漠视或放弃了那样一些大学信仰。这样的意义上，大学文化就是大学长期选择的一系列大学理念信仰集合体，大学精神则是大学良性文化带领大学"进步"中形成的较稳定精神气质。即所谓"大学精神是大学优秀的文化传统，是一代又一代的大学人共同创造的精神财富；而大学理念更多的是表达大学人（包括个体）对大学的认识及其办学主张。如果说任何一所大学一般都有自己的大学理念，但不是每一所大学都有自己的大学精神。"[39]

周进曾撰文探讨过大学文化与大学理念的区别，认为大学文化常决定大学的风格，影响高等教育理念的气质品性。一方面，教育作为人的特殊实践活动，通过文化的传承、创造、选择与批判对人进行双向主体建构，使人成为一种文化存在；另一方面，文化使教育理念成为一种知识性、社群性的沟

---

38 转引自姜雪博士论文《大学文化形成机制研究》[D]，大连理工大学，2015年，第5页。

39 卢晓中，〈大学精神文化刍议〉[J]，《教育研究》，2010年7月，第82-87页。

通，并经过社会主体的自我判断与价值选择，构成高等教育理念的文化内核，进而形成对高等教育本质的理性认识和哲学反思。[40]吕立志更认为大学文化已成为大学区别于其他社会组织和其他教育机构的关键标志，在大学文化组织的传承中，大学组织的其它特性如教育性、民主性、开放性等特征，都是以学术性为基础或中心而得以固化和确定的。[41]我们更认同王守义的总结："大学是一个具有文化属性的系统。大学的文化属性不仅在一定意义上决定着大学的历史价值，而且也使大学具有了其他社会组织所不可替代的生存方式与生活样式。"[42]纵览世界历史，一个民族的崛起或复兴，常常与其民族精神的崛起和民族文化的复兴息息相关。古今中外，每个国家都是按照自己的政治要求来培养人的，世界一流大学都是在服务自己国家发展中成长起来的。中国是社会主义国家，其"国之大者"是世界格局、国际视野中追求"人民"的最大幸福和全人类命运共同体的进步。所以社会主义的教育事业必然是培养社会主义建设者、接班人和人类命运共同体的构建者和奉献者。这就是中国特色的大学治理文化的最核心宗旨和精神。

（二）大学制度文化

制度文化是人类为了自身生存、社会发展的需要而主动创制出来的有组织的规范体系，是"文化层次理论"要素之一。文化层次理论认为，"文化"包括精神文化、物质文化、制度文化三个层次。其中，制度文化是人类在物质生产过程中所结成的各种社会关系的总和。[43]在 5000 年中华文明史上，丰富的礼乐文化就是古代社会治理的制度文化表现。在制度经济学的开创者、美国经济学巨匠凡勃伦（Thorstein B Veblen，1857-1929）看来，制度的构成与文化密不可分，制度就是思想习惯适应环境的产物。也就是说，在人类群体一起改造自然、追求群体进步的实践过程之中，会有先知先觉者反思群体行为利弊，提出有关个体关系以及部落、氏族、团队、邦国合作方式的改良意见，而那些逐渐被大部分人接受的意见就会通过群体的加工、提炼变为广

---

40 周进，〈大学理念的文化论争与价值诉求——金耀基先生《大学之理念》的思想解读〉[J]，《黑龙江高教研究》，2010 年 4 月，第 81-83 页。

41 吕立志，〈崇尚学术：中国大学文化建设内在之魂〉[J]，《高等教育研究》，2011 年 1 月，第 14-18 页。

42 王守义，〈从大学文化的视角看大学〉[J]，《中国高教研究》，2010 年 2 月，第 51-53 页。

43 百度百科，[EB/OL] http://baike.baidu.com/view/1237164.htm?fr=aladdin。

泛认同的"群体理念"。这些"群体理念"就会促使群体共处合作方式、群体行为规则的变化和改进,这就是群体"制度"的变革。而这些有序列有逻辑的群体理念就是这个群体的文化,而文化又会"春风化雨",代代传承,规约着这个群体"制度"的大体特征,牵引着这个群体个体行为和集体共处方式大致的轨道。这也就是康芒斯指出的:"我们可以把制度解释为集体行动控制个体运行。"[44]用最早研究群体动力学和组织发展的"社会心理学之父"库尔特·勒温(Kurt Lewin,1890-1947)先生的勒温公式 $B=f(P,E)$ 来解释,无论是个人或群体,其行为是个"人"或"群"与环境相互作用、互动影响的结果。二者互动影响的"范式""程度""气象""结果",是通过人或群的"心智模式"与"时代环境"相互影响参数 f 的权值异同来实现的,其中"制度文化"直接决定了人或群时代行为 f 值的性质和强弱。其原理正如曾小华曾概括的"制度文化"六个特征之一的:"制度文化作为主导或制约了精神文化与物质文化的文化层面,提供了观察和理解人类行为和活动的钥匙或模式。"[45]

总之,制度文化既是一个不断运动、变化着的影响一个时代集体行为特征的活的过程,又形塑着一个时代或阶段群体行为的"指挥棒"可能会是什么样子。制度文化与物质文化的关系是相辅相成的关系。一方面物质文化的发展推动着制度文化的发展;另一方面制度文化对物质文化又具有强大的反作用,它可以推动、也可以阻碍物质文化的发展。正如邓小平同志所说:"制度好可以使坏人无法任意横行,制度不好可以使好人无法充分做好事,甚至会走向反面。"

(三)大学组织文化

组织文化研究鼻祖埃德加·沙因(Edgar H. Schein)在其名著《组织文化与领导》(Organizational Culture and Leadership)一书中,将组织文化定义为:一种基本假设的模型——由特定群体文化在处理外部适应与内部聚合问题的过程中发明、发现或发展出来的——由于运作效果好而被认可,并传授给组织新成员以作为理解、思考和感受相关问题的正确方式。其核心观

---

44 [美]康芒斯著,于树生译,《制度经济学(上册)》[M],北京:商务印书馆,1962年,第 89 页。

45 曾小华,〈文化、制度与制度文化〉[J],《中共浙江省委党校学报》,2001 年 2 月,第 30-36 页。

点为：这些基本假设模式"对应一些特定的认知观点、意义认定、价值取向"通过外部适应、内部整合、解决问题的过程总结出来，被实践证明行之有效、并"当作组织共识不断传授给新成员"使组织文化特质不断保持下去。[46] 一般情况，"组织文化"不容易被改变；因为改变"组织文化"，等于改变众人的"性格"和"习惯"。文化是种感知，尽管组织成员具有多样化的特征，但其仍用相似的术语描述组织的文化，这就是文化的共有方面。大学是一个逐渐科层组织化又不断超越科层组织特性，通过追求效率与和谐保障学术组织本质的复杂文化教育组织，它是集科层组织和非科层组织二元特性为一体的组织。[47] 为什么要研究大学组织文化？马赛德的论述最能代表本研究的初衷、价值与意义追求："在理论层面上，组织文化的分析对研究者提供了又一个工具。理解特定组织的文化有助于深层次地解释学术机构的管理，因为文化对管理模式和决策实践有显著的影响……有一种观点甚至认为组织文化应成为高等教育研究的核心"。[48]

（四）文化析解

"文化就是这样一些由人自己编织的意义之网，因此，对文化的分析不是一种寻求规律的实验科学，而是一种探求意义的解释科学。我所追求的是析解（explication），即分析解释表面上神秘莫测的社会表达。"[49] 如我们众多学者介绍美国大学的宝贵制度经验——"共同治理"，但为什么是在美国形成这样的制度？又有什么好处和优势？"共同治理模式还是演化成美国大学传统文化的一部分，甚至被誉为大学的"核心图腾"。[50] 这就是——"文化析解"。文化析解是美国文化人类学家、修辞家、符号人类学和释义人类学倡导者、普林斯顿大学高等研究院教授克利福德·格尔茨在其专著《文化的解释》中的用语，是其作为文化符号学家解释一个民族行为缘由、文明逻辑

---

46 王晓阳，〈变革大学组织文化培养创新人才〉[J]，《中国高等教育》，2011 年 5 月，第 26-28 页。

47 孙天华，〈大学的科层组织特征及效率——对我国公立大学内部治理结构的分析〉[J]，《河南社会科学》，2004 年 5 月，第 17-20 页。

48 黄晟等，〈清华大学与麻省理工学院组织文化的定量对比分析〉[J]，《清华大学教育研究》，2010 年 6 月，第 98-107 页。

49 [美]克利福德·格尔茨著，韩莉译，《文化的解释》[M]，译林出版社，2008 年，第 5 页。

50 刘爱生，〈美国大学治理结构的主要特征及其文化基础〉[J]，2014 年 8 月。

所用的分析、解释方法，而这种方法的前提和基础是"深描"。所谓"深描"，就是挖掘现象背后的深层次原因。如果只把自己当做一台照相机，做现象主义式的观察，那么就无法在几种可能成因于不同动机的相同现象间作出分辨。如他曾举出一个有些笨拙的比喻，即四种类型的眨眼：无意的抽动、密谋的讯号、滑稽地模仿和刻意的排练。在这里，对"排演者正在做的事情的'浅描'（迅速地张合他的右眼眼睑）与对他正在做的事情的'深描'（练习对一个朋友的模仿……）之间存在着民族志的对象：意义结构的分层等级；通过这些结构，眨眼、挤眼、假挤眼、模仿、模仿之练习才得以产生，才为人所觉，为人所解释"，如果将眨眼示意混同于抽动眼皮，将模仿眨眼示意混同于真正的眨眼示意，这就是浅描。民族志要尽可能做到深描，即理清意义的结构。[51]就大学治理研究而言，文化析解有利于我们深度观察、体会大学运作和大学利益相关者行为背后的逻辑，有益于我们在从事大学治理时能坚持强化大学"身份"和"文化自觉"，以文化逻辑作为衡量大学治理好与坏、成与败的重要价值向度和前提，是加速我国"双一流"建设的必由之路和重中之重。而所谓文化逻辑，一言以蔽之，是指大学内部治理与组织文化之间的相互依存性和依赖性关系。遵循大学文化逻辑开展大学治理，以文化性的视角审视大学组织改革发展的过程。[52]

第三节　文献综述

本研究参照的文献主要有三类：1. 背景类：美国高等教育研究、美国大学发展史研究；2. 核心文献：大学治理及美国大学治理；3. 理论基础及研究工具类：文化社会学、文化政治学、组织文化、制度文化研究。

一、背景类文献

（一）专著文献

约翰·塞林（John Thelin）著，孙益等译《美国高等教育史》（第 2 版）是美国高等教育史研究领域的最新一部单卷本通史性著作。本书将美国高等

---

51 [美]克利福德·格尔茨著，韩莉译，《文化的解释》[M]，译林出版社，2008 年，第 6 页。

52 施晓光，〈一流大学治理："双一流"建设所必需〉[J]，《探索与争鸣》，2017 年 8 月，第 39-42 页。

教育分为九个时期：殖民地时期、创制高等教育的"美国方式"：学院建构时期、美国高等教育的张力期、工业巨头与学术巨子作为大学创建者时期、美国人涌入大学时期、高等教育的扩张与改革期、高等教育的"黄金时代"、美国高等教育的成年后陷入麻烦的巨人期以及重构 21 世纪的美国高等教育的新生命期。作者以细致入微的叙事手法，辅以生动、幽默的故事呈现，为本文的研究提供了详实的美国大学治理发生、发展的历史场景，其提供的鲜活人物及故事，都为本研究以文化视角析解美国大学治理变迁提供了第一手的案例和素材，因为"人"和故事恰恰是"文化"的承载者，而"人"之特定时代、特定环境之所思所想及为何如此行动的动机、逻辑系统和过程就是"文化"本身。亚瑟·科恩（Arthur M. Cochen）著，梁燕玲译《美国高等教育的历程》，从殖民地时期学院模型的建立、建国时期小型学院的数量扩张、工业化时期大学的转型、美国霸权时期高等教育大众化、巩固期保持高等教育系统的多样性、当代高等教育的私营化、公司化与绩效问责六个方面也是六个时期展示了三个世纪以来美国高等教育的发展历程，详尽探讨了自殖民地时期开始直到二十世纪九十年代末期美国高等教育的发展趋势，总结了其在大学招生、教师专业化、课程发展、公共经费、科学研究、高等教育绩效等方面的发展特点，其教师、管理、校长等专题讨论对研究不仅有素材和案例意义，其分析、评述也有助于我们理解和归纳大学的"主人"和诸多"利益相关者"行为背后的逻辑，从而提炼其组织文化。安德鲁·德尔班科（Andrew Delbanco）著，范伟所译《大学：过去，现在与未来》，以"大历史""大叙事"视野，回顾了美国高等教育的发展历程：从殖民地时期的小型学院，到改革时代的研究型大学；学生从早期的单一男性白种人，到现在多性别、多种族；课程发展从早期要求所有的学生学习经典名著、数学和道德课，到现在可供学生选择的大量选修课……在诠释美国独特优势的同时，该书也一针见血地指出美国教育面对的危机：高等教育资助减少、学费增加；轻视本科教育、师资匮乏；高等教育的意义遭到质疑……未来只有进一步明确大学的使命，才能改变制约高等教育发展的因素。大学的使命在于消除社会的不平等，点燃求学者的思想。本书可谓要素主义者、人文主义者、理想主义者在美国当世的再现，这同样为本研究提供了丰厚而详实的文化素材，让本研究能系统、深入地"析解"其大学运行的逻辑规律和文化特征。劳伦斯·维赛（Laurence R. Veysey）的《美国现代大学的崛起》分上下两篇。上编高等教育的不同观念：1865-1910 部分又分智力训练和宗教虔诚、实用、研究、自由文化四章；下编结构的代价：1890-1910 则分为新大学的模式、融合协调的趋势、不协调的问题三章及作为美国机构的大学结语部分。整书区别于纯历史的叙事，已有很多文化、理念的梳理与分析，给本研究不仅提供了美国大学进入现代性的历史脉络，也给了本人在深度理解美国大学现代性进程中"美国文化"如何起作用诸多启示。沃特·梅兹格（Walter P. Metzger）著，李子江等所译《美国大学时代的学术自由》从历史的角度考察了美国大学时代学术自由发展演变的过程。自美国内战之后，随着现代大学的产生，美国高等教育开始了一场革命。大学作为日渐复杂的机构，既需要新的官僚组织，也需要对学术自由的全新认识。《美国大学时代的学术自由》揭示了这一历史时期内科学研究、进化论的影响以及学术职业的发展等各种因素如何改变了美国高等教育的特点，并进而改变了人们对学术自由的态度。《美国大学时代的学术自由》表明，美国大学的学术自由并非远古遗留下来的特权，而是通过不断的智识积累和思想交锋而争取到的权利。乔纳森·科尔著，曹聪等译《大学之道》对美国众多大学为什么会在二十世纪成为世界上最优秀的一百所大学做了一个历史的梳理，指出美国大学在发展初期，从所效法的两种模式——英国模式与德国模式中，在自然科学与人文科学的研究与发展上获得了巨大的成就。其总结的美国大学成功要素中关于大学理念、学术自由、大学文化等部分对本研究有借鉴意义。谷贤林所著《美国研究型大学管理：国家、市场和学术权力的平衡与制约》，通过写作美国研究型大学的形成与发展、第二次世界大战后美国研究型大学的繁荣、国家对研究型大学的管理、市场对研究型大学管理的影响等内容，本书重点梳理了大学各利益相关者博弈斗争的历史脉络，不仅提供了美国大学进化史中多方制约、平衡的场景，也佐证了本研究治理过程就是文化斗争过程的思想。

（二）论文文献

直到 2021 年 9 月底，用"题名"为精确选项输入"大学组织文化"，检出各类文献 327 篇，其中中文文献 235 篇，英文文献 92 篇。文献的主体呈现出由广博转向专精的趋势。广博者大都从广义的大学文化建设、教师发展视角概述，其中与大学治理相关度高的文献有：罗雅琼，陈志红的《组织文化视野下的大学治理》，别敦荣的《大学组织文化的内涵与建设路径》，张琴的《现代大学文化治理：对象、形式与组织的三维向度论析》等；与美国大学

组织文化相关的也只有 3 篇：王轶玮的《美国大学如何进行战略规划与管理
——基于组织与文化因素的分析》是尝试以"组织文化视角"来解释美国大
学的战略规划制定过程及目标诉求；任玥的论文《将被扯断的美国公立大学
组织文化纽带——以印第安那大学为例》讲的是"仪式"作为制度文化的
"软体"对于大学治理所起的作用；刘奕涛硕士论文《美国创业型大学组织
文化建构研究》主要考察了市场逻辑对于美国大学治理的影响。大概从 2016
年至今，从组织文化视角研究大学治理的文献越来越转精化，即研究的问题
越来越细小专精，不在宏观地泛泛而谈。如王英杰先生的《重构学术共同体：
建设世界一流大学的治理制度和组织文化》，通过对英国、瑞典和澳大利亚大
学治理改革的研究，分析了其大学治理改革的趋势及凸显的利弊，提出大学
重建学术共同体的重要性和迫切性。王文论证和强调了学术共同体是大学的
基础治理制度，是大学的核心文化，也是大学教师的隐性行为规范，还是规
定大学不同群体间关系的准则。呼吁只有构建一种平等对话的、和谐的学术
共同体文化才是建设世界一流大学的基本保障。Rahman A 先生的《University
organizational culture mapping using Organizational Culture Assessment
Instrument》（利用组织文化测评工具对大学组织文化进行测绘），不仅强调文
化是组织的核心要素，还系统介绍了组织文化的含义，以及组织文化与群体
共同的价值观、信念的关系，分析了组织文化影响组织行为和制度构建的机
理：组织价值观和信念向人们展示了意义，并为他们提供工作行为的指导。
组织文化的构建应遵循预期的未来价值观，并考虑组织内人员的共同价值
观。更有前沿意义的是，Rahman A 以及后续几篇文章开始研究"组织文化评
估工具"（OCAI），认为 OCAI 是评估组织文化实施情况的结构化方法之一，
并介绍了系列大学如何借助此评估工具来定义未来组织更高敏捷性的组织文
化，从而使自己转变为一个更高效、更灵活的组织。建议作为战略计划的一
部分，大学转型需要重新定义或评估其组织的价值观，并强调应用 OCAI 框
架评估大学转型过程的卓越性是必要的。

　　将精确题名关键词换为"大学制度文化"，检出各类文献 166 篇，大都
泛论制度文化，如伍国的论文《漫谈美国大学的制度与文化》，介绍了美国大
学制度与文化的一般关系；其中吴高洁论文《复杂性科学视域下大学制度文
化建设探索》从复杂性科学视角探讨了大学制度文化建设问题，旨在为大学
制度文化建设提供新的思路，有一定的参照价值。值得注意的是在部分大学

治理文化的文献中，已有个别研究者关注"院系治理"，诸如何晓芳在《"断裂"的科层体系中"牧猫"——美国大学二级学院治理制度文化分析》，借用伯恩鲍姆提出的"制度-文化"分析框架，对美国大学二级学院治理场域中的关系进行了梳理，从组织结构与组织文化等不同角度，深刻解释了美国大学二级学院治理的特殊性，并挖掘了其学院治理制度设计背后的"分权-共治-交互"文化，对本研究有参考意义。精确题名关键词换为"大学治理文化"检出文献 7 篇，其中 2 篇都是读乔治·凯勒《大学战略与规划》一书后的感想和评论；1 篇《中国大学治理文化探究》是湖南大学张健同学 2019 年度的硕士论文，主要探讨了"双一流大学"建设背景下，中国大学治理的民族性问题。另一篇刘亚敏论文《大学治理文化：阐释与建构》主要观点如下：大学治理体现利益相关者之间的主体间性、价值认同、信任互助，以追求并实现"共识、合作、互动、共赢"的情态为目的。大学治理文化的内核包括价值认同、主体互信和愿景共生。培育大学治理文化，不仅需要将公民教育作为现代教育的核心，从而赋予治理主体显著的公民身份，而且需要善用法治思维，以程序正义保障治理主体的权益，并促进制度体系与精神文化的共契。去掉"大学"保留"治理文化"检出 169 篇，其中只有 2 篇熊庆年：《大学治理结构的历史演进与文化变异》、《特定事件、治理过程与治理文化——一个新的地方治理实践分析框架》对本研究有一定参考价值。

二、核心文献

罗纳德·G·埃伦伯格（Ronald. G. Ehrenberg）编，沈文钦等译的《美国的大学治理》论及了与高校治理相关的所有方面。其中大学董事会成员的遴选范围和方法；董事会成员、管理者以及教师在校园共同治理中的角色等章节对本研究有直接参照价值；而具体到大学文化及治理的关系，美国科学社会学家乔纳森·科尔的《大学之道》为我们提供了非常宝贵的历史与逻辑统一的解释线索，芝加哥大学前教务长、《危险年代：战争时期的言论自由》作者杰佛里·斯通推荐这本书时评论到："《大学之道》是一个了不起的成就，它探索了美国高等教育取得国际卓越地位背后复杂的历史和文化原因……。"[53]国内学者，王英杰、刘宝存编吴慧平著《西方大学的共同治理》中治理理论产

---

53 [美]乔纳森·R·克尔著，冯国平等译，《大学之道》[M]，北京：人民文学出版社，2013 年名家评论，第 2 页。

生的社会根源及大学自治的迁移及发展等章节，为本研究提供了美国大学治理的广阔背景和变异渊源资料；欧阳光华的《董事、校长与教授：美国大学治理结构研究》，强调美国大学治理结构不仅具有清晰的发展路径和缜密的制度安排，而且蕴涵独特的价值取向，其从政治学、法学、管理学、教育学等多种视角出发，提炼、总结的美国大学治理结构的价值蕴涵对本文有启发；刘爱生教授的《美国大学治理结构的主要特征及其文化基础》则是非常有价值的对美国大学治理结构背后的文化和逻辑做专题研究的文献，如下图[54]，其对治理结构与文化基础关系的见解非常有启发和借鉴意义。

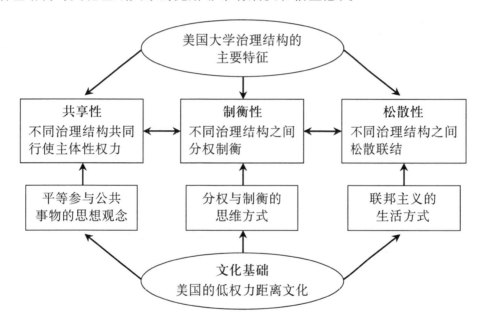

李福华的《大学治理的理论基础与组织架构》运用多学科的观点分析探讨的大学治理的理论基础，从中可以清理出文化质素。乔锦忠的《学术生态治理：研究型大学教师激励机制探索》中的学术委员会治理对本研究的教师参与大学治理有启发；程北南的《美国大学治理结构的经济学分析》虽然与本研究视角不同、运用的分析工具也软硬有别，但其面对同样论域时分析、解决问题的路径对本文有极好的参照价值。姜万军《研究型大学的结构治理与生产率提升机理：基于知识生产者个人视角的理论思考》也是教育经济的视角，更注重教师作为知识型生产组织中知识生产者的重要地位和作用。有

---

54 刘爱生，〈美国大学治理结构的主要特征及其文化基础〉[J]，《外国教育研究》，2014 年 8 月，第 62-70 页。

益于本研究界定教师在学术治理中的地位；洪源渤的《共同治理：论大学法人治理结构》对大学逻辑的法人治理结构进行治理理论和历史经验的论证，为本文提供了很多大学治理中法人文化的背景资料；于杨的《现代美国大学共同治理理念与实践》中治理运作实践为本研究提供了大量案例，以便本文"深描"美国大学治理真实历史事件的基础上"析解"其治理文化；尹晓敏的《利益相关者参与逻辑下的大学治理研究》则提供了大学治理中各"利益相关者"参与大学治理的实践素材和文化理念；湛中乐《通过章程的大学治理》站在法学学科的角度上来探讨治理，为本文提供了治理过程中法制文化的知识框架；许为民等编著的《学术与行政：中外大学治理结构案例研究》为本文提供了哈佛大学的个案研究资料。

论文文献中，万方数据中检出 113 篇包含"美国大学治理"模糊匹配的学术论文，基本上都是介绍或泛论美国大学治理，以及针对中国大学"去行政化"的现实诉求反思美国大学治理的借鉴意义。有一些治理理念的提炼与总结对本文有启发，具体美国某大学的治理时空有案例参照价值，如李子江的《哈佛大学监事会章程的调整与变革》等。但遗憾没有找到专题研究治理文化基础的文献。倒是另外一些去掉"美国"的检索发现一些从文化视角分析大学治理逻辑基础的文章，如王英杰教授于《大学学术权力和行政权力冲突解析——一个文化的视角》中阐述目前在大学中出现了学术权力和行政权力冲突日趋尖锐的趋势，强调要从文化的视角分析冲突的起源，全面解析大学中学术文化和行政文化的差异，提出校长在探索大学和谐文化中的职责与作用。

第三类文献，将放在第四节理论基础与工具选择部分一并列出。

第四节　分析工具及研究视角的选择

广义的"文化研究"（cultural studies）一定程度上构成了世界及民族区域现代性研究的重要面相，作为一种学术思潮的文化研究，呈现出强烈的语境化倾向、高度的社会参与性和现实批判功能，是个庞大、复杂又有些敏感的跨学科领域。这种"文化研究"是特指二战结束后率先在英国兴起，随后逐步扩展到欧美、澳大利亚、印度等地的一种学术思潮与知识传统。1964 年英国伯明翰大学"当代文化研究中心"的设立，成为文化研究真正崛起的标志性事件，以理查德-霍加特（Richard Hoggar）、雷蒙-威廉斯（Raymond Willians）和斯图亚特霍尔（Stuart Hall）为理论先驱的文化研究学派正式登场。文化研究学派强调对文化作广义的理解，威廉斯概括了文化的三种界定方式：理想的、文献式的和文化的"社会"定义。[55]本研究一定程度上吸纳这种全球性的广义文化研究智慧，但需要特殊说明的是，我们为了更深入、针对性的解释美国大学治理结构背后的逻辑，选择狭义的"文化研究"（the study of culture），尤其是制度文化研究、大学文化研究的更专门领域。总的原则，我们会"强调问题"，为了现象的解释，问题的解决，我们不拘学派，不限学科，拿来主义，为我所用，最后落脚本土，回归新时代中国特色马克思主义世界观。

在锁定问题之后，需要花大量时间和精力去寻找展开研究的多学科理论基础和其治理文化变迁的解释工具。就理论基础而言，涂尔干（迪尔凯姆）以"集团表象""集体意识"等概念建立起的文化社会学、拉德克利夫·布朗"功能的文化社会学"、斯宾塞、E·B·泰勒、埃里克·阿什比等人的进化论的文化社会学、吉尔特霍夫斯塔德组织文化理论、迈耶和罗恩的组织社会学中新制度主义关于组织文化的阐述框架都对本文的问题有很强的解释力，本研究秉持"拿来主义"精神，在论证过程中会为我所需地选择性运用到这些理论作为论证说明的基础。如涂尔干"集体意识"（Collective Consciousness）有助于我们解释大学治理集体中的各利益相关者不同的群体文化特征；而阿什比的"组织机构的文化环境说"则有助于我们解释美国大学治理文化的历史环境变迁，因为阿什比坚信："大学像动物和植物一样地向前进化，所以任何类型的大学都是遗传与环境的产物"[56]。这种遗传和环境最核心的特质无疑是一个地域、一个民族如何思考、对待高等教育的"理念和文化质素"集合体。大学是文化"遗传"和"变异"叠加的结果；同样的制度在不同民族国家会有差异巨大的结局，塞缪尔·亨廷顿（Samuel P.Huntington）等基于田野和实证研究的结论是"文化在起作用。"[57]亨廷顿为首的哈佛大学团队对多元世界不同文化对制度选择、社会发展制约作用的研究，更坚定了本文对文化制约大学治理模式的判断。

---

55 付长珍，中国文化研究的本土语境与当前困境，[EB/OL] https://mp.weixin.qq.com/s/ujgv1hRhHTm7Q15IWoNCUg。

56 [英]E·阿什比著，滕大春等译，《科技发达时代的大学教育》[M]，北京：人民教育出版社，1983年，第7页。

57 [美]塞缪尔·亨廷顿，《文化的重要作用——价值观如何影响人类进步》[M]，新华出版社，2010年，第7页。

　　基于组织文化、制度文化生态的分析视角，我们就容易理解大学制度无法照搬、其治理结构更无从移植。因为，作为制度类型的治理结构不是固化无生命的制度"木乃伊""标本"或运营道具，而是深深根植于环境土壤、呼吸着环境气息的"活物"，不带了那厚重的土壤和辽阔的天空，这"活物"多半是夭折或者"南橘北枳"。这种治理的"有机性""生态依赖性"恰恰证明了治理的本质特征："治理不是一种正式的制度，而是持续的互动……治理的目标定位于谈判和反思过程之中"。[58]治理的过程正是大学文化的"春风化雨"中集体协商、多元博弈的过程，同时也是大学运营模式变革又生成新大学文化的过程。正是在这种"鸡与蛋互生循环"之中，大学在浪潮汹涌的社会变革、历史变奏中不断蜕变进化。所以，和研究美国大学治理结构同样重要的是，我们应该研究美国如何基于自己的文化，继承并改造有关价值系统，选择性地学习欧洲、创造性地建构自己独特的制度体系。

　　作为研究对象，"大学治理"尤其是"美国的大学治理"是当下的学术热点，近十年内几乎达到了峰值，专著和学术论文都非常多。但本研究的特别之处是基于本人的真切好奇：考察学习也好、研究探索也罢，一路走来，我们先后学日欧、学美苏，百余年的借鉴之后，为什么我们的大学基本上还是在"管理"之中，"治理"的质素还很少？历经近十年的思考、研读文献，加之整整一年访问学者期间美国十五所世界级名校的实地田野考察和"文化现场沉浸"，本人得出的结论是："文化"在"起作用"，我们忘了"文化自觉"和"文化自信"，我们太想直接移植了，结果"劲儿"使错了方向，反而"欲速而不达"。当然，"起作用"就有"孕育"、"助益"、"启悟"、"制约"、"钳制"、"决定"等等多种层面和向度，与反对"经济决定论"逻辑一致，本人并不持"文化决定论"。埃通加·曼格尔曾说："文化是制度之母。"亨廷顿研究团队里的劳伦斯·哈里森则修正说：从长远看，这当然正确。就短期而言，体制上的变更——往往是由政治促成的变更——可能对文化产生影响。[59]应该说，文化与制度的关系应该是鸡蛋互生的关系，有强权人物大力提倡、推进，急速变革的制度会生成新的文化。但一般而言，历

58 于杨著，《现代美国大学共同治理理念与实践》[M]，北京：中国社会科学出版社，2010年，第35、45页。

59 [美]塞缪尔·亨廷顿、劳伦斯·哈里森主编，程克雄译，《文化的重要作用——价值观如何影响人类进步》[M]，第2版，北京：新华出版社，2010年，第37页。

史的稳定向前是文化中的良性质素不断培育、推进制度变革的结果。这一结论的推导，得益于文化社会学、文化政治学、制度社会学以及亨廷顿实证政治学，这是本研究的理论基础和视角选择。

所谓文化社会学（cultural sociology），是研究文化产生、发展特殊规律与社会作用的一门学科。这一学科的名称，最初是由德国社会学家 P·巴尔特在《社会学的历史哲学》（1897）一书中提出的。他认为，斯宾塞只说到了"自然时代的社会学"，而更为重要的是研究"文化时代的社会学"。文化社会学有两个来源：德国和法国的社会学；英国和美国的文化人类学或社会人类学。由于来源不同，涵义也不一样。主要有作为新的综合社会学和作为社会学分支学科的文化社会学两种涵义。[60]本文研究的需要，会重点运用涂尔干的功能论的文化社会学、哥尔德曼等人的发生学结构主义文化社会学、帕森斯的结构功能主义理论、吉丁斯心理论的文化社会学文化人类学等理论框架来"析解"美国大学治理的文化基础演变。

至于本文的研究工具，除概念辨析部分已介绍的"析解"之外，另一个辅助工具就是埃德蒙·金的教育洞察研究法，这是受顾明远老先生研究民族文化传统与教育现代化关系的启发。所谓教育洞察研究法，是一种注重从全方位文化背景出发来考察及思考教育问题，在相应的研究技术手段作用下，获得一种顿悟性的洞察力，即理性的教育、智慧、思想或分析方法。具体说来，该方法首先要进行生态学的考察，也就是对特定地区和社会的居民在其生活、成长过程中，形成共同观点和思想的"文化环境"以及"文化模式"进行考察。而只要对文化"生态学体系中产生的许多原因和力量"的各种资料进行慎重的收集、分析和组合，就可能发现各国、各地区的文化模式。然后，在进行这种文化模式比较考察的同时，还应当根据上述的教育洞察，进一步研究能与现代极难预测的、激烈变动的社会相适应的方法，从而对教育决策作出贡献。

第五节　论文结构、创新与局限

一、论文结构

本研究的写作拟分为九个部分，其结构如下：一、问题的提出与论证：

---

60 文化社会学，百度百科，[EB/OL] http://baike.baidu.com/view/187014.htm?fr=aladdin。

为什么是"文化"？如何解释？二、遗传与变异：美国大学治理特色及治理结构；三、制度之母：美国大学治理中的文化影响因素；四、守成与超越：信托文化与"外行董事会制度"；五、从"特许"到程序协商：美国大学的法人文化；六、从"雇佣"到"牧猫"：大学里"卡里斯玛"的制度化变迁；七、桥通内外：美国大学"舵手"的领导力文化；八、进步才是硬道理：绩效文化与学术资本主义；九、"欧洲鸟"与"美国鹰"之启示：法治文化下美国大学的共同治理。

二、可能的创新

以往我国学者对国外大学治理结构的研究，主要表现为两个路径或方向：其一，一些学者希望通过对发达国家大学治理结构实践的描述与分析，以对我国大学治理结构的调整与改革起到借鉴作用。但是，正如英国学者阿什比所说，"任何类型的大学都是遗传和环境的产物"，大学治理结构的形成总是与特定的历史环境相关联，由于历史文化和国情不同，他国大学的治理结构必然不可能适合我国现有制度环境和大学实践，我们更需要研究的是其文化理念与制度演进相互作用的机理。其二，一些学者基于我国大学治理结构与调整的实践，引入"利益相关者"理论，对如何平衡大学与政府和社会的关系、如何平衡大学内部各种权力的关系等提出了合理优化的建议。但是，这些研究多停留在对大学治理实践层面的探讨上，对其背后的实质问题尚需更为深入的梳理。[61]本文基于文化社会学、文化政治学、制度社会学等多学科交叉视野的研究，应该是一个新颖、有力的"聚焦"，相信研究的深度和系统性、针对性都有新的推进。从创新的角度看，期待能得出与学术界已有的研究略有不同的结论。

三、研究方法的局限

研究大学组织文化涉及组织成员价值观、人的行为和活动，有赖于对研究对象特殊性的体察以及研究者本人的洞察力和直观判断，限于理论修养和观察研究"文本"的时间、敏锐度有限，都会制约本研究的深度和准确度，直接影响研究质量。加之大学治理过程的动态研究，或者说大学治理结果与

---

61 刘向东、陈英霞，〈大学治理结构剖析〉[J]，《中国软科学》，2007 年 7 月，第 97-104 页。

文化理念的互动制约动态更新，都需要综合应用质的研究方法和量的研究方法交互研究，限于本人文科背景不善定量，方法的局限也会制约研究结论的公正性和作为应用工具的有效性。

第二章 遗传与变异：美国大学治理特色及治理结构

　　历史文化学家汤因比先生断言：人是环境的生物。作为人类知识、精神的创造、传承场所，大学更是人与环境互生互成、一同进化的产物。美国作为西班牙、荷兰、法国、英国、德国、意大利等欧洲移民创建的年轻国度，其文化、教育带有鲜明欧洲印记，是欧洲文明遗传和变易的产物。美国文化的主要特点是强调个人价值，追求民主自由，崇尚开拓和竞争，讲求理性和实用，其核心是个人中心主义：个人至上、追求个人利益，强调通过个人奋斗、个人自我设计，追求个人价值的最终实现。就大学而言，虽起步于照抄欧洲，却在具有奋斗精神、创造精神的个人主义、精英主义建构之下，已有后来居上，引领世界的卓越成就，正如美国杰出教育家、高等教育史上最著名的大学校长之一克拉克·科尔先生所说："现代美国大学……既不是牛津模式，也不是柏林模式；它是世界上的一种新型机构。作为一种新型机构，它既非真正私立，也非真正公立；既不完全融入世界，也不完全与之脱离。它是独特的。"但极端的个人主义、霸权主义和文化优越感，也制造了美国社会极大的分裂和美国作为全球化时代"新暴发户"的傲慢！如科尔宣称的："英国纽曼模式的大学只是一个乡村，德国洪堡模式的大学也还是个市镇，而美国当代大学已经是五光十色的都市。"[1]

---

1 [美]乔纳森·克尔著，冯国平等译，《大学之道》[M]，北京：人民文学出版社，2013年，第9页。

第一节　遗传与变异：自我形态的锤炼

众所周知，美国是个由欧洲殖民者通过内外战争逐渐摆脱英国统治、控制土著居民后获得自主权而独立的后发资本主义国家，其文化源流来自欧洲。至于美国的高等教育，先后由于英国、法国、德国的影响，其治理结构和运作模式有很多上述国家的痕迹。但成功之处在于，来自英国加尔文教伦理的进取精神，加之基于新大陆开垦、奋斗实践中提炼出的哲学智慧——实用主义，帮助美国以"唯实用、有效、进步"为准则，没有照搬或完全模仿任何欧洲国家的模式，而是取我所需地组合一切在美国环境里有效的模式，并因地制宜地创造出符合自己国情的崭新模式，形成了一种世界独一无二的新类型的高等教育发展路径。当然，这种独特性离不了其特殊地域文化的孕育。美国文化评论家威廉·亨利（William Henry）对美国文化的高度概括有助于我们理解这种环境："尊重乃至敬服上级领导；崇尚成就，尤其是经过艰苦奋斗取得的成就；崇敬先人留下的历史、文化和哲学遗产；服膺理性思想和科学调查；捍卫客观标准；最重要的是，要乐于毫不动摇地坚持以下见解：思想有优劣之分，贡献有大小之异，成就有高低之别。"[2]

自 1636 年哈佛学院成立至"九大学院"不断壮大，美国高等教育的整个初级阶段是在移植、模仿英国模式中不断探索的。这种模仿，最成功的就是英国大学的人文教育，即古典"自由教育"（liberal education）的近代精神，如由康涅狄格州公理会教友于 1701 年创立的私立耶鲁大学，具有浓郁的欧洲色彩，其重视本科教育及人文教育的传统，就是学习英国牛津、剑桥的结果。可以说，在教育上，耶鲁坚持自由教育，坚持教学优先，本科学院第一；在管理上，坚持教授治校，大学内部分权，校友参与；其大学文化品格的核心是保守，这一定程度上是学习、继承欧洲传统的结果。[3]一直到今天，现任校长 Peter Salovey 2021 年度迎新演讲的题目为"当世界身陷火海，读书的意义何在？"仍然在坚守传统，强调本科生为完善自身而潜心读书的重要性。又如美国第一所研究型大学——霍普金斯大学，是移植德国洪堡大学而来，其学术决策、办学理念、公共关系政策以及校园文化等等都深深地打上了德国式

2　[美]威廉·亨利著，胡利平译，《为精英主义辩护》[M]，南京：译林出版社，2007年，第 3 页。

3　王英杰，〈论大学的保守性——美国耶鲁大学的文化品格〉[J]，《比较教育研究》，2003 年 3 月。

的理性烙印。[4]

　　但就管理模式而言，新大陆荒原的条件迫使欧洲逃逸来的新教徒虽对一些英国价值"心向往之"却实不能至。如"学者行会"、"学术社团"、"教师治校"在美国初期都不可能存在，因为荒原上很长时间里并没有学者、没有有威望、高水平的教师。"学者的行会"不存在，只有将办学、管校的权力让位于对教育热心志在传播文化、驯化青年的牧师"董事会"。而这种"董事会"的法人管理模式是源于殖民者祖国的。许多学者指出，美国高等教育治理源头上具有外部性和外行董事会管理的特色：如哈佛学院从一开始，由包括总督、副总督等6名行政官员和6名牧师在内的监事会，就使学院的治理结构具有了较多的外部控制性。[5]"美国殖民地时期学院没有延续中世纪大学学者行会自治的传统，而是移植了英国的学术法人制度，同时采用了加尔文教派外行管理教会的大学理念和英国的信托制度，从而产生了美国学院和大学的独特制度。"[6]

　　这一时期还属于美国高等教育雏形时期，在移植英国模式的基础上因地制宜地发展出一些独特性，其属性和特点可概括如下：1. 宗教性："'学院'的历史是与美国宗教的历史紧密相连的"，这一条直接遗传于欧洲牧师时代高等教育的属性特点；2. 经典课程与智力训练，这同样是欧洲古老的传统；3. 发展、强大的愿望："梦想美国的大学能够具有和欧洲一样的地位一直是模糊却越来越坚定的愿望。"[7]这既是现实的威逼，也是主动、人为、理性地适应环境的产物。美国早期的殖民者能把这种环境的需要智慧地转化为制度设计，这是实用主义文化的胜利——务实、有用、有效。17世纪的新英格兰主要由自英格兰移民来的清教徒组成，他们的行为方式、文化生活和生活哲学都受加尔文教义的巨大影响。[8]这可以解释美国大学最初对宗教性的坚

4　王定蕊，〈大学的理性——美国约翰斯·霍普金斯大学的文化品性解读〉[J]，《清华大学教育研究》，2004年3月。

5　熊庆年、代林利，〈大学治理结构的历史演进与文化变异〉[J]，《高教探索》，2006年1月，第40-43页。

6　李子江、张斌贤主编，《大学自由、自治与控制》[M]，北京师范大学出版社，2005年，第169-225页。

7　[美]劳伦斯·维赛著，栾鸾译，《美国现代大学的崛起》[M]，北京大学出版社，2011年，第10页。

8　王英杰，〈论大学的保守性——美国耶鲁大学的文化品格〉[J]，《比较教育研究》，2003年3月。

守。而 19 世纪下半叶是美国的变革时代，也是理性主义与宗教狂热激烈交锋的时代。[9]这时候的美国大学就"发展出"独特的"实用性""智力性"和不同于欧洲的面向"强国"和"社会富裕"的"美国理性"。亚瑟·科恩很系统地分析了美国大学初期治理结构的演变过程："早期殖民地学院建立后，实行外行董事会管理，院长的权力很大，教师的影响力很弱，在整个美国历史上不存在一个集权的高等教育管理部门。"这是就整体而言的，若具体细分，则有两种模式："哈佛、威廉玛丽、布朗这三所学院有有双重管理结构，外行董事会与由校长和教师成员组成的学院内部同行团体分享管理权力。"[10]其余的学院则是单董事会制，共同点是董事会成员构成的世俗化："在后来的学院管理史中，主要的变化是董事会成员的社会组成由神职人员变为商人和政治家。虽然，教师们后来获得了一定程度的自治，负责课程和招生条件，但是除了他们成为董事会成员中象征性的代表以外，从来没有赢得其他更多的权力。当美国建国后不久，第一批州立大学成立时，遵照了以前的管理模式：外行董事会负责财务和校长任命，校长对委员会负责并管理学校的日常事务。州立大学的主要区别是废除了教会对董事会和课程的影响。在其他方面，这些学校的运转与以前的私立院校相同。"[11]

第二个阶段，建国初期的美国急需先进技术提升生产力，他们开始反思牧师的教化与古典课程对当下社会的作用，劳伦斯·维赛的研究提供了当时历史场景"再现"的可能，也提供了那个时代民众的心声和智者的追问："在很多社区，年轻人上大学的决定被认为是'可疑的试验'。他的父母、邻居通常会问：'比起呆在家里、早点结婚，进学院难道会给他带来更多的财富、更高的社会地位或者更大的名气吗？'"[12]因为移民来的清教徒们强调勤俭持家、艰苦奋斗和工作不息的重要性，认为只有这样才能赎罪和拯救自己的灵魂。虽然他们固有的欧洲文化心灵能够把劳作和教育放在至关重要的地

---

9 王定蕊，〈大学的理性——美国约翰斯·霍普金斯大学的文化品性解读〉[J]，《清华大学教育研究》，2004 年 3 月。

10 [美]亚瑟·科恩著，李子江译，《美国高等教育通史》[M]，北京：高等教育出版社，2010 年，第 40 页。

11 [美]亚瑟·科恩著，李子江译，《美国高等教育通史》[M]，北京：高等教育出版社，2010 年，第 41 页。

12 [美]劳伦斯·维赛著，栾鸾译，《美国现代大学的崛起》[M]，北京大学出版社，2011 年，第 12 页。

位，理解通过教育和艰苦奋斗才能超越物质世界，使灵魂获得拯救。他们希望通过自己培养牧师来教化新移民，发展其教派，光大其教义。[13]囿限于最初荒原上生产力发展之缓慢，初生的大学也没有办法为社会带来立竿见影的致富技能和帮助社会层级跃迁的阶梯，这种对大学的"怀疑"与"观望"心理是可以理解的。由于继承了欧洲大学的"宗教性"和"保守性"，其提供的课程也偏重于宗教说教，这必然造成大学办学宗旨与社会发展需求的脱节。安德鲁·卡内基作为社会生产力的主要促进者表达了对这种大学课程知识选择严重脱节于社会需求的强烈不满："学院的学生们对遥远的过去发生的野蛮、微不足道的战争一知半解，或者就是试图掌握已经死去的语言，就商业事务而言，这种知识根本就不适应这个星球，未来的工业家应该热切地投身实践这所学校，以获得未来成功所需要的知识……现存的学院教育对于在这一领域的成功是致命的阻碍。"[14]于是，实用主义、进步主义文化之下美国的高等教育迅速将这种时代的诉求转化为大学制度和治理模式的转变，完成了这个阶段的蜕变：1. 宗教性逐渐让位于世俗性；2. 智力训练逐渐让位于学术竞争、职业训练、世俗课程（研究、服务社会）。

随着大批留德知识分子回国，美国高等教育质量有了迅猛的发展和提升，一大批优秀的"海归"大学校长，使得美国的大学治理更多了些许德国色彩，最卓越的例子就是1876年创办的美国第一所强调研究而不是本科教学的霍普金斯大学。与德国洪堡大学一样，这时期美国的大学逐渐重视研究，日益拓展出面向知识增长、科技创新的研究功能；教师作为研究者的地位提升、在校内治理体系中权重加大；大学自治的程度、知识分子的学术、研究自由都得到加强，一些德国留学归来者的校长这一时期已注重强调大学里学者研究的自由。如霍普金斯大学校长吉尔曼就是留德的海归，他上任后就号召："实验室主任及教授应当能自由地从事自己的研究，激发学生以真正的科学精神和目的进行研究"[15]在接下来的二十五年里，吉尔曼对美国大学的理念带来了一场革命，他招募精干而杰出的教师队伍，并给了他们极大的自

13 王英杰，〈论大学的保守性——美国耶鲁大学的文化品格〉[J]，《比较教育研究》，2003年3月。

14 [美]劳伦斯·维赛著，栾鸾译，《美国现代大学的崛起》[M]，北京大学出版社，2011年，第12页。

15 [美]乔纳森·R·克尔著，冯国平等译，《大学之道》[M]，北京：人民文学出版社，2013年，第15页。

由去追求自己的研究兴趣。自 1876 年成立以来，短短十几年之内，霍普金斯大学就跻身于已有一二百年校史的哈佛、耶鲁等著名大学之列，成为一所成就辉煌的一流大学。[16]被誉为"巴尔的摩的哥廷根大学"，在那里，研究生和教师形成了一个学者社区，共同参加讲座和研讨会，并一起在实验室工作。[17]霍普金斯大学的成功，奠定了美国研究型大学的雏形，也一定程度上造就了美国大学的"学术共同体"文化和努力"服务社会"的追求。在一次题为《大学的功用》的演讲中，吉尔曼就明确宣称，建立大学有多种目的，但首先是为了建设一个比现在更好的社会。[18]

众所周知，自欧洲"叛逃"到北美的"新教徒"具有极强的斗争与创新精神。虽然这个时期像霍普金斯等高校直接面向研究和研究生教育的新型大学诞生，美国研究型大学的初期模式逐渐形成，但创造者必然不甘于也不屑于"照搬"。虽然这一时期主要是学习德国，但美国人很有自家的"特色"。他们并不承认自己是"摹仿"，而是有借鉴的独立"创造"，因为他们相信"德国大学最多只是指出了方法，却不是结果"。[19]因为没有欧洲母体样本中现成的"教授群体"和"教授权威"，这一时期的美国大学创建者就因地制宜地走出学校，勇敢向社会假资源借权威找智慧，这就决定了美国大学与欧洲大学治理模式与治理结构的不同。美国大学的独创——"外行董事会"诞生了："校长越来越被看成是董事会的代表，而不是教师队伍中的一员。很多校长也继续教课，但是他们更多的时间都用来筹集资金和处理各种社会关系。教师们逐渐获得了独立意识和自尊心，特别是当教授取代了助教以后。专业学院的教师，例如医学院校的教师，最早在课程和学院内部事务上获得了一定的控制权。但是教师在学术管理上的地位还没有确立起来。"[20]

虽然还没有教师自由和学术至上，教师团体团结结盟、争取学术自由的

16 王定蕊，〈大学的理性——美国约翰斯·霍普金斯大学的文化品性解读〉[J]，《清华大学教育研究》，2004 年 3 月。

17 [美]乔纳森·R·克尔著，冯国平等译，《大学之道》[M]，北京：人民文学出版社，2013 年，第 16 页。

18 王定蕊，〈大学的理性——美国约翰斯·霍普金斯大学的文化品性解读〉[J]，《清华大学教育研究》，2004 年 3 月。

19 [美]劳伦斯·维赛著，栾鸾译，《美国现代大学的崛起》[M]，北京大学出版社，2011 年，第 80 页。

20 [美]亚瑟·科恩著，李子江译，《美国高等教育通史》[M]，北京：高等教育出版社，2010 年，第 78 页。

强烈诉求已清晰表达、并逐渐影响社会形成美国大学文化核心理念的一部分，这一"历史的进步"，得益于大批向德国现代大学制度学习、取经的"先知先觉者"：当时的德国哈勒大学、哥廷根大学及至柏林大学，学术自由、大学自治已经越来越成为大学的一种自觉追求，并日益合法化。正是这一治校理念，通过一批批留德学生传播到了美国、日本、中国等世界各地的大学，进而逐步形成了所谓的全球性的现代大学制度。这一制度尤其在美国得以发扬光大，正如 1915 年，美国大学教授协会的原则申明指出的那样："如果大学没有全面接受和贯彻落实学术自由的原则，那么大学就不能履行她的三大功能。从总体上看，大学是为社会而存在，任何限制大学教师自由的行为都将影响大学的效率，破坏大学的精神，最终将损害社会利益。"[21]

于是，这种实用主义逻辑之下，美国大学很好地在治理结构中平衡了教学与研究互相促进的关系，并使这种新型、和谐的关系结出崭新的硕果——培育公民、服务社会。这美国大学的新模式，也因此而逐渐成为世界高等教育场域的典范样式。[22]这种崭新模式的形成与完善，基于美国的实用主义逻辑，得益于其进步主义追求，也最终实现了其功利主义目标。"我们需要的是明确的美国体系，一个与我们的传统、我们的历史、我们的民主共和制、我们增长的实力、特殊的文明协调一致的体系"。[23]这一时期的大学已超越近代化，为现代化的大踏步前进做好了基础架构和基本治理模式的准备。

亚瑟·科恩把自 1911 年起的美国高等教育作为一个崭新的阶段——美国现代大学的崛起。进入现代化的美国高等教育面临的环境发生了很多变化，两个主要变化就是高等教育的社会化、市场化：商业文化、效率文化、专业主义文化成为主流。"大学转型时期的高等教育的管理表现出很明显的世俗化趋势。……大学治理结构明显向科层管理和官僚管理体制转变……教师在聘用、开设课程和授予学位方面获得了权力；董事会负责学院的经营管理；大学行政管理人员变成了经理。……有些校长近似于独裁者……有些校长实行了官僚管理体制，少数校长保持着民主管理模式。……校长越来越成为实

---

21 袁本涛，〈现代大学制度、大学章程与大学治理〉[J]，《探索与争鸣》，2012 年 4 月，第 69-72 页。

22 叶隽，〈现代中国大学制度之肇创、流变与得失——以北大早期建设及其影响为中心〉[J]，《教育学报》，2010 年 1 月，第 93-104 页。

23 [美]劳伦斯·维赛著，栾鸾译，《美国现代大学的崛起》[M]，北京大学出版社，2011 年，第 80 页。

用主义者、学术帝国的建造者、资金筹集者和公共关系方面的专家。"[24]

　　除了社会、市场的影响之外，美国现代化道路上另一个重大影响就是国家利益需要，如美国霸权时期（1945-1975）的军备竞争、爱国名义下的政治文化、公益文化、社会大众文化及公立大学崛起，高等教育进一步大众化的同时更多地被国家政治、经济、军事需要所牵引，大学自治与学术自由不同程度地受到破坏和侵袭。亚瑟·科恩陈述了这种变化：半个世纪以前，人们所普遍接受的学术自由观念，在 20 世纪 40 年代忠诚宣誓争论中受到冲击……狂热的麦卡锡主义蔓延……由耶鲁大学校长执掌的一个委员会撰写并由 37 所主要大学签署的《大学及其教师的权力和义务》，将大学描述为由忠于国家及政府的学者所组成的机构。在大学转型期开始后，大学与州政府之间的经常性合作加快了。……实际上，提高州一级的协调活动通过把大学决策置于更广阔的背景下从而提高了决策质量。但源自于早期学院的大学自治传统仍占主导地位。……但大学内部各院系及各利益团体竞争激烈，许多团体成立了全州、全国范围的协会，向大学治理委员会或直接向议会提出他们自己的要求。也许把大学看做是一个共同体的想法是不现实的。[25]

　　在这种大学自治与学术自由频频受外界破坏影响的情况下，美国的知识分子及全美教师联合会利用各种方式进行抗争，教师们通过成立教授会或修正教授会章程进一步巩固他们在决策中的权力。这一时期代表性的事件是1966 年 AAUP 等协会联合发表了《学院与大学治理的联合声明》，从此美国进入了米立特（J. D. Millett）所宣称的"大学治理的革新时期"[26]。《联合声明》将"共同治理"定义为"基于教师和行政部门双方特长的权力和决策的责任分工，以代表教师和行政人员共同工作的承诺。"[27]《联合声明》提出了共同治理原则，该制度的基本精神是肯定和保障教师在大学决策中的地位，体现在形式上是校长和教师们共同分享大学的决策权。《联合声明》的发表无疑促进并保障了教师在大学治理中的权值，但与此同时，也引起了其他利益相

---

24 [美]亚瑟·科恩著，李子江译，《美国高等教育通史》[M]，北京：高等教育出版社，2010 年，第 138 页。

25 [美]亚瑟·科恩著，李子江译，《美国高等教育通史》[M]，北京：高等教育出版社，2010 年，第 216-219 页。

26 Millett, J. D. New Structures of Campus Power [M], san Francisco: Jossey-Bass, 1978, p.xi.

27 AAUP. Statement on Govemment of Colleges and Universities 1966 [EB/OL]. http://www.AAUP.org/AAUP/pubsres/pohcydocs/governancestatement.htm,2007-10-10.

关者的反对和广泛的社会争论，这促使了 1998 年 AGB（Association of Governing Board of Universities and Colleges，美国大学董事会协会）颁布了《治理宣言》（Statement on Govenance），它对《联合声明》进行了部分调整，对美国大学共同治理模式出现的弊端提出改革方案，希望通过变革来改变美国大学治理发展中出现的、同样也是世界各国可能出现的问题。[28]AAUP 认为，为了保障教师从事教学和科研的学术自由权利，应该赋予教师控制学术事务的权力，也就是 1966 年 AAUP 等协会的《联合声明》中所明确的共同治理的第 2 条"首要责任首要权力"原则。同时，规定董事会应该避免学术方面的微观事务。而后，AAUP 于 1994 年又重申了学术自由与共同治理的关系，提出学术自由是共同治理的价值，共同治理的目的也在于学术自由。从这一点看来，共同治理体现了学术自由的原则。[29]

　　纵观 1911 年至今，美国高等教育的发展及大学治理状况的曲折变迁，可以看出随着大学逐渐壮大、复杂，其利益相关者的诉求也日益多元、活跃。大学治理过程中充满矛盾、斗争，随国家时代主题变化、社会力量制衡结构变动，大学的治理结构也随之调整、改变。也就是说，美国大学现代化的过程中充满艰辛、起伏、争斗、博弈，并没有现成的理想治理结构，也没有日益进步、直线前进的治理模式，再次证明大学是一个十分脆弱的文化学术机构。经过近 400 年的曲折历程，美国大学在取得举世瞩目成绩的同时，已形成了自己特有的治理结构和治理模式，担任过普林斯顿大学 16 年校长的威廉·G·鲍恩在《汲取经验：普林斯顿大学校长的反思》一书中总结的三条大学治理文化与核心价值观：[30]

　　1. 美国大学"比商业组织来说没有那么强的等级化；相比于很多其他非营利性组织和大多数政府实体来说，也没有那么的'自上而下'。但他们也不是'民主的'——也不应该是。"

　　2. 教师深入到大学生活中的方方面面，特别是学术方面；

　　3. 董事（校务委员会）在所有的领域都有最大的权力，但决策的活动方

---

28 彭国华、雷涯邻，〈美国大学共同治理规则研究述评——以对《学院与大学治理的联合声明》反思为视角〉[J]，《高教探索》，2011 年 1 月，第 64-68 页。

29 彭国华、雷涯邻，〈美国大学共同治理规则研究述评——以对《学院与大学治理的联合声明》反思为视角〉[J]，《高教探索》，2011 年 1 月，第 64-68 页。

30 [美]威廉·G·鲍恩著，王天晓译，《汲取经验：普林斯顿大学校长的反思》[M]，北京：高等教育出版社，2012 年，第 5-6 页。

面和大多数与"执行"相关的任务都由董事代理给校长，校长再把一些权力代理给其他管理人员和教师——他们在一些情况下可能会把一些有关校园生活的一些有限的权力代理给学生群体。

第二节　美国大学治理特色之养成

近 400 年的历史，从无到有、从模仿移植欧洲到努力适应新大陆环境，美国高等教育本着实用、高效、进步这些本土文化原则，既一定程度追求、坚守大学自治、学术自由，又不完全将大学治理的权力与责任交给教师、学生，而是让外行董事作为社会需求的代理，非常及时、敏锐地将社会需求转换为大学目标和发展动力，保障了大学充分为社会服务、从而为国家服务，从而成就了美国高等教育的辉煌，实现了世界独一无二的高等教育发展模式和特色鲜明的大学治理模式。就发展模式而言，有两点最突出的特征：1. 联邦政府、州政府、企业、社会与大学密切合作，建立起一个持久性合作伙伴关系，一起保障用大学的持续发展为国家的绝对强大、社会的绝对繁荣提供知识创新和高端智力支撑；2. 这种多元合作伙伴关系催生了一个分权化与多元化、高竞争性与高产出性统一的大型高等教育生态系统。而就治理模式而言，下文将从五个方面来归纳、总结美国大学的特殊性：

一、开放、自治的教育机构

所谓开放性，是指基于知识的客观性、普遍性原则而赋予大学自由、独立探索知识的权力。用威廉·鲍恩的话说，大学"是一个最不寻常的机构。这在于它向所有观点的开放，在于它无党无派、独立的特点；……它的目的不是灌输而是教育——在这个过程中鼓励'百花争艳'。大学对社会负有重要的责任，这其中一定程度的责任是通过激发人们的思想和恢复人们的信心来体现的。"[31]而正是这种大学的开放属性，决定了大学作为研究高深学问的场所，必须保证相当的独立和自由，即大学必须被赋予相当自治的权力，以保障大学以客观、科学、公允的态度无边界地自由探索人类智慧的可能疆域。如一战期间，普林斯顿大学、哥伦比亚大学校长就曾背离开放性、自治性原则，使他们的学校致力于一项"战争政策"，并且尽可能压制不同意见；麦卡锡时

---

31 [美]威廉·G·鲍恩著，王天晓译，《汲取经验：普林斯顿大学校长的反思》[M]，
　　北京：高等教育出版社，2012 年，第 35 页。

代的效忠宣誓和教师信念的调查, 也是大学治理背弃自治原则、过多服务于一时政治的范例。[32]哈佛大学前校长德雷克·博克曾指出美国高等教育制度的特点依次是: "自治"、"竞争"、"反应能力"。其中, "自治"是其核心特征之一, 而其基本治理结构是"学术法人+外行董事会"[33]; 在博克看来, 为了维护公众的利益, 政府有时可以对大学做出适当的约束。但是, 这种限制应以不妨害学术自由为限度。否则, 它有违社会发展的根本利益。[34]

竞争与反应能力都源于其开放性。历史证明这种驯化封闭心灵、完全让政治牵制大学的运作模式都是对大学精神的严重违背, 也进而伤害了大学所在国家的根本利益和长远利益。这个论断的另一个案例就是中国文革时期工农接管大学、学生批斗老师引发的荒唐而又惨烈的历史悲剧。

二、学术自由、等级民主及共和性

这是美国国家政治的特色描述, 但在大学治理领域却有其特殊含义。所谓自由, 是在美国公民言论自由的基础上, 大学基于"普遍主义"原则和国家理性, 依法赋予教师、学生教学、研究的自由。这种自由是与自治并肩同行的, 并且是在继承欧洲学术自由的基础上, 基于美国新兴民主国家对政治自由的渴望赋予的美国学者知识传播与学术研究的相对自由, 这种自由是随着美国政治形势变迁、由大学各利益相关者不断博弈、斗争的结果。大学治理中的"民主"却不同于政治的民主, 因为美国大学文化给予了大学内部"知识权威等级性"的尊重, 即美国大学治理初期所确定的"首席责任首席权力"原则。这一大学最高原则的逻辑是: 董事会代表国家和社会责任, 所以对大学使命与目标定位、发展战略负责; 教师群体对大学学术负有首席责任因此应该对学术治理享有首席权力。布鲁贝克曾引用胡克的话说, 大学绝不应该是追求平等、民主的政治团体, 即使在民主国家。也正是在这个意义上, 威廉·鲍恩才说美国大学"比商业组织来说没有那么强的等级化; 相比于很多其他非营利性组织和大多数政府实体来说, 也没有那么的'自上而

---

32 [美]威廉·G·鲍恩著, 王天晓译, 《汲取经验: 普林斯顿大学校长的反思》[M], 北京: 高等教育出版社, 2012 年, 第 36 页。

33 和震著, 《美国大学自治制度的形成与发展》[M], 北京师范大学出版社, 2008 年, 第 214-215 页。

34 徐小洲, 〈论博克的学术自由和大学自治观〉[J], 《浙江大学学报》(人文社科版), 2002 年 6 月, 第 124-130 页。

下’。但他们也不是‘民主的’——也不应该是。”³⁵

从欧洲源头上讲，中世纪的大学是“学者的行会”，所有大学自欧洲中世纪始就树立起了学者的权威，即韦伯所说的教授在大学治理中的学术“卡里斯玛”（Charisma）；但这种“卡里斯玛”在美国人民开拓荒原的实践中发生了变异，由九大学院时期外行董事会的权威、到二战时期国家政治权威、市场经济中的资本权威、新管理主义环境下的行政权威等等，各利益群体不断斗争、博弈，致使美国大学治理结构一直处于变动不居的动态变革之中。但至始至终，没有任何一方力量处于绝对的权威，及美国学者所宣称的美国大学治理历史上没有绝对的专制时期。这得益于美国的民主、共和文化，及多元利益群体博弈、协商的基础上共同治理。“虽然纽曼的大学理念从未在美国获得真正的号召力，美国教育工作者却确实吸收了欧洲模式的经验。⋯⋯教学与研究相结合，成为德国大学的显著特点。⋯⋯来自美国的访问者被教授与其讲座质量、开办研讨会和重视实验室这种学习组织方式所吸引，并喜欢上了这种与其他学生随意交往的自由。不过，他们并不认可德国体系中等级森严与较为专制的倾向。”³⁶这些历史素描非常真实地记录了美国注重自我主体性和治理时效性的“选择性拿来以利于创新自我”的实用主义文化特色。又如美国前任总统奥巴马将大学比成“光芒交汇的灯塔”，就很形象地诠释了美国大学当代治理形态中的自由、民主与共和性的多元交汇价值取向。2009 年，圣母大学邀请奥巴马接受一个荣誉学位并在学位授予典礼上发言，一些天主教徒提出反对意见，理由是总统赞成堕胎的立场，不适合接受圣母大学的荣誉学位。奥巴马就这个高度敏感问题进行了理性而令人尊重的演说，他引用赫斯伯格神父的描述，把圣母大学比作既是一座灯塔，也是一个交汇点：“一个远离世俗的灯塔，由于天主教传统的智慧而闪耀光芒，交汇点是不同的文化、宗教和信仰之间可以以友谊、礼仪、好客，特别是爱的方式一起存在的地方。”这一有说服力的陈述同时承认了宗教信仰所主张的价值，和每所大学中对即使敏感问题也能进行坦率交流的价值。³⁷

35 [美]威廉·G·鲍恩著，王天晓译，《汲取经验：普林斯顿大学校长的反思》[M]，北京：高等教育出版社，2012 年，第 5-6 页。

36 [美]乔纳森·R·克尔著，冯国平等译，《大学之道》[M]，北京：人民文学出版社，2013 年，第 14 页。

37 [美]威廉·G·鲍恩著，王天晓译，《汲取经验：普林斯顿大学校长的反思》[M]，北京：高等教育出版社，2012 年，第 40-41 页。

三、人文性

美国大学的人文性源于学院最初的宗教性。随着美国"政教分离"政策的运行，大学逐渐从教会的控制之下转向广泛代表社会的现实利益和国家民族的长远利益。虽然世俗化了，但大学一直在美国文化中具有一定的宗教地位，即美国人的大学宗教情节，如"今日的大学是昔日学术自治、宗教等级与今日的官僚体系的混合体，而这种官僚体系本身又是在学术自治和宗教等级的相互融合中形成的。"[38]美国本土哲学家、著名教育家、实用主义创始人约翰·杜威（John Dewey）更直接指出："有一种东西，它对于智慧的信念变成了本质上是宗教的东西。……对通过学者研究获得的不断揭示真理的信念，就其本质而言，要比其他任何一种对完美的宗教启示的信念都更加具有宗教性。"这种将宗教理性转化为"实用理性"的文化和逻辑最后演变为一种美国特有的"精英主义的价值观"：正如"美国已故的文化评论家威廉·亨利（William Henry）指出，精英主义的价值观体现在：'尊重乃至敬服上级领导；崇尚成就，尤其是经过艰苦奋斗取得的成就；崇敬先人留下的历史、文化和哲学遗产；服膺理性思想和科学调查；捍卫客观标准；最重要的是，要乐于毫不动摇地坚持以下见解：思想有优劣之分，贡献有大小之异，成就有高低之别。'"[39]

这种跨越历史、沟通了宗教信仰与学术敬畏的阐述和解释，具有明显的美国实用主义特色——善于化解和处理现实世界的多种矛盾和悖论。福里尔也直白地说："有了这种信念，要从用神学道理拯救人类转变为用物理和社会科学拯救人类就轻而易举。"[40]上述论述也让我们对既有很强的宗教性又科学发达、现代性十足的美国文化加深了理解。宗教性源头之外，美国大学治理的人文性另一个源头就是继承欧洲人文思想的美国变种，以赫钦斯为代表的知识精英所追求的永恒主义。他们主张大学以"自由教育"为核心，大学教育就是要把学生培养成具有宗教情节、高尚节操、追求精神生活的自由公民。枯宁吉姆曾在 1967 年提出大学在教学和科研的职能外还要有"社会领袖"，即

---

38 [美]约翰·S·布鲁贝克，王承绪译，《高等教育哲学》[M]，杭州：浙江教育出版社，2001 年，第 140 页。

39 刘爱生，〈美国大学治理结构的主要特征及其文化基础〉[J]，《外国教育研究》，2014 年 8 月，第 62-70 页。

40 [美]约翰·S·布鲁贝克，王承绪译，《高等教育哲学》[M]，杭州：浙江教育出版社，2001 年，第 141 页。

"造就公众心灵"的职能。他对大学的判断和信奉代表了美国文化对大学价值的认同："大学是美国生活中最崇高、最少腐败的机构……没有什么机构能担当起大学的职能，没有什么机构能够占据这个大学已长久地注入了如此多的才智和道德影响的位置"[41]。也正是在这种人文传统上，美国文化才"逻辑顺畅"地认可教师作为学者生产"高深学问"的必然性、专业性与可尊重性："如果人们相信大学认识论方面的合法地位，那么把学者看作是发现和传授真理的高级牧师也许就不过分了。"美国文化把大学看作"知识的仓库"和"智慧炼丹师的实验室"，作为大学里的"高深学问工作者"——当代很多校长、学者更把大学看作"智力理想主义的堡垒"。[42]也正是这样的人文性传统，才能使美国大学的治理时刻保持一种警醒、反思、批判的姿态和能力，即使在政治干涉的麦卡锡时期和当下市场文化严重支配大学的学术资本主义盛行时期。无论是从赫钦斯之后的克拉克·科尔保护不屈从于效忠宣誓的教授直至今天哈佛德雷克·博克校长呼吁走出象牙塔的大学应适度回归学术本位，还是普林斯顿大学校长威廉·鲍恩的反思，都是美国大学这种人文传统的表现。

四、商业性与社会性

美国大学治理文化的"商业性与社会性"也是基于其"开放性"，也正是这些商业性与社会性、开放性，才成全了博克校长所说的美国大学强大的"竞争与反应能力"。由于美国是先有大学后有联邦政府，且政府一直较理智地保持外部引导，大部分时候不直接干预大学内部治理，所以美国高等教育自始至终都处于一种自由竞争状态，完全遵从达尔文丛林法则：层出不穷的大学冒出来，一大批大学又倒下去。能存续下来的大学都是靠顽强的竞争精神在美国多元文化环境里找到了自己的特色定位。而随着大学规模的越来越大，美国大学运作中的商业文化气息也越来越浓重，更有学者抱怨"大学看起来就更像公司企业"。到 20 世纪晚期，大学校长的遴选已很少看重他们的学术成就，而更看重他们管理大型企业的能力。1997 年，当加利福尼亚州立大学系统准备选任一名新校长时，遴选条件不再强调学术资质。董事会把

---

41 [美]约翰·S·布鲁贝克，王承绪译，《高等教育哲学》[M]，杭州：浙江教育出版社，2001 年，第 146 页。

42 [美]威廉·G·鲍恩著，王天晓译，《汲取经验：普林斯顿大学校长的反思》[M]，北京：高等教育出版社，2012 年，第 37 页。

有关学术资质的条件——"候选人必须具备卓越的学术成就，在学术界享有很高的专业威望……具有丰富学术经历的正教授"，已变更为"具有企业管理经验并不是有关附加条件，而是一个必不可少的条件。"对此，20 世纪早期一位终生反对商人管理大学的人士凡勃伦就说这种商业文化对高等教育领域的冲击远远大于加州大地震带来的震动。[43]应当说，市场对高等教育是把双刃剑，它促成了大学的竞争和高效，同时也一定程度让大学处于新管理主义的行政权威之下从而偏离了大学精神。而所谓的大学治理的社会性，也是从与社会关系方面描述大学的开放性。众所周知，"服务社会"是美国首先拓展的大学功能，大学始终保持与社会的最及时最良性互动也是世界公认的美国大学治理特色。"威斯康星"精神及田间地头、社会现场的大学教授都是美国大学这种社会性的写照。而劳伦斯·维赛则用非常生动、得体的语言描述了社会文化对大学的期许和爱护："新美国大学的管理领导层试图建立能受到公众尊重的机构。养育它的慈善家和支配它的人都希望被看作这一新事物的创作者。他们把大学看作工具，能形成公正的社会影响，能激发'信任'这种品质。要实现这一功能，学术机构首先要表现出值得尊敬的姿态。因此，其领导者在建筑和仪式两方面都使其显得威严。他们每次在结构上增加新的内容，都是想使他'健全'的声望更完美。在整个学术扩张过程中，这些领导人认为，如果大学的处世之道能够与美国人口中的高尚人群志趣相投，那它就会更有效地促进整体利益。捐赠者通常将他们的名字与大学联系起来，因为他们把它看成时尚的慈善事业，比城市的教堂更为重要，但是和教堂一样，它是令人尊敬的做善事的途径。管理者虽然更清楚地意识到他们学院的特别任务，但是也同样关注大学面对世界时所具有的尊贵外表。"[44]

五、公共性

"有用的大学的信奉者强调的'真实生活'的第二个重要事实就是，美国是一个充满了职业野心的地方。这种野心意味着个人成就，但是更重要的是，它还意味着通过履行个人使命为社会服务。"[45]美国当代著名政治哲学家

43 [美]亚瑟·科恩著，李子江译，《美国高等教育通史》[M]，北京：高等教育出版社，2010 年，第 342-343 页。

44 [美]劳伦斯·维赛著，栾鸾译，《美国现代大学的崛起》[M]，北京大学出版社，2011 年，第 401 页。

45 [美]劳伦斯·维赛著，栾鸾译，《美国现代大学的崛起》[M]，北京大学出版社，

南希·弗雷泽对公共性曾有如下界定：（1）与国家有关的；（2）所有人都可以进入的；（3）与所有人有关的；（4）与共同的善或者共享利益有关。[46]照这个标准衡量，不难理解世界范围内很多组织具有公共性；但大学的公共性从逻辑上讲，虽然会被认为不言而喻，但其真实的存在状态却随着时代、民族国家文化、传统、制度的不同而有很大程度的差别。就美国而言，其大学公共性的确立和保障也并非一帆风顺。九大学院时期高等教育基本上是私立性质，但都主张为公众——殖民地社会服务；建国后随着公立大学风潮的兴起，两种类型大学的公共性就有了一定程度的区别。公立大学当初经费主要出自纳税人口袋的州政府拨款，为公众服务就是它的核心使命；而私立大学的经费大都来自学费和私人捐赠，其公共性经历了历史和国家理性的考验，如著名的达特茅斯学院案。"达特茅斯学院案是美国高等教育发展史上具有里程碑意义的一件大事，它不仅标志着政府正式承认私立大学的合法地位，也确立了私立大学具有公共品质的法理原则。"[47]至于美国文化为什么要赋予公私立大学基本相同的公共性？一些学者会用"公共物品"的理论来解释："根据'社会物品'理论，大学乃从事高等教育活动的专门机构，而大学教育服务不仅能够给私人带来更高的收益，还可以给国家和社会带来更为广泛的公共利益，是一种具有明显正外部性的准公共产品。无论私立大学还是公立大学都具有这种品质，在该意义上，大学是公共领域中的组织和机构，只有在公共领域中的东西才具有更真实的公共性。"[48]美国文化正是基于这种"公共物品"的核心价值，追随、维护并坚守了其大学的公共性："美国没有中央集权的中学后教育体制。公共物品领域的这种成就出自深厚的联邦主义政治构架和以消费者主权为首位的市场背景下的大量自治行为。制度上缺乏中央集权的计划编制、宽泛的公共物品概念以及对这些概念多样化的追求方式，都是特有的美国现象，他们已成为该体制中最具活力的因素，赋予了它充足的财政

2011 年，第 67 页。

46 高金岭、晏成步，〈大学公共性实现：政府与市场的力量——从"达特茅斯学院案"和"灯塔制度"谈开去〉[J]，2013 年 2 月，第 82-87 页。

47 高金岭、晏成步，〈大学公共性实现：政府与市场的力量——从"达特茅斯学院案"和"灯塔制度"谈开去〉[J]，2013 年 2 月，第 82-87 页。

48 高金岭、晏成步，〈大学公共性实现：政府与市场的力量——从"达特茅斯学院案"和"灯塔制度"谈开去〉[J]，2013 年 2 月，第 82-87 页。

资源，给机构改革以自由，并对社会和经济的需求做出回应。"[49]英国教育家阿什比爵士也曾称赞说："美国对高等教育的贡献是拆除了大学校园的围墙。当威斯康星大学的范海斯校长说校园的边界就是国家的边界时，他是在用语言来描述大学演变过程中的一个罕见的改革创举。历史已说明这是一次正确的改革，其他国家现在已开始纷纷效仿这种美国模式。"[50]

第三节　治理结构及文化影响

研究美国大学治理结构的文献非常之多，王洪才教授曾对美国大学治理特点有一个总括性介绍，他指出，"在美国，大学管理体制建设则吸收了英国和欧洲大陆的双重风格，建设了别具一格的以市场选择为特征的社会参与型的大学治理模式。其特点是在大学外部，联邦政府实行分权制，不直接干预大学事务。公立大学事宜由各州政府建立相应的管理体制进行治理，而对私立大学则完全交由市场机制决定，大学是一个完全法人，在遵守宪法的基础上决定自己的事务，实行完全的自治。而对公立大学，一般通过州立法建立高等教育委员会来领导大学建立董事会，由董事会管理大学。董事会一般吸收社会代表参与大学治理，从而形成了一种独特的社会参与式的大学治理结构。这种治理结构也被不少美国私立大学所效仿，他们的董事会成员吸收了社会各方面的代表。包括来自政府方面的代表，而在大学内部，一般采用以校长为首的行政系统与以教授会为代表的学术系统两种相互平行的管理体制，学术权力归教授会，行政权力归校长，校长有否决权但不能代替教授会决策。在院系层面，教授会权力更大，教授会也以正教授为主，他们负责推举院长和学校教授会成员。"[51]

赞同这样的概述之后，我们需要追问为什么在美国形成这样一种治理结构？应该说，美国文化对大学是"服务于社会、国家、人类长远利益的松散耦合性学术组织"的组织特性定位，是形成美国上述治理模式的最本质、最

---

49 [美]罗纳德·G·埃伦伯格主编，沈文钦等译，《美国的大学治理》[M]，北京大学出版社，2010年，第128页。

50 Derek Bok.Higher Learning [M], Cambridge Massachusettes and London England: Harvard University Press, 1986, p.65.

51 王洪才，〈大学治理的内在逻辑与模式选择〉[J]，《高等教育研究》，2012年9月，第24-29页。

深刻逻辑。威尔逊在 1952 年就曾敏锐、深刻地洞察到，大学里的学者都是受过长期系统训练的学业精深者，遵循"学术"生产与传承规律，他们在大学里所进行的这种代代相传的训练"应该向智慧和敏捷挑战，使训练只需要适度松散的督促。"[52]基于学者自治、学术自由的传统以及学科分化、学术部落演化的历史必然，就组织特性而言，美国文化逐渐确认大学是由一系列既分权争斗又沟通合作的松散耦合结构（"loosely-coupled"organizational structure）组成的学术、文化组织。社会学理论认为，组织结构及组织配置（organizational placement）直接决定组织功能的发挥及组织治理的性质与效能。面对外部环境的压力，大学这种原本松散耦合的庞大学术组织日益追求决策的高效、学科的联合以及突破大学围墙甚至国家边界的各种合作，这都要求大学内部组织之间界限模糊、松动，而相互联合日益紧密。[53]基于这样的环境变化和逻辑必然，美国大学为保持其先进性、高效性，也一直在与时俱进地不断调整其治理结构，以适应环境和时代的变化，这亦是美国高等教育世界领先的优势之所在。查阅专业文献、查询美国学术声誉良好、特色定位准确的大学校园网站我们会发现，绝大多数的美国当代大学都越来越重视在大学的治理结构中重点突出配置"学术副校长（Provost）"[54]专门办公室及"首席学术官"（CAO）行政运作体系。绝大多数州在建立公立大学时，并没有采用通用的公共部门问责制（public accountability）模式，而是仿照私立大学的先例，把管理州立大学的权力委托给了作为公法人（public corporation）建立起来的董事会。董事会获得了基本上不受州公共部门控制而管理高等学校财产、资金、契约，决定校内的管理方式以及处理内部人事关系的权力。这不仅为"大多数州立大学按照自治的路线而建立"提供了条件，而且也使它们作为公共法人"与私立学校一样享有许多相同的办学自由"。[55]为本专题集中研究的需要，我们不再梳理美国治理结构的历史变化，只以当代美国大学为研究目标，

52 [美]约翰·S·布鲁贝克著，王承绪译，《高等教育哲学》[M]，杭州：浙江教育出版社，2001 年，第 121 页。

53 Jerome Anthony Lucido: Managing Academe: The AAU Provosts, Dissertation, The University of Arizona, 2000. UMI Number: 9992093, p.193.

54 黄海啸，〈美国大学校长的分身术——从 Provost 的角色与职责看美国大学治理的新特点〉[J]，《高等教育研究》，2013 年 12 月，第 81-87 页。

55 谷贤林，〈在自治与问责之间：美国公立研究型大学与州政府的关系〉[J]，《比较教育研究》，2007 年 10 月，第 41-45 页。

如下图列出的加州大学伯克利分校治理结构图[56]来析解其大学文化对治理结构的影响。

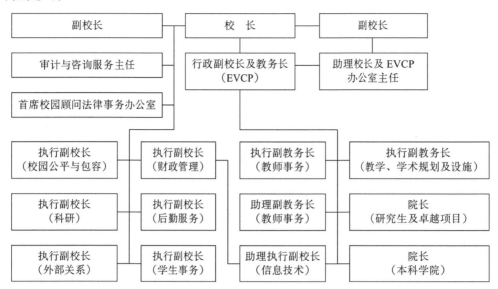

分析美国大学的治理结构，最明显的一个文化烙印，就是分权制国家政治对大学各利益相关者群体分权合作治理方式的影响。美国是一个分权制的国家，确立分权制原则的最基本出发点就是防止权力垄断，避免一方对另一方的过度干预。美国研究型大学的管理也体现了这一特点。从大的方面来说，虽然代表不同利益方的国家、市场和学术权力所形成的三角协调机制不是一种分权制的制度安排，但是在研究型大学管理过程中却起到了这样一种客观效果。在小的方面，这表现为校内的董事会、校行政和教授会三者的相互制约、配合与平衡。这种体制一方面阻止了权力的滥用和来自于某一方的过度干预，另一方面当国家权力、市场、学术权力与董事会、校长、教授会中的某一方出现失灵或失误时，也有助于其他方给予及时的补救或补偿。其结果不仅为研究型大学的发展赢得了最好的学术生态环境，也使这几方在动态平衡中逐渐成为了一种推动研究型大学发展的聚合力量。[57]这种动态的"生态环境"，何尝不是美国大学治理文化的培育、生成过程。

第二点文化痕迹，我们认为是公共代理文化对大学自治的影响。这种文

56　UC BERKELEY-EXECUTIVE LEADERSHIP [EB/OL]. http://www.berkeley.edu/admin/pdf/senior.pdf.

57　谷贤林，〈美国研究型大学管理的若干特点〉[J]，《清华大学教育研究》，2008年4月，第28-35页。

化之下，美国人民选择相信大学可以代表国家、社会及民众的眼前尤其是长远公共利益，所以美国社会愿意给予大学应有的自由和自治。如他们会理智认识到大学机构"比大多数人认为的要脆弱些，如果我们认识不到它们的重要性，找不出其正常运转的动因，或者不持续滋养和维护它们，它们对美国的机体健康和社会福利的贡献就可能受到损害。"[58]"我们需要正确的价值观和社会结构、拥有超常才华的人、开明且有胆识的领导、对自由探究和免于国家干预的院校自治理念的信奉、对大学间人才竞争的坚定信念，以及为追求卓越以创造无与伦比的高等教育系统而投入的前所未有的巨大的资源。"[59]

第三个文化痕迹，是国家民主文化对大学基于学术权威等级上的相对民主化治理。如斯特鲁普指出的，美国高等教育管理一个显著特点导致其科层制未陷入专制，这就是美国高校独特的外行管理传统——董事会作为最高权力机构，由许多校外人士参加。虽然校外人士的举止有时不甚明智，但他们却鲜有官僚作风。在董事会管理下，美国大学校长的职业角色也显得模糊，他并不确定知道他需要做什么，没有对校长的一套有效的评估体系。这一点造成校长与董事会之间微妙的平衡关系，有利于防止校长过度专权。在美国大学里，处于中层位置的院长和系主任也在组织整合中起重要作用。另外，美国每所大学里还有许多附属性组织，如许多高等教育联合会。它们也在一定程度上缓解了较为僵化的科层结构。帕森斯（Talcott Parsons）曾专门著文讨论学术组织的特性，他认为尽管美国的大学管理出现了集权的趋势，但作为学术组织，最重要的不是等级结构，而是自治与自由的传统。[60]

可见，用文化的视角来析解美国大学治理结构是一项非常有意义的工作。我们的析解证明了一条大学发展的普世逻辑：是一个国家的文化体系和文化特色决定了其大学治理结构和运行模式特色，这正是"文化是制度之母"的实践证明。英国近代的哲学家荷尔丹（LordHaldane）曾说过："在大学里，一个民族的灵魂才反照出自己的真相。"即"大学是民族灵魂的反

58 [美]乔纳森·R·克尔著，冯国平等译，《大学之道》[M]，北京：人民文学出版社，2013年，序言，第14页。

59 [美]乔纳森·R·克尔著，冯国平等译，《大学之道》[M]，北京：人民文学出版社，2013年，第4页。

60 林杰，〈美国院校组织理论中的科层制模型——以斯特鲁普的理论为原型〉[J]，《北京大学教育评论》，2009年2月，第143-161页。

映。"[61]换句话说，世界现代意义上的大学虽起源于中世界的欧洲，有着如学术自由、大学自治等共同传统，但真正成功的世界一流大学都毫无例外地生长于民族国家的政治、经济、社会、文化土壤，其成功之处也恰恰在于其虽形态各异、理念不同。如当今世界公认的最成功的美国高等教育，其初期形态虽为殖民者照搬于欧洲，但新教伦理的信徒们很快就根据辽阔荒芜、急需开发、进步的北美大地实际环境做了很好的变通。美国殖民地时期"九大学院"的成就就是这种遗传和变异平衡的结果。今天各种有影响的世界大学排名榜中，前 10 位的大学平均有 8 所都在美国；上海交通大学排行榜前 50 名大学多年均值美国大学占到 35 所左右，而每一所都不同于欧洲的老牌大学，有其鲜明的美国特色。这就是美国"国家与民族高等教育"的成功，更是美国实用主义文化、进步主义、社会达尔文主义智慧精心培育其大学基因又随时变异、调整的结果。用美国人自己的话说，美国如此多的世界一流大学是因为美国"拥有以自由、民主、法治为特色的政治文化。拥有崇尚创业、乐见其变、乐于冒险并奖励冒险的经济文化。……美国文化将稳定、自由、知识和个人赋权融为一体，为机遇、创新和变化提供了肥沃的土壤。"[62]

---

61 [美]亚伯拉罕·弗莱克斯纳著，徐辉等译，《现代大学论——美英德大学研究》[M]，杭州：浙江教育出版，2001 年，第 3 页。

62 [美] National Research Council of The National Academies 著，朱建平主译，《研究型大学与美国未来：美国繁荣与安全的十大突破性举措》[M]，湖南大学出版社，2015 年，第 23 页。

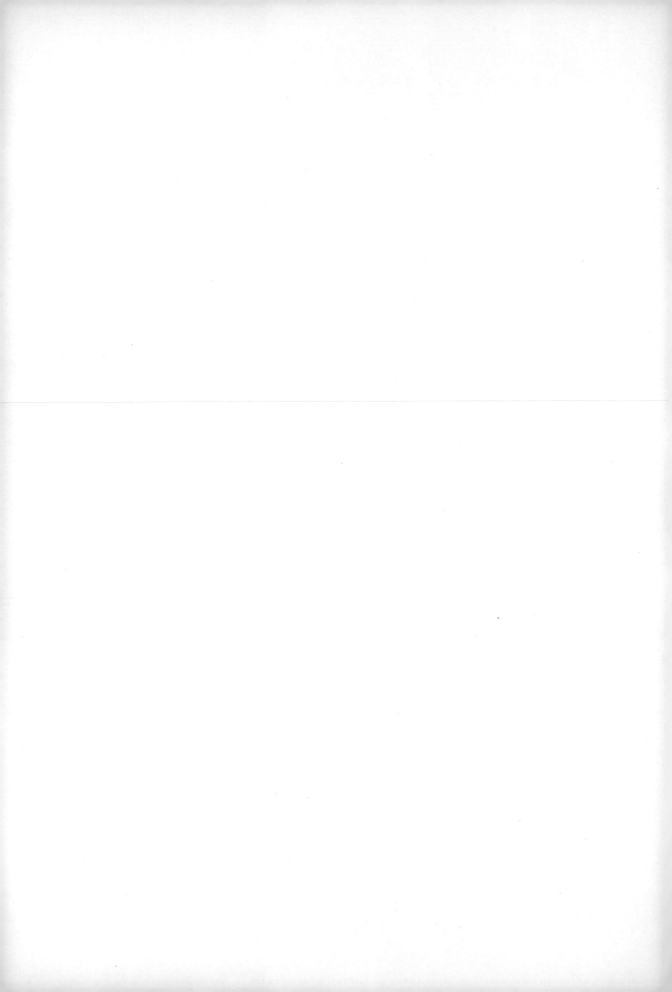

第三章 制度之母：美国大学治理中的文化影响因素

　　文化是制度之母。"大学既是传播文化的地方，又是不同文化激烈碰撞的地方。"[1]美国高等教育制度及其大学正在运行的治理结构、治理模式，无不是美国文化显性制约引导、隐性潜移默化的结果。就大学而言，富有特色、自成体系的美国文化是运行其制度、运作其治理模式的外部文化环境，这些文化又包括如下亚文化：新教文化，联邦共和文化，法治文化，契约代理文化，专业主义、实用主义、进步主义、永恒主义、人文主义文化，以及基于市场逻辑的新管理主义文化等等。这些文化质素作为理论范畴是相对独立、自成体系的，但在现实的原生态美国社会场域中，他们界限模糊、交互辉映、血脉相连又浑然一体地构成了美国生机勃勃的价值星空，一起哺育美国人的精神世界、规约着美国各种政治、社会、民间组织及个人的一揽子行为。就内部而言，美国大学也在近 400 年的运行过程中积淀出一整套独具特色的运行文化，同样地它也由一系列核心价值有机互补、互动而成。美国著名社会学家、哥伦比亚大学首席学术官乔纳森·克尔归纳、提炼的影响美国大学组织文化中的十二项核心价值已得到美国社会及世界同行的认可，即："普遍主义；有组织的怀疑主义；创造新知识；思想的自由公开传播；无私利性；自由探究和学术自由；国际共同体；同行评议制度；为'共同'利益工作；权

1　王英杰，〈大学学术权力和行政权力冲突解析——一个文化的视角〉[J]，《北京大学教育评论》，2007 年 1 月，第 55-65 页。

威治校；学术传承；学术共同体的活力。"[2]本章在借鉴这一归纳的基础上，将沿着美国高等教育发展历史与逻辑的双重线索，尝试将这些核心理念还原为有条理、有层次、有分类的大学组织文化，以便条分缕析地搞清楚其在大学治理中的作用，还原、析解美国大学治理的逻辑体系。

第一节　忧患是进步之母

第一位入主白宫、有国母之称的阿比盖尔·亚当斯在写给丈夫、第二任美国总统约翰·亚当斯的信中说："在神把我们安全地带到新英格兰后，我们已建起了家园，生产了各种生活必需品，竖起了敬神的方便场所，安置了公民政府，下一件我们渴望和关注的事就是推动学习，并让它历久不衰、传之后世；在我们现有的牧师百年归世后，给教堂留下的是目不识丁的牧师，这种事想起来就觉得可怕。"就这段文献，德尔班科解读到："这种信念与恐惧交织的情感，一直是大学理念的核心。"[3]果然是进步始于忧患！

通读美国大学史，我们可以析解出这段文字中包含的美国大学文化信息：大学的兴旺发达是与美国人民对文明的信念与忧患并行的。所谓文明的信念，源头可追溯到"哈佛先生的心灵"：众所周知哈佛大学当初的"存活"得益于学院初期哈佛先生的慷慨捐赠。在荒蛮的新大陆民众都普遍爱财如命、追求最初资本积聚的"起跑线"时期，哈佛先生又是出于何种动机、在什么样的"心灵活动"之下"大公去私"的呢？最初的新大陆公民社会给出了这样的解释："增进知识并传之后世"。[4]也就是说，这个新民族在新的环境里，在"家园"与"教堂"解决了安放一己之身心后，最迫切的需要就是种族的延续与壮大，而这要依赖于"大学"带给这个民族"理性与智慧"——在美利坚民族聚集的初期，新教伦理与智慧已经给了他们坚定的信念，只有兴办教育、壮硕"大学"，才能符合这个民族的最大化、最长远利益。发展到今天，我们可以看到这种"信念"已大大丰富、且日益拓展出众多核

2　[美]乔纳森·R·克尔著，冯国平等译，《大学之道》[M]，北京：人民文学出版社，2013年，第46-53页。

3　[美]德尔班科著，范伟译，《大学：过去、现在与未来》[M]，北京：中信出版社，2014年，第40页。

4　[美]德尔班科著，范伟译，《大学：过去、现在与未来》[M]，北京：中信出版社，2014年，第4页。

心内涵：大学是美国人的"田园牧歌"[5]、大学是有用的，可以满足个人世俗成功的强烈动机、可以实现社会发展的"进步主义"理想、可以成全"实用主义"之下国家强大富裕的民族梦想。这样的信念之下，美国人民很早就认识到大学为社会服务的功能，因为他们明白：大学是一个微观的社会组织和实际的公共领域。这种双重特性使其在作为一个学术机构与社会保持一定距离的同时，也是一个需要履行一定社会责任的公共服务机构。[6]

而所谓忧患，即指如果没有大学对民族文化、人类文明的有效传承、对国家公民的心智训练，民族的智慧、人类的梦想将停滞不前。历史延续到今天，美国社会仍然异常敏锐地保持了这种教育的"忧患"。一是担忧美国教育规模与质量的落后会导致国家的落后，用奥巴马总统的话讲就是："今天在教育上超过我们的国家，在将来会在竞争中超过我们。"[7]；二是担忧教育对象功利的职业能力的增长，没有匹配心智、人文力量的培育，从而导致只有眼前个人私利的追逐，没有国家乃至人类长远公利的兼顾和文明、文化的传承。用我们今天的话来说，就是只有发展速度、物质索取，没有发展质量、生活审美。"对颜色与形状、旋律与和声的敏锐性，都得到了提高和深化——现在，风烛残年的他对此欣慰不已。这样一种教育是阻挡功利主义价值观的一道篱笆"、"你们想要的是你们的大脑成为一个有趣的地方，伴随你们度过余生。"这些表述都深刻地揭示了上述忧患之下，美国大学在职业服务、社会服务同时，从"自由教育"到"通识教育"的追求。[8]

第二节　从新教文化到"普遍主义"

普遍主义，英文是 Universalism，其对立面是特殊主义，英文是 Particularism，二者是彼此相左甚至相对立的世界观和思想方法。不管普遍主义，还是特殊主义，二者各自都有深刻的文化根源、文化内涵。作为政治文

5　[美]德尔班科著，范伟译，《大学：过去、现在与未来》[M]，北京：中信出版社，2014年，第6页。

6　谷贤林，〈校园文化对一流大学人才培养的影响〉[J]，《江苏高教》，2005年6月，第58-61页。

7　[美]德尔班科著，范伟译，《大学：过去、现在与未来》[M]，北京：中信出版社，2014年，第23页。

8　[美]德尔班科著，范伟译，《大学：过去、现在与未来》[M]，北京：中信出版社，2014年，第31-32页。

化的"普遍主义"，起源于柏拉图，再由班菲尔德予以发展，亨廷顿为首的哈佛政治文化课题组曾用这个意义上的"普遍主义"分析政治、社会腐败与文化的关系，认为区别于任人唯亲的"特殊恩宠论"，"普遍主义"则特别强调适用于理性驱动的市场逻辑和个人利益最大化为基础的资本主义规则基础上的实力个人主义。在这个意义上，韦伯才强调忠心与市场是彼此对立的。至于美国尊崇"普遍主义"的文化渊源，韦伯分析说："新教的强调伦理和苦行的教派……的伟大成就，就是打碎了亲属关系（扩大的家庭的枷锁）。"因为新教徒相信，"上帝只帮助那些自救的人。"亨廷顿课题组这一部分负责人劳伦斯·哈里森总结说："事实证明，扩大的家庭是生存的有效体制，但确是发展的障碍。"[9]这种外在于美国大学的美国文化，像时光雕刻刀一样雕塑着美国社会及教育人士的心灵、形塑着美国大学成长的姿态，美国著名的高等教育家克拉克·克尔（Clark Kerr）曾就美国文化与美国高等教育的关系做过简要而精辟的阐述，他说："在过去三百年中，美国与其他国家相比，整体文化与高等教育之间的关系要更为密切，它们相互结合而发展。美国高等教育的一个突出特点是多样化，但各类高等学校在发展演化过程中有些共同的趋势，这些趋势深深地受着美国人所关注的问题和价值观念的影响，并且经常不断地发生微妙的变化。"[10]

而作为大学组织文化一部分的科学普遍主义，则是在上述普遍主义作为政治文化的基础上，更多地强调"方法论"上的普遍主义，是一种R·K·默顿基于功能社会学所建构的"大学共同体"、"科学共同体"框架下，作为有自己特殊组织特性、以高深知识传承与创新为核心功能的大学所必须、必然、必要具备的"黄金法则"：真理面前人人平等。这个意义上的所谓"普遍主义"，"是这样一种观念，认为新的真理性主张和事实断言要使用确定的客观标准、而不是根据宣称做出分析的人的个人或社会属性来评价。将这一价值在大学内扩展，就会得出：评价、奖励一个人的贡献，应该基于才能，而不是诸如宗教、阶级、种族、国籍、性别、政治见解等个人特征。"[11]这种

9　[美]塞缪尔·亨廷顿、劳伦斯·哈里森主编，程克雄译，《文化的重要作用——价值观如何影响人类进步》[M]，第2版，北京：新华出版社，2010年，第166页。

10　顾明远主编，《民族文化传统与教育现代化》[M]，北京师范大学出版社，2001年，第139页。

11　[美]乔纳森·R·克尔著，冯国平等译，《大学之道》[M]，北京：人民文学出版社，2013年，第46页。

"普遍主义"是美国大学文化体系中的核心价值观，因为美国本土的"实用主义"文化教给美国人在实践中求暂时的、相对的所谓"真理"。美国高等教育变迁、发达史使美国人相信，"普遍主义"这一原则对大学的有效运作至为重要，因为在一个对思想进行选择、基于特殊的而不是普遍的评价标准进行的系统里，知识的增长不可能真正蓬勃发展。没有普遍主义——或者换言之，没有建立任人唯才的标准——大学根本无法为其成员制定出一个公平、值得信任的奖励制度。美国清教徒尤其觉得自己有创造"山巅之城"的使命，就像约翰·温思罗普（John. Winthrop）在其宗教团体成员上岸之前所劝诫的一样。后来，他布道说：如果清教徒不能成功建立上帝之国，他们将被驱逐出这片土地。换句话说，失败了你就是该诅咒的。这个神圣使命虽然朝着世俗追求改进了，但依然根深蒂固，以至于两百年后，亚丽克西斯·德·托克维尔（Alexis. de. Tocqueville）还感慨说：在美国，宗教普世情感依旧雄心勃勃。[12]在大学里，真正的"宗教"在政教分离原则之下虽然仅仅保留了文化研究与学科建构的地位，但美国学者骨子里的"宗教情怀"已悄悄被这种"普遍主义"所替代。这种宗教性的"普遍主义"信仰之下，才有美国大学学者宗教信仰般"思想的自由、探究的自由、学术的自由"之追求。我们这里举一个布鲁贝克书中给出的学者批判精神的代表托斯泰恩·维布伦的案例：当大学的研究成果"越来越多地卷入'为国家服务'的领域，科学研究进入了工农业生产以及由于工农业发展引起的一系列社会问题中。许多人士都注意到，日益增强的中产阶级的实业文化优势正在暗中削弱着我们无价的智慧遗产。在20世纪中，首先对这种状况作出哲学批判的是托斯泰恩·维布伦。他勇敢地为维护研究性大学不受价值约束的客观性和反对'工业巨头'污浊腐坏的影响而努力奋斗。"[13]

更值得注意的是，美国大学的成功大抵基于这种"大学及学者具有自由发现普遍真理与坚定弘扬普遍真理的使命和责任"这种宗教信仰般的文化自觉；同时，美国学者本着国际主义之赤诚，更以一种狂热、深刻的信仰坚信这是世界优秀大学成功的必然条件，也是"学术自由"、"大学自治"的逻

---

12 [美]亚瑟·科恩（Arthur M. Cochen）著，梁燕玲译，《美国高等教育的历程》[M]，第2版，北京：高等教育出版社，2012年，引言。
13 [美]布鲁贝克著，王承绪等选译，《高等教育哲学》[M]，第3版，杭州：浙江教育出版社，2001年，第7页。

辑前提。国情民族的不同，必然导致世界各族人民"民族心灵结构"的差异。我们未必完全赞同美国学者的这一文化信念，但我们会隐约联想到我们民族历史上士大夫"家国天下"的担当和责任：从书院时代的"风声雨声读书声"到蔡元培时代"兼容并包、思想自由"做高深学问，再到躺在病榻上仍忧国忧民的"钱学森之问"，有理由相信我们的世界一流大学梦想会在这种民族忧患和知识分子家国情怀的历史延续中早日实现。

第三节　实用主义、进步主义：科研的功用与服务社会

实用主义（Pragmatism）是从希腊词 πραγμα（行动）派生出来的，产生于 19 世纪 70 年代的现代哲学派别，到十九世纪末二十世纪初，通过詹姆士、杜威等人的活动，实用主义发展成为在美国影响最大的哲学流派。二十世纪四十年代以前，实用主义在美国哲学中一直占有主导地位，甚至被视为美国的半官方哲学。实用主义的特点在于，把实证主义功利化，强调"生活"、"行动"和"效果"，它把"经验"和"实在"归结为"行动的效果"，把"知识"归结为"行动的工具"，把"真理"归结为"有用"、"效用"、或"行动的成功"。实用主义的要义体现在皮尔士所表述的这一观点中：认识的任务，不是反映客观世界的本质和规律，而是认识行动的效果，从而为行动提供信念（"思维的唯一职能在于确立信念"）；当代美国律师、实用主义哲学家霍姆斯强调，经验而不是逻辑，才是法律的生命；教育哲学家布鲁贝克则坚信"这种观点对高等教育像对法律一样千真万确。"[14]爬梳美国高等教育史，会发现早在杜威等提炼、总结所谓的"实用主义"之前，新大陆的拓荒者们就非常现实、强烈地向教育表达了这种"实用主义"的诉求。"1865 年之前很久，美国就出现了以更实用的培训名义对现存教育秩序的批评。早在本杰明·富兰克林时代，就有很多雄辩的美国人强烈要求新型的高等教育，这种教育能够直接为青年从事各种职业做准备，包括技术领域。……然而在内战以前，这种观点的代言人通常是学术界之外的人士而非学术界人士。甚至在谢菲尔德科学学院，他们的影响力也只是局部的，而在1860 年前成立的州立大学，掌权的通常是信奉智力训练和传统课程神圣性的

---

14 [美]布鲁贝克著，王承绪等选译，《高等教育哲学》[M]，第 3 版，杭州：浙江教育出版社，2001 年，第 20 页。

教育者。"[15]美国九大学院时期，虽然清教徒依然以教条主义的宗教形式保留着残余力量，基督教育的价值、希腊与拉丁古典训练的价值，以及跟同龄人亲近地住在一起的价值，都被学校极力所颂扬，却遭到了社会的诟病和嘲弄。"到19世纪90年代初，主要靠自学成才的安德鲁·卡内基谴责说：'现在的大学教育'，重点放在过时的观点和'已经废止的语言'上，只适合'在另一个星球上生活'。"[16]在此类批评之下，美国的大学应社会要求而不断变革，以至于"从1880年到1930年，科学的价值观和在大学校园里正在形成的价值观总体说来日益融合。科学和技术开始前所未有地繁荣兴旺起来，把十七世纪的英国、十九世纪的德国所取得的成就带到了新的高度。科学的价值观导致了让拥有思想的男女组成社区的理念的产生，即学者和科学家在一定条件下，可以产生非常原创的理论和发现，这些理论和发现最终能够改变世界。"[17]这就是美国实用主义文化作用的结果，所以赛维一针见血地总结说："一群西方人，尤其是在州立大学里，他们声称德国科学过于抽象和理论化，太远离实际利益，并且说，在民主国家，唯一有权保存的学问就是为大多数人的实际需要服务的学问。"[18]在这种传承与变异中，我们看到了是什么力量改变了外部引进的形态？显而易见，是新民族在新环境里的生存、斗争实践改变了民族文化、社会文化，而新文化随之又改变了从属于民族国家、从属于社会同时又具有一定超越性、批判性的特殊组织——大学的运行方式与治理模式。美国大学正是在这种不断批判、修正之中追求其大学治理的变革性和进步性："我们伸手想得到的那个隐约可见的东西，就是理念的美国替代品。在美国人看来，志向比理念更为重要。典型的态度是热切地寻求更好的东西，他们都觉得，随着知识和经历的发展，必须不断形成新的概念和新的理念。美国教育家绝不会接受确定的理念……他的理念就是要不断地修订他的理念。"[19]

---

15 [美]劳伦斯·维赛著，栾鸾译，《美国现代大学的崛起》[M]，北京大学出版社，2011年，第61页。

16 [美]德尔班科著，范伟译，《大学：过去、现在与未来》[M]，北京：中信出版社，2014年，第86页。

17 [美]乔纳森·R·克尔著，冯国平等译，《大学之道》[M]，北京：人民文学出版社，2013年，第44页。

18 [美]劳伦斯·维赛著，栾鸾译，《美国现代大学的崛起》[M]，北京大学出版社，2011年，第189页。

19 [美]劳伦斯·维赛著，栾鸾译，《美国现代大学的崛起》[M]，北京大学出版社，

在现实的大学治理中，大学的"利益相关者"的每一方都会从实用主义文化中找到自己的信念和智慧，如赛维的描述："实用主义倡导者很快就面临来自其他类型学术改革者的竞争，他们在新大学的体系中构建了两个明显的避难所。首先，他们经常成为行政领导人。对于管理者，有用性是个很宽泛的概念，可以包括各种不断出现的互不相干的研究，而且，在新兴的充满活力的州立大学，校长与议会和其他有影响力的非学术集团关系密切，他的特殊地位又进一步强调了公众服务。第二，在教职员方面，新应用科学的教授和大多数社会科学家都相信实用主义是非常重要的。"[20]如果要对功利主义、实用主义为何能在教育领域、大学治理中大行其道追根问底，普林斯顿大学校长的答案最恰切地体现了美国特有的教育哲学——大学的快速发展的动力源是民主国家对创新与社会进步的功利诉求和理性抉择："在当今，我们对开放和独立的坚持植根于一个独特的教育哲学，它包含批判性思维和积极的争论，并以此作为追求真理的最好方法，其目的在于纠正过往的错误，发展新的思想。这个哲学不仅是源于一种抽象的观念，即在民主主义下正确的教育方式，而且也源于一个有力的功利主义的争论。一个国家要想处于科学研究的前列，吸引世界上最好的教师和最好的本科生及研究生，就要让教师和学生知道他们可以去自由地探索任何思想，否则这将是不可能的。这个实用观点在政府领导、商业主管人员，和其他对经济进步感兴趣的人之间获得了广泛的认同。"[21]

如果说实用主义已坚定地成为美国大学文化中的"黄金法则"，而"进步主义"则是这黄金法则的金色光华。进步主义源于达尔文进化论在社会发展进程中有效性的泛化，即社会达尔文主义，而将进步主义与社会达尔文主义关联起来的是赫伯特·斯宾塞——他的世纪之问——"什么知识最有价值"，直接导致了美国进步主义教育乃至美国高等教育的市场化、功利化。沿着这样的脉络，才有实用主义者杜威得到达尔文的启发强调思维与行动之间的连续性[22]，从而拉开了美国民主主义与教育的关联，书写了使美国的大

2011 年，第 363 页。

20 [美]劳伦斯·维赛著，栾鸾译，《美国现代大学的崛起》[M]，北京大学出版社，2011 年，第 62 页。

21 [美]威廉·G·鲍恩著，王天晓译，《汲取经验：普林斯顿大学校长的反思》[M]，北京：高等教育出版社，2012 年，第 37 页。

22 [美]布鲁贝克著，王承绪等选译，《高等教育哲学》[M]，第 3 版，杭州：浙江教

学突破欧洲传统率先将大学功能由教学、科研拓展为"服务社会"的辉煌篇章。实用主义、功利主义与社会达尔文主义有千丝万缕的联系，在美国交互辉映、共同作用的结果是教育的市场化、竞争化、绩效化与教育进步主义追求的教育培养公民、服务社会、引领社会交错进行，其中赫钦斯代表的要素主义、传统主义仍对过分的教育市场化洪流有警醒、批判和补充。"在美国，实用主义被称为进步主义的教育思想，而要素主义常常被冠以传统主义教育思想的代表，传统主义与进步主义教育思想之间的相互竞争、冲突和相互作用，影响和左右着美国学校教育的发展方向。"[23] "在两次世界大战期间，终于出现了对这一趋势的杰出反对者。罗伯特·赫钦斯试图以他自己的《美国高等教育》一书来扭转这一趋势……对这种形而上学进行批判的是实用主义者悉德尼·胡克，1963 年他写成了《现代人的教育》一书。实用主义者理所当然地不把理性视为高等教育的目的，而把高等教育视为解决社会问题的工具。"[24]

实用主义在美国高等教育领域表现形式多样、流派众多，但以哈佛"艾略特"为代表的"理性实用主义"（东海岸）和以康奈尔大学怀特所代表的"科学实用主义"为两大核心流派，在美国大学发展进化的很长历史时期内具有影响力。如 19 世纪美国大学文献中就有大量的康奈尔大学校长怀特作为共和党人，追随、辅助伊兹拉·康奈尔实现"建立一所所有人都能学习所有学科的学院"，在这样的学院里，学生习得"简单明快的伦理"、掌握实用的科学知识，准备随时走向社会建设国家。他们声讨无用的、故作深奥的知识，讨厌"病态的愤世嫉俗者"，将"科学和工业学习"作为大学课程的"真正的核心"，梦想通过实用主义的学校培养"有用"的公民，能走进"真实生活"，"涌入议会，充斥着新闻机构，进入美国市县的各个部门。腐败不复存在，纯粹的美国理想蓬勃发展直至有一天占领全世界"，被劳伦斯·维赛称为倾向于实用思想的"低级"或"草根"姿态的实用主义者。[25]

育出版社，2001 年，第 26 页。

23 顾明远主编，《民族文化传统与教育现代化》[M]，北京师范大学出版社，2001 年，第 171 页。

24 [美]布鲁贝克著，王承绪等选译，《高等教育哲学》[M]，第 3 版，杭州：浙江教育出版社，2001 年，第 7 页。

25 [美]劳伦斯·维赛著，栾鸾译，《美国现代大学的崛起》[M]，北京大学出版社，2011 年，第 84-85 页。

而被归为实用主义另一派的哈佛校长艾略特却被称为"理性自由主义者"。他不追求教育与知识立竿见影的"实用",而主张通过训练学生的"理性"而"自由选择的能力"实现民主国家的不断进步:"最好的教育就是要给人们大量的练习,使他们在有生之年能从不断遇到的选择中作出明智的自由选择。"[26]之所以艾略特的"理性自由主义"也被归为"实用主义",是因为这一派的美国人坚信这种"自由选择的理智"有利于民主国家的长远利益,是实现社会进步的理性选择。因为:"自由很危险吗?是的!但是它对于人类品格的成长是必要的,这也就是我们生存的目的……(我们)在自由中经历考验而培养出品格。选择造就了人性的高贵。"[27]而艾略特所说的"高贵",又绝对区别于欧洲贵族传统的"奢靡的高贵"、"闲暇的高贵"、"虚无的高贵",而是一种现代民主国家、公民社会基于平等基础上的自由选择个体行为和公共制度的"理性的高贵"、"智慧的高贵"。这种"高贵"则是一种积极进取的美国"绅士精神",而绅士"不能是懒惰、无能、自我放纵的人。他必须是一个工人,一个组织者,一个公正的为他人服务的领导者。"[28]所以,尽管艾略特也谈贵族,但明显可见,他绝不是反对职业课程的赫钦斯所属的"永恒主义者"。史料记载,艾略特支持了哈佛商学院的创建,因为他认为:"只要是被普遍认为是有用的科学,大学怎么关注都不为过。"他更在此基础上宣布了其教育纲领:"教育确实要致力于传授知识和培养品味,但最急需的是要发展行动力。"[29]

第四节　科学主义、专业主义:同行评议与学术共同体

斯坦福大学校长理查德·莱曼曾说:"对一所大学来讲,不管什么时候,如果需要通过警察来维持秩序的话,那就意味着已经失败了。"[30]不能靠外在

26 [美]劳伦斯·维赛著,栾鸾译,《美国现代大学的崛起》[M],北京大学出版社,2011年,第91页。

27 [美]劳伦斯·维赛著,栾鸾译,《美国现代大学的崛起》[M],北京大学出版社,2011年,第91-92页。

28 [美]劳伦斯·维赛著,栾鸾译,《美国现代大学的崛起》[M],北京大学出版社,2011年,第93页。

29 [美]劳伦斯·维赛著,栾鸾译,《美国现代大学的崛起》[M],北京大学出版社,2011年,第94页。

30 [美]威廉·G·鲍恩著,王天晓译,《汲取经验:普林斯顿大学校长的反思》[M],

的强制，美国大学的治理又是靠什么让其在世界高等教育之林"独占鳌头"的呢？普遍主义基础上的科学主义与专业主义无疑是学术优越、学术自由的文化基础，而正是学术的举世成就实现了美国大学的卓越。而这儿使用的"科学主义"是美国"普遍主义"文化语境下，继承马克斯·韦伯、尤尔根·哈贝马斯传统，是方法论的实证主义哲学与现代西方文化中认识论的"合理化"思维方式在教育领域合二为一的呈现形态。概括地说，本文针对性地讨论科学主义在美国大学治理中作为文化和思维定势在治理结构中的作用。

而这种文化在组织形态和组织行为上的表现，就是同行评价与大学学术共同体。"学术共同体"在中国是个热词，好像哪个大学一沾上这个词，就表示已经非常"高大上"了，已经进行了很好的改革，实现了治理模式和运作形态的现代化转换，其实不然，"共同体"在世界范围内一定程度上被泛化和滥用了！让我们通过两个真实案例来看看"学术共同体"在其形成历史和当下大学实践中的现实含义：

之一：奥巴马总统亲授奖章、被《时代》杂志评为"美国最佳社会批评家"的哥伦比亚大学美国研究中心主任、美国人文与科学院院士德尔班科曾讲述过一件他刚到哥大就职时亲身经历的事情：在一次讨论学校预算危机的全体教师大会上，校长宣布由于艺术和科学系的预算赤字增长得太快，敦促废除哥大的"需求回避录取"政策，从而控制助学金上的开支。会议室里一个个教师站起来反对，认为校长的提议站不住脚。结果，教师们提出了一项动议，并在一片欢呼声中通过：全体教师将按比例返还一定薪水，把它们筹集起来，留作助学金，校长让步表示同意，最终保住了"需求回避录取"政策。[31]这是对"我们的大学高度负责"和对话、协商的结果，更是大学共同体文化的体验和共同体精神的胜利。

之二：普林斯顿大学共同体委员会（CPUC）就是非常成功的校园内协商决策体系，该委员会主席是校长，另外包括15位选自学校不同部门的教师，12名大学生，7名研究生和6名具有选举权的行政官员，另外还有11名成员来自职工和校友会。广受尊敬的教师都曾希望去普林斯顿大学共同体委员会工作，为委员会提供了强大的领导力。其中的优先等级委员会由教务长

北京：高等教育出版社，2012年，第55页。

31 [美]德尔班科著，范伟译，《大学：过去、现在与未来》[M]，北京：中信出版社，2014年，序言，X。

（provost，更好的翻译是"学术副校长"）负责，首要责任是为校长提供如何花钱、如何开拓新资源的建议，同时对全体教师的工资水平、教师人员编制、学费和学生补助、在校园维护上的花费等提出建议。[32]

"学术共同体"这一概念是 20 世纪英国哲学家布朗在一篇题为《科学的自治》的章文中首次使用。他把全社会从事科学研究的科学家作为一个具有共同信念、共同价值、共同规范的社会群体，以区别于一般的社会群体与社会组织，这样的一个群体就称之为学术共同体。学术共同体指具有相同或相近的价值取向、文化生活、内在精神和具有特殊专业技能的人，为了共同的价值理念或兴趣目标，并且遵循一定的行为规范而构成的一个群体。从上面的"学术共同体"词源学学上分析，这个概念最核心的本质属性是大学"学术性"特殊组织内人员必须具有的"共同性"：共同的价值取向、文化生活、内在精神、价值理念、兴趣目标等等；而如何达成这些共同性，这就是上述两个例子给出的实践定义：有组织、有职权划分的有效沟通与交流，以化解矛盾、平衡诉求、达成共识，即杜威所声称的达成共善（the common good）。概而言之，所谓学术共同体，指制度框架下有共同文化意识、价值认同、专业标准等同侪之间顺畅有效的"沟通"、"协商"以化解冲突达成和解的学术组织。大学学术共同体的特点是，董事和主要的教师必须认同责任和权力的分配方式，整个校园共同体必须接受治理规则的合法性。[33]

正是在这样的理解基础上，国内学者才呼吁强调学术共同体的概念，有助于我们重新回归教育的常识和大学的本质。大学必须以学术为目的，以科学精神为核心凝聚力，并具有某种对绝对精神的追求，如果脱开因时代变迁和社会发展而赋予大学的各种相对具体的任务，从理想的层面而言，大学在本质上应该为学术而学术，为科学而科学，对真理的向往不会因为外在环境的变化而改变。[34]这种表述与美国大学治理中学术共同体的文化基础：普遍主义、科学主义、专业主义三位一体的学术文化精神实质是一致的，也是国内学术界借鉴美国大学治理文化的结果。更有学者一针见血地指出，如何在学

---

32 [美]威廉·G·鲍恩著，王天晓译，《汲取经验：普林斯顿大学校长的反思》[M]，北京：高等教育出版社，2012 年，第 16-18 页。

33 [美]威廉·G·鲍恩著，王天晓译，《汲取经验：普林斯顿大学校长的反思》[M]，北京：高等教育出版社，2012 年，第 7-11 页。

34 黄达人，大学是一个"学术共同体"，中国教育新闻网——中国教育报，[EB/OL].
http://www.jyb.cn/Theory/rcpy/200903/t20090323_257326.html。

术评价体制方面"去行政化"，实现学术评价体制的创新？核心的问题在于按照学科的内在逻辑，建立学术共同体内在的价值标准。[35]

值得注意的是，大学学术共同体并非只是直接从事学术研究的教师与学生的联合组织。一是因为这里的"学术"是广义的大概念。是美国当代著名教育家欧内斯特·博耶（Ernest L. Boyer）提出的"四种学术"说，从理论上论证了大学成为"学术共同体"的可能，即发现的学术、综合的学术、应用的学术、教学的学术；二是因为大学的学术组织特性，规定了其所有"利益相关者"都必须为"学术"而服务、为"学术"而存在，为达成大学的共同学术目标而奋斗。第一条解决了大学组织内从事各种学术形态人员的共同体归属，第二条则消除了大学内外"学术"与"非学术"行政人员、董事、校友等利益相关者之间沟通、协商的障碍。在学术和行政职能之间没必要划出太清晰的界限。在高校中，每个人的工作都是为支持学术，这个观点是很明智的。但让管理人员感觉他们是职位低微的一部分人是绝对无益的。同时，高级行政官员在处理与教师有关的事务时也不应太专横——不应该制造不满情绪。[36]

当然，理论总是描述的一种理想状态。大学治理的现实形态里，各种不同群体自然有其不同利益诉求、价值判断，这决定了大学共同体内的协商永远充满斗争和博弈。而随着学术资本主义的兴起、绩效考核的盛行，在美国今天的大学里，学术文化和行政文化冲突的激烈程度更是史无前例。正如长期研究大学文化的美国学者克拉克（B. Clark）所言："在学术事业和系统中最少被注意到但又变得日益重要的是行政文化从教师和学生文化中的分离，随着职业管理专家代替教授业余管理者，一系列独立的角色和利益出现了……（行政人员）在很大程度上彼此相互影响作用，他们每日的工作与教学和科研根本不同……他们有大量的原因把教师和学生看作是，往好处说，缺乏现实感的人，往坏处说，制造麻烦的人和敌人。一种独立的文化产生了。"[37]

为尽量减缓大学共同体内部的矛盾与冲突，美国大学治理经验中可供借

35 许纪霖，〈回归学术共同体的内在价值尺度〉[J]，《清华大学学报》，2014年第4期，第78-82页。

36 [美]威廉·G·鲍恩著，王天晓译，《汲取经验：普林斯顿大学校长的反思》[M]，北京：高等教育出版社，2012年，第31页。

37 王英杰，〈大学学术权力和行政权力冲突解析——个文化的视角〉[J]，《北京大学教育评论》，2007年1月，第55-65页。

鉴的经验是责权划分、章程治理。而章程会保障大学通过制度设计来完成"学术的事情有学者"来处理，其中一个重要制度就是大学里的"同行评议"（Peer Review）。同行评议在美国学术界对新研究的评价和认可过程中居于中心地位，在大学分配资源方面亦占突出地位。通过这一过程，某一领域内的资深专家（同行）被请来担任评委，对其他人的学术研究水平和质量进行评判，并确定其应获得何等奖励和认可。这项制度的逻辑根据是：只有那些有资历对学者和科学家的工作提供详细批评意见的人，即那些既对那一领域总体上、又对新的研究的相对价值有高度理解的人，才是这些学者和科学家的同行。[38]就是靠这一制度，美国大学内的学术事务得以自治和自由，避免了行政的侵扰和干预。加利福尼亚大学校长本杰明·爱德·维勒在总结民主学术的情况时，明确地说："大学是一个公正的、知道学习中没有贵族、科学真理中没有贵族、人们中没有贵族的地方。能够使一个人的学业胜过另一个人的就只有追求中的献身精神和清醒的头脑。一个人能够比另一个人高贵，仅仅在于更深入地了解世界建立的永恒的真理。"[39]

第五节　新管理主义两种文化冲突中的共同治理

"我们正处于一个不断商业化的时代、一个日益官僚化的时代，在大学中，管理超越了学术成为应对激烈竞争性市场挑战的主要动力源泉。当前大学的变革可以从一种范式的转变来认识，大学正在经历从传统的学院（学者社团）精神向经济理性主义和新管理主义意识的转化。"[40]

"新自由主义"作为政治思潮、经济学原理为学界和全球社会所熟知。在教育领域，加州大学洛杉矶分校罗伯特·罗兹（Robert. Rhoads）[41]教授专门研究了"新自由主义"思潮对美国高等教育发展形态的影响。描述"新自由主义"的三个核心词汇是：市场化、自由化和私有化。在新自由主义的影

---

38 [美]乔纳森·R·克尔著，冯国平等译，《大学之道》[M]，北京：人民文学出版社，2013年，第49页。

39 [美]劳伦斯·维赛著，栾鸾译，《美国现代大学的崛起》[M]，北京大学出版社，2011年，第67页。

40 王英杰，〈大学学术权力和行政权力冲突解析——一个文化的视角〉[J]，《北京大学教育评论》，2007年1月，第55-65页。

41 罗伯特·罗兹，张燕军，〈新自由主义影响下的加州公立高等教育危机〉[J]，《江苏高教》，2011年1月，第148-151页。

响下，经济因素是推动教育改革的最直接原因，市场机制是各项改革措施的基本取向。从本质上来讲，新自由主义对于高等教育的影响就是推动了高等教育的市场化、产业化和商业化，就是运用"私有领域"或者"市场"的理念、原则和做法，来改革高等教育事业。新自由主义则要求以经济、效率和效益三个目标来重新塑造高等教育内外部关系之间的关联，异化了高等教育固有的责任与自主性，用经济杠杆来操纵学术权威，在将大学推向经济中心的同时，弱化了大学的办学自主权。[42]受此影响，美国政府减少征税，削减卫生、福利、教育等公共开支，尽可能用市场机制来解决问题，这对高等教育产生了极大影响。美国几乎所有州都对辖内的公立高等教育持续削减经费即是这种思潮影响的直接结果，如罗兹（Rhoads）、瓦戈纳（Wagoner）和瑞安（Ryan）在对加州 1970-2005 年支出的研究中发现，州政府对州公立高等教育部门的资助存在一个持续的缩减模式。这个模式起始于 1980 年代早期，并朝所谓的"个体化"（individualization）方向发展——此过程将大学成本负担越来越多地强加于学生及其家庭。[43]保守主义及新自由主义以种种交融、呼应形式在美国存在，其作用于公立高等教育则表现为新管理主义。新管理主义导引出的思维是，私有化才能将学校推向竞争市场，同时以测验、评估方式才能达到提升办学水平的目标，此种思维使教育改革转向基于竞争（competition-based）的发展路径，发展动力更多地受市场牵制，使得公立大学为经费考虑将主要学术力量投向国家委托项目和企业合作项目，这必然导致公立大学的功利性发展，忽视人文和基础学科研究，从而导致整体教学质量下降。同时，新管理主义也强化了大学内的行政管理与技术管理行为，加大了校园里行政人员（"Staff"）的权重配置和队伍规模，削弱和侵害了教师队伍（"Faculty"）的利益和学术积极性，对大学里的学术自由无疑也带来严重的负面影响。如加州大学（UC）第 18 届校长戴恩斯被迫辞职的导火索就是被指控给数十位大学高级管理人员过高的工资。[44]

　　大学内这两种不同的文化分别在大学教师和行政人员两大群体的个性特

---

42 李立国、陈露茜，〈新自由主义对于高等教育的影响〉[J]，《清华大学教育研究》，
　　2011 年 1 月，第 40-45 页。
43 罗伯特·罗兹著，张燕军译，〈新自由主义影响下的加州公立高等教育危机〉[J]，
　　《江苏高教》，2011 年 1 月，第 148-151 页。
44 美国加州大学总校长 Robert Dynes 宣布辞职[EB/OL]. http://news.sciencenet.cn/
　　htmlnews/2007816120330187099.html。

征和行为特征上打上了深深的烙印。大学教师由于对真理永不停顿的追求，因此带有理想主义者的特质，他们躁动不安，怀疑一切，特立独行，不善妥协，不可预测，视批判与质疑为己任，时时挑战权威和制度。大学行政管理人员由于更注重公共责任，因此具有功利主义者的性向，他们注重实效，注重近期组织目标的实现，尊重上级领导，遵守制度规章，善于领会组织意图，善于把个人的意愿融于组织的行为之中，对于"自由主义"深恶痛绝。在大学学术文化和行政文化冲突的整体氛围中，教师倾向于把行政人员看作短视、受市场驱动、官僚、专权和专横的人，而行政人员则会把教师视作不谙实际、自我宽容、自我服务、对标准和程序漫不经心的人。2006年哈佛大学校长萨莫斯（L. H. usmmers）被迫辞职就是一个非常典型的校园文化冲突的案例。虽然他有很强的学术背景与长期的大学教学经历，但是，他把在政府部门工作习得的官本位的管理理念和风格带到了大学校长的职位上，终于使他与教师离异，成为行政文化的代表，与教师发生尖锐的对抗，致使教师对他产生敌意，哈佛大学强大的文理学院教师最终对他投了不信任票，导致他辞职。对于他的辞职，出现了两种不同的反应。奥丹内尔（J. o'Dnonen，哈佛大学监事会前成员、波士顿一家公司的总裁）提出质疑："在一所大学如果一部分教师可以迫使校长下台，那么还有人能治理这所大学吗？"但是哈佛的一名社会学教授瓦特斯（M. C. Waters）认为萨莫斯选择辞职是正确的决定，她说："一名强有力的领导不是仅仅能提出一个目标，并强制按目标做出变革的人，而是能够激发人的最佳意愿和能力，并且找到方法鼓励集体一道工作的人"。可以说这两种不同的声音反映了大学行政和学术两种不同的文化，前者认为校长是凌驾于教师之上的管理者，后者则认为大学的管理之道在于平等、民主与和谐的传统学院价值。不言而喻，两种文化的冲突使大学受损，即使像哈佛这样有数百年历史的世界一流大学也不能幸免。[45]

---

45 王英杰，〈大学学术权力和行政权力冲突解析——一个文化的视角〉[J]，《北京大学教育评论》，2007年1月，第55-65页。

第四章　守成与超越：信托文化与外行董事会制度

　　如果追溯美国高等教育的起源，从某种程度上是按照外来模式创建的，尤其是按照英格兰、苏格兰、德意志的模式建立起来的。大学治理结构作为大学的一项基本制度安排，同样是时代与文化的产物。正如本杰明·E·赫马林曾指出的那样，"在美国，学校董事会和公司董事会有着同样的法律传统。确实，像哈佛和耶鲁这样的大学（在法律意义上）都属于有着英式法律传统的最古老的法人。"[1]就大学管理体制而言，董事、行政人员和教授等之间的权力复杂地交织在一起，大学治理结构不断发生着异变，但无论怎样变化，起始于北美殖民地时期第一所大学——哈佛学院的外行董事会制度，则成为后来各校普遍仿效与认同的管理方式，成为美国大学独特的文化基因，贯穿于现代高等教育发展的整个过程，由此构成美国大学治理文化的显著特色，被誉为大学制度守成与超越的经典范例。

　　考察、梳理这种异变的文化渊源，与北美殖民地时期人们所信奉的宗教以及所处的欧洲文化的边缘地位等背景有关。尽管美国在形式上是一个多元化的国家，但是它的文化核心却始终为新教的教义所主导，特别是加尔文教宗的巨大影响，因为加尔文教派信徒强调，国家和宗教的一切生活都具有神圣的特性，他们既是把国家的崇高道德理想与现代资本主义的热情和技术进步相结合的改革者，同时又是基督教自由主义精神的实践者。"清教徒们可

1　[美]罗纳德·G·埃伦伯格，《美国的大学治理》[M]，北京大学出版社，2010年，第19页。

毫无困难地保持传统的基督教大学的双重目的，并且使其服务于现世的和社会的秩序。"[2]实际上，这种服务于双重目的的大学同样可以培养其他专门人才，这说明美国高等教育起源时就带有明显的世俗性特点。因此，与欧洲大学传统相比，殖民地时期的学院没有延续中世纪大学学者行会自治的传统，没有采取英国牛津和剑桥大学那样的学者行会治校的制度，而是移植了英国的学术法人制度，同时采用了加尔文教派外行管理协会和大学的理念，以及英国的信托制度。这一制度，虽然美国的加尔文教会和私立的基督教团体保留了一定的控制权，但是学院仍然具有公共服务的功能，体现了学术法人的相关属性。殖民地时期的学院所形成的以学术法人为基础的外行董事会的自治模式，经建国初期新的国家制度认可，到19世纪中期扩展到各州立大学，奠定了现代美国大学共同治理结构的基础。因此，有的学者把这种美国大学治理模式称之为"外行控制"[3]，成为颇具美国文化特色的大学制度。美国著名高教专家 J·V·鲍德里奇也指出，理解校外人士的管理在美国高等教育中所起的作用是理解当代美国学院和大学管理的关键。[4]

第一节　学术法人制度、信托文化：外行董事会之法理基础

讨论美国大学的外行董事会制度，我们首先要考察英国的学术法人制度以及信托文化的源流，进而研究学术法人制度、信托文化与外行董事会建构之间的内在关联，探究外行董事会之法理基础。

涂尔干在《教育思想的演进》中揭示了欧洲大学起源的奥秘，其中，他精辟地指出，欧洲大学之所以能够成功，很大程度是因为他们在中世纪的两大权力中心——教会与国家之间做出了恰当的自我定位，即保持了宗教与世俗之间张力。在教会与国家之间，中世纪的大学逐渐地积累自己的法人权力（corporate powers），成为在教会和国家之间保持自主的教师行业协会（guild

---

2　[美]乔治·M·马斯登，《美国大学之魂》[M]，北京大学出版社，2009 年，第 43页。

3　刘爱生，〈美国大学治理结构的主要特征及其文化基础〉[J]，北京：外国教育研究，2014 年 8 月，第 62-70 页。

4　[加]约翰·范德格拉夫等著，王承略等译，《学术权力——七国高等教育管理体制比较》[M]，杭州：浙江教育出版社，2002 年，第 116 页。

of teachers），以此争取生存权利，减少外界干涉，依此形成了自己的机构建制与传统。[5]在这个意义上说，争取、维护和发展法人权力则成为欧洲大学起源的原始动力与基本保障。

学界一般把"法人"概念的来源，追溯到古罗马时期。在罗马的法人制度里，界定是不是"法人"，一般要考虑以下五个要素：1. 至少有 3 个成员；2. 法人的活动由占多数成员投票决定；3. 法人的对外活动由一名代理人负责；4. 法人的债券和债务归于整个团体；5. 如同公民一样，法人的财产是作为一个整体来保持的，有别于个人财产。[6]罗马帝国崩溃之后，罗马教皇提出了法人社团的理论，明确教会、宗教团体、大学等都是自由法人。"自由法人"是一种地位和角色的确认，意味着法人的独立和责任。我国著名法学家江平先生曾经用"独立名称、独立意识、独立财产和独立责任"四个要素概括独立法人团体的内涵，应该是非常精辟的。按照大学是自由法人的规定，中世纪的大学统统可以法人名义参与有关民事行为，其成员可自由流动和组合，有享有决定法人事务的权利，为公益事业服务。巴黎大学、英国牛津和剑桥大学陆续在教皇或教会批准下拥有了法人团体的资格，开始成为自我管理的社团，成为具有现代意义上的大学法人组织。因此，教皇承认大学的自由法人之法律地位，在近代大学起源上是一个具有里程碑意义的重要事件：其一，客观上，适应了大学及其学术自身逻辑发展的内在需求，使得人类从事高深学问的智力活动有了恰当的秩序和制度保障；其二，保持教会与世俗社会之间的张力，从制度上开始突显大学自治、学术自由在大学发展中的永恒价值。

大学自治、学术自由是中世纪大学的传统和理想。中世纪欧洲大学模式后来被不同国家移植与仿效。在 16 世纪，英国的牛津大学和剑桥大学形成了以行会为基础的现代法人自治制度。这期间，英国的普通法中，英国王室使用法人制度来管理商业团体、慈善机构以及大学。1571 年，伊丽莎白一世颁布第一部大学法，该法指出以校长、学者和教师组成的牛津大学是永久续存的法人机构。该法使得牛津和剑桥大学的古老特权获得女王批准，确立了两

5　[美]戴维·拉伯雷，〈复杂结构造就的自主成长：美国高等教育崛起的原因〉[J]，《北京大学教育评论》，2010 年 3 月，第 34 页。

6　曹汉斌，〈西方大学法人地位的演变〉[J]，《高等教育研究》，2005 年 10 月，第 102-107 页。

所大学独立自治的法人地位，奠定了由学者自治型治理模式的基础。英国的大学法人地位之所以能够确立，从根源上看，一是英国的大学存在着学者治校的悠久传统，教师的特权得到社会上的广泛认可，政府一般不干预大学事务；二是牛津和剑桥大学所形成的大学管理体制，如学院制、导师制、选举制和任期制等，被其他高校仿效；三是大学的财政是独立的。其中，既有强大教会的财力支持，也有国王的相助和众多工商企业家的捐赠，使得大学的财政有可靠保证。[7]可见，法人制度的确立，在法律上维护了学院和大学的整体性和独立性，使学院和大学在内部事务的管理上独立于任何外部权威和资助者，大学自治、学术自由也就有法理基础。

后来，这种英国的现代法人制度随着移民进入北美大陆，在北美这块天高皇帝远的欧洲文化边缘之地，在最初的 13 个殖民地得到更为广泛的应用，诞生于 1636 年的哈佛学院即是这种古老学术法人的典型代表。

接下来，让我们再梳理一下何谓"信托"、"信托文化"以及"信托文化"与高等教育的关系。信托制度起源于英国，历史悠久，源远流长。信托制度被认为是英国人对世界法律制度的重要贡献。英国著名法律史家梅兰特曾说过："如果我们被问起英国人在法学领域内所做出的最伟大出众的成就的话，那么，我认为没有比经过几个世纪发展而来的信托观念更好的答案了。"一般学界认为，"信托"概念，起源于英国中世纪的土地用益关系[8]，是用来表述用益物权的，亦称"尤斯"（use）。该词的法律意义上又来自于拉丁语"opus"，有"帮助"、"需要"之含义。兴起于中世纪的尤斯制度是信托制度的雏形，而 1536 年亨利八世制定和颁布的《用益权法》则是英国信托法律制度形成的标志。信托制度产生后，在很长时间内主要应用于民事领域，信托的受托人多是有威望的自然人，而不是从事商业的法人组织。一般地说，在英国，各种财产都可以用于信托，但在实践中，信托财产主要包括土地、证券及股票等。有些财产，法律特别加以规定，很少或不得不用于信托。按照普通法和衡平法的相关规定，英国信托的主要特征是双重所有权，也就是说，财产由两人所有：一位是委托人，一位是受益人。受托人是合法的所有者，他可以进行买卖或交易等处分，受益者是衡平法予以承认的所有者，他是财产的最终归依人，且还享受委托上的财产收益权。因此，英国信

---

7 耿勇，〈信托在英国的起源与演变〉[J]，《史学月刊》，1999 年 4 月，第 117-119 页。

8 耿勇，〈信托在英国的起源与演变〉[J]，《史学月刊》，1999 年 4 月，第 117-119 页。

托的实质是委托人和受托人之间基于信任而产生的权利义务关系，充分相信受托人不会分离其义务，这是信托的关键，受益人的权利的实现有赖于受托人公正合理地处理委托事务。[9]作为一项衡平法义务，信托制度是海洋法系国家之独特的、并具有灵活性的财产管理制度。英国信托制度有五个特点：一是信托以信任为前提；二是信托的实质就是财产所有权的转让与分离；三是确立了委托人是信托的创始者之法律地位，由他决定信托财产的目的和形式，指定受托人或者有权指定受托人；四是确定了受托人之法律地位，在信托中，受托人是信托的代表，拥有信托财产的法定所有权；五是确定了受益人的法律地位，受益人是信托财产的衡平法所有者。另外，从信托的目的上分类，信托可分为私益信托与公益信托。通常，公益信托也叫作慈善信托，即为社会公共利益如救济贫困、或发展教育、文化、科技等而设立的信托。比较英美法系与以德国、瑞士和日本为代表的大陆法系在法人制度上的差别，财团法人是大陆法系的专有概念，以英美为代表的海洋法系，其财团法人的职能主要是通过其特有的信托制度实现的。在此意义上，英国信托制度中公益信托或曰慈善信托的实际功能与大陆法系中的财团法人是一致的，正是在这个节点上，"信托"与"法人"两个范畴是结合在一起了，达成二者间的融通。[10]这种融通的意义非凡，为确立早期美国大学董事会制度，奠定了学理基础。

美国学者乔治·M·马斯登在讨论哈佛学院创立之缘由时指出："美国大学在创建之初并不是严格意义上的世俗机构，而是宗教文化的组成部分"，"只有考虑到教育对于正在进行的宗教改革运动的整个领导阶层的重要影响，才能理解这所站在西方文明的前沿的著名学院的创建意义。"[11]宗教，特别是加尔文教在当时北美殖民地的控制力和文化影响力，决定着教会与政府对待高等教育方面的基本态度和策略。在当时的北美殖民地，教会和政府一样，都是一个公共机构。所谓"公共"（pulic），实际上是指少数可以凭借他们的地位、土地所有权或者其他身份来参与社会管理的人。正是教会或政府

---

9 王良国、张辉，〈英国信托制度述评〉[J]，《中国保险管理干部学院学报》，1996 年 4 月，第 47 页。

10 欧阳光华，《董事、校长与教授：美国大学治理结构研究》[M]，北京：高等教育出版社，2011 年，第 29-30 页。

11 [美]乔治·M·马斯登，《美国大学之魂》[M]，北京大学出版社，2009 年，第 1-40 页。

所谓机构性质的公共性特点，在殖民地时期，创立学院的目的和宗旨可同时为教会和世俗社会培养领导人。这样，无论是哈佛，还是耶鲁，在尚未成为独立的法人之前都是被界定为公益性的慈善信托。按照英国法律，公益信托是无需得到皇家特许的。其中，体现教会、政府及捐赠人合作关系的学院董事会作为慈善信托的委托人，以公共信托的方式管理学院的财产等。例如，威廉玛丽学院较之哈佛学院最早获得了英国女王的办学特许状，享有完全的法人地位，但也同样当作一种信托，将监事会作为学院的受托人。后来，考虑到纯粹信托制度设计的局限，许多学院又在信托基础上通过法人的方式强调了学院的法律地位。尽管取得法人地位后，作为法人机关的董事会还会接受学校创立者——教会或政府的信任委托，托管学院的财产，负责学院的管理经营，二者之间仍然是一种信托关系。到了 19 世纪中叶，随着赠地法案的实施及大量州立大学的兴起，因联邦政府或州政府干预的缘故，就美国公立大学来讲，从治理结构上看，又分为两种类型：一是以弗吉尼亚大学为代表，该校在弗吉尼亚州，既被视为州机关，又被看作是公法人。二是以密歇根大学为代表，该大学是密歇根州宪法设立的，董事会由全州人民公选，它所承担的该州人民的"公共信托"。[12]这种灵活的信托制度与法人制度的有机结合，使得美国大学与政府、社会之间有了一个明确的法律关系，一是确立自主权，保持了学院（学校）的独立，免除了教会、政府及大学捐赠人对学校自主办学的渗透与干预；二是保证了大学自治和学术自由精神的延续，规约了董事、校长和教授在大学决策中角色、地位和作用，体现出美国大学治理结构的鲜明特色。

第二节　外行董事会体例确立：奠定大学治理结构之特色

在人类高等教育历史上，大学治理的"外行"董事会（"layman" board）制度应该说是美国的创造。之所以说是"外行"董事会，主要是因为很多董事会成员在担任董事会成员之前，没有直接从事高校治理的经验。但他们有其存在的价值和独特的优势：一是没有薪酬和级别，不存在个人利益冲突，

---

12 欧阳光华，《董事、校长与教授：美国大学治理结构研究》[M]，北京：高等教育出版社，2011 年，第30-31 页。

有利于公平开展工作；二是拥有多元化社会背景的成员在大学与社会之间沟通中能发挥沟通桥梁作用；三是他们的任期长，有利于治理理念和实践工作的传承和持续性。吸收社会人士参与治理有利于大学摆脱其脱离社会现实的问题。[13]

大学治理结构是大学各利益主体现实关系的反映，也是与权力相关的一种基本制度和权力架构。从文化视角来看，主宰美国早期高等教育发展的新英格兰移民，是一批忠实的新教加尔文教派的信徒，他们献身于基督教的自由主义。他们所创立的大学绝不仅仅是新教教义的产物。随着"拓荒""西部大开发"等"社会进步"需求的迫切，美国的大学必须很快速、敏捷地回应生产力发展和社会进步的需要。陆陆续续地，美国的大学以各种因地制宜的方式，反映了诸多实用性、技术上、专业上和经济上的影响，体现了适应现代化的需要，更体现出为上帝和国家服务的文化使命感。在美国早期高等教育草创阶段，一些重要的教育理念是通过新教传统传播的，如启蒙时代的科学准则、美国革命的共和主义理想、个人发展的浪漫原则等，这些理念亦是现代美国大学之魂。虽移植于欧洲，但与欧洲高等教育不同的是，加尔文教对美国高等教育发展的影响，不仅带来了极具自发性和备受赞誉的政教分离运动，而且促进了大学的世俗化。同时这种影响体现在办学管理制度和治理结构上，就是确立了外行董事会制度。这一制度由殖民地学院建立之初由公私共同控制，后来逐步发展到私人控制。不断修正与进化，今天美国大学治理的董事会制度已走向成熟。不论私立还是公立大学，美国大学普遍实行董事会制，都有专门、独立的立法权力机构，即董事会。董事会是托管制的产物，充分体现大学自主办学的精神。董事会成员是大学的受托人，受公众所托治理学校，对公众的信任负责，对学校的未来负责，也对学生的利益负责。董事会是美国高校的最高权力和决策机构，统领学校发展的各个方面。[14]

为什么这种"外行董事会"制度在美国被创造出来，且能一直演化到今天还依然有效，让我们以案例的形式回顾历史，用"文化析解"做工具来剖

---

13 常桐善，《美国大学内部治理的逻辑特征及内涵意义》[C]，2020高等教育国际论坛年会。

14 关成华，美国大学的董事会制度[EB/OL]. https://mp.weixin.qq.com/s/29WkKVHgz_DtbG3nwHUzfA。

析一下制度与环境的相互塑造关系。北美殖民地的人文环境与英国迥然相异，尤其是远离欧洲的新英格兰，实际上处于文化边缘的地位。但这种文化边缘的特点，却为新教徒们创造出一种地域性精神提供了可能。在17世纪初的北美根本没有形成所谓学者的自治性社团，这种文化上的差异，迫使清教徒们不得不根据环境的变化和特点，考虑如何建设大学的问题。总的来看，殖民地时期学院的管理有两种典型形式：一是民事法人型（civil corporation），此类学院就是一个团体获得了特许状，即获得州政府颁发的办学许可，许多州的公办学院就属于此种形式，特许状往往还规定董事会成员的产生程序、人员组成等；二是由宗教团体建立的私立学院类型。此类学院主要从教会内部或外部聘用董事会成员组成董事会，向州议会申请特许状，董事会负责募集资金、聘用校长和教师，开始正式开课。另外，还有一类是依赖有组织的团体，如民事法人或专业团体或一个及几个基督教派支持所建立的学院。[15]这个时期的校长越来越被看作董事会的代表，而不是教师队伍的一员。关于欧洲大学的理念如何在北美大陆移植与模仿，正如美国著名高教史专家劳伦斯·维赛（Laurence. R. Veysey）所言："那是一个被新大陆的环境同化，同时伴有深刻的内心紧张和得失交织的感觉的过程。大学的本土化是一种主要趋势，影响了它在美国的发展过程。"，"早期的领导者施展近乎天才的技巧，使新生的院校走上了更为人们所熟知的发展之路。"[16]

以哈佛大学初创时期为例，哈佛是实行董事会加监事会双会制的私立大学代表。1636年，哈佛大学前身哈佛学院成立于马萨诸塞州的纽敦，1639年因约翰·哈佛慷慨解囊而易名为哈佛学院，1780年才更名为哈佛大学。哈佛创校之初衷，体现了英国人热心教育的情怀，同时更是清教徒传播新教教义的产物：一是为了增进学问以利子孙后代；二是担心从英国迁移来的牧师去世后会给教会留下一批不学无术的牧师。哈佛学院完全是仿照剑桥大学的"以马内利学院"模式建立起来的，从学院章程、各个年级的名称、学生纪律及课程设置，都沿袭了以马内利学院的做法，可谓是以马内利的翻版。尽管哈佛仍沿袭了英国大学传统，但在治理结构上已经有了很大的创新：第

---

15 [美]亚瑟·科恩，《美国高等教育通史》[M]，北京大学出版社，2011年，第77-78页。

16 [美]劳伦斯·维赛，《美国现代大学的崛起》[M]，北京大学出版社，2011年，第463页。

一，哈佛学院的创立，并未获得英王室的特许状，仅由马萨诸塞议会同意并由地方政府首批拨款而成立，完全是政府创办的，不是围绕学者产生的。到了 1650 年，学院才从马萨诸塞议会得到了特许状，成为真正的"哈佛法人（Harvard Corporation）"。在很长一段时间里，政府的拨款是学校经费的主渠道，哈佛学院不具备维持自治或独立的财政基础，在这个意义上，哈佛更像一所公立性质的学院，但按照特许状规定的权力，学院又明显具有私人社团性质，必须求助于其他社会力量的支持。在此情况下，学院的控制权始终掌握在公理会手上，由外行人士行使管理权。19 世纪初，"达特茅斯学院诉讼案"之后，哈佛大学的私人性质才得以明晰和确定，逐步成为美国东海岸常青藤高校的翘楚。第二，在管理模式上，哈佛学院没有延续英国大学的做法，而是于 1642 年设立由数量对等的神职人员和文职官员组成的校监委员会，校监会由校友会普选，也称监事会，全权监督、管理学校事务，这个监事会体现了政府与教会的合作关系。应该说，殖民地统治者创办学院，但把管理权托付给外部人员组成的董事会，这是一个便利的安排。这种托付，就是公益信托。实际上亦承认了文职官员在高等教育上的权威，标志着大学正逐步挣脱教会的直接控制，迈出更世俗化的一步。因监事会不能具体管理学校日常事务，1650 年，按照马萨诸塞州颁发特许状的规定，哈佛学院又成立董事会。董事会由校内人士组成，这是经监事会同意的哈佛法人，包括校长、司库和 5 名教职工组成，董事会拥有人事、财务、教育政策等权力，处理学校日常事务，但同时特许状还规定监事会又有认可或否决董事会的决定等权力。[17]这样，监事会与董事会相互监督、相互制约，共同治理学院，形成了独特的由校外人士和校内人士共同管理学校的双董事会制度，也称"外行控制"制度。神职人员和文职官员在监事会中的平衡，说明哈佛学院是一个独特的具有公共服务功能的实体，既不是教会的，也不是政府的，但它最终还是要服从于教会和政府。

另外，哈佛学院也实行英国式的寄宿制，但并没有采取像牛津和剑桥大学那样的导师制。哈佛学院成立初期的"外行控制"治理模式上的创新，对美国高等教育的发展产生了深刻影响，成为后来美国众多高校争相模仿复制的样本。

---

17 [美]罗纳德·G·埃伦伯格，《美国的大学治理》[M]，北京大学出版社，2010 年，第 24 页。

与哈佛比起来，选择"单一董事会"的耶鲁更有自己的特点。成立于1701 年的耶鲁大学，是美国最早的三所大学之一。耶鲁学院成立的最初动因是担心早先成立的哈佛学院背弃真正的、纯正的宗教，创建新的学院目的就是要培养有知识、有修养的牧师和行政长官，以保持宗教的纯正性和完整性。因其保守的文化特性，耶鲁在治理结构上具有自身的特点。耶鲁在法律上的所有者、决策者属于学院董事会。董事会自创建之初就打上了深深的保守之烙印，其全部成员都是康涅狄格殖民地公理会的牧师，这个成员构成单一、由外部人士参加的自治法人董事会，得益于创建者的加尔文教义的信仰。同时，在耶鲁的董事会成员中没有总督等文职官员，更没有由殖民地政府和议会官员组成的监事会，与哈佛学院相比，耶鲁学院的董事会宗教性质最浓，独立性很强，由此保证了学院在董事会的控制之下的高度自治。当然，他们不再奢望英国王室的特许，也使得在平衡各方面利益上更为自如。耶鲁董事会单一由本州牧师人员构成的状况，直到 1902 年才打破。这一年选举出一位康涅狄格州以外的牧师加入董事会，到 1905 年终于有了一位世俗者被选入董事会。1917 年，非牧师的董事会成员达到一半，尽管如此，此后多年，董事会仍由牧师控制。[18]董事会成员以牧师为主，体现在学校文化上就是保守。如此保守的董事会为了推行其治校方针，在校长遴选上亦十分保守与慎重。据统计，耶鲁建校以来的 22 个校长中前 12 个都是牧师，直到 1899 年才有了第一位世俗者出任校长。整整三个世纪的时间，由于董事会在校长遴选上的严格把关以及在学校发展战略关键节点上的控制作用，从而保证了耶鲁保守主义办学理念和治校方针的贯彻落实，形成了独特的保守的文化特质，成为美国大学保守主义的成功代表。

外行董事会制度奠定了美国大学由外行人士治理的文化基调与自治模式。有的学者曾对 1996 年美国哈佛大学等 10 所名校的董事会成员来源情况进行统计，这 10 所大学的 298 位董事会成员中，来自校外人士达 276 位，占总人数的 92.6%。[19]由外行人士组成的董事会处于大学自治管理机构的顶点，使校外需求与校内学术发展相一致，有利于大学在竞争中发展。当然，校外

---

18 王英杰、刘宝存，《世界一流大学的形成与发展》[M]，太原：山西教育出版社，2008 年，第 28-29 页。
19 转引自吴慧平，《西方大学的共同治理》[M]，北京师范大学出版社，2012 年，第 54 页。

人员董事会的职责与权限还是比较清晰的：第一，在公立院校，州宪法和法律规定了他们的权限；在私立院校，公司法人的有关条款以及州议会或政府颁发的特许状里规定了他们的权限，此外，州公司法或信托法亦对他们的权限进行了规定。第二，由于工业化、城市化所推动的社会全面变革，使得美国高等教育逐渐摆脱宗教的控制，走向世俗化，大学与社会的联系日益广泛。慈善、捐赠等法律不断完善，特别是对信托文化的认同，促进了外行董事会组成结构的变化，董事中更多的来自于大学之外的工商界成功人士和校友，有越来越多的社会人士参与学校管理。应该说，此时的"外行"与殖民地时期学院之"外行"，二者在内涵上已发生了很大变化，这种与信托文化契合的外行董事会制度抑或独立董事会（independent board of trustees）制度，如同马丁·特罗教授指出的那样，控制董事会的既不是州政府官员，也不是大学学者，而是一群善于沟通、关系广泛、能为大学保驾护航的圈外人（laypersons）。[20]他们来往穿梭于大学与政府之间，调节大学与社会各方面的关系，保障大学的自治法人地位，维护大学的办学自主权，挑选、任命校长，平衡、协调学校内部关系，筹措教育经费，由此形成了美国大学治理模式的核心特征。概括来讲，成熟机制中的美国大学董事会职能主要包括四个方面：（1）拥有学校的立法权，制定各项规章制度；（2）争取外界的资金支持；（3）对大学管理实施监督，确保学校资金及各项功能的良性运转；（4）对包括校长在内的高级管理层进行人事任免。[21]

当我们谈论、研究美国的大学董事会治理时，基于我们的文化心理总是难以确信"外行"人士的专业能力。在中国语境中，"外行"是贬义词，常用来批评、声讨腐败的官僚主义或滥竽充数的伪装者，说他们"外行领导内行"完全没有水准，没有专业精神。而在高度信奉科学主义、理性主义、专业主义的美国，"外行董事会"是如何在大学治理中发挥"有水准""有贡献"的巨大作用呢？原来他们有"时空赋权"和"专业代理"。曾任普林斯顿校长 16 年的威廉·G·鲍恩先生说过，董事（校务委员会）在所有的领域都有最大的权力，但决策的很多方面和大多数与"执行"相关的任务都由董

---

20 [美]戴维·拉伯雷，《复杂结构造就的自主成长：美国高等教育崛起的原因》[M]，北京大学教育评论，2010 年，第 3 页。

21 关成华，美国大学的董事会制度[EB/OL]. https://mp.weixin.qq.com/s/29WkKVHgz_DtbG3nwHUzfA。

事代理给校长。然后校长再把一些权力代理给其他管理人员和教师——他们在一些情况下可能会把有关校园生活的一些有限的权力代理委托给学生群体。因为多数董事明白，凡事都想亲力亲为的想法是愚蠢的。[22]能做到外行董事不强权干涉、不直接治理大学，是因为这种制度设计规定董事会成员作为校外人士，不兼任学校的管理职位。根据哈佛大学的一项调查，只有约 38% 的大学校长兼任校董，大部分学校的领导通常不兼任校董事会成员，这在很大程度上确保了董事会能对学校进行客观、全面和公正的治理与监督。而且，董事会不代表某一特定群体的特殊利益，是受全体公众所托治理大学。马萨诸塞大学明确规定，董事会是外行董事会，确保"大学管理掌握在人民手中，而不受学校内外政治势力的干预和控制。这些外行董事作为普通公民，代表不同民众群体的利益，也可以向大学反映州内居民的意见。"[23]

进入 20 世纪初，这种外行董事会在治理或管理过程中，因董事会与校长、教师、学生、捐赠者、州政府之间多重利益之博弈，也会导致董事会功能的弱化趋势。例如，外行董事缺乏专门知识，他们越来越多地依赖校长和其他管理者的知识和指导；工作时间的缺少，使董事会越来越多地将权力委托给校长和其他管理者。即意味着他们在监督上只能付出更少的努力；过多依靠校长和其他管理者，减少了监督量；成功校长的谈判权导致了更少的监督；教师和学生的谈判权削弱了董事会的整体权力；利用董事会达到非监督目的的诱惑，如奖赏大的捐赠者或提高多样性；董事们的分歧造成高层权力真空。[24]而到了 21 世纪，美国新自由主义和管理主义更是大行其道，由于经费和教育投入收紧，政府更倾向于使用新公共管理的手段治理大学。随着学术资本主义与绩效功利主义的双重侵蚀和绑架，使得大学的行政部门迅速扩张，极大地加强了大学行政权力，加剧了大学的行政化。而学术资本主义，使得大学与市场间的界限日趋模糊，大学的行为越来越多地像知识市场中的营利组织。美国学者罗德斯（Gary Rhodes）和斯拉夫特（Sheila Slaughter）对学术资本主义下的最直截了当的定义：学术资本主义是"一种使大学和教师

---

22 [美]威廉·G·鲍恩，《汲取经验：普林斯顿大学校长的反思》[M]，北京：高等教育出版社，2012 年 5 月。

23 关成华，美国大学的董事会制度[EB/OL]. https://mp.weixin.qq.com/s/29WkKVHgz_DtbG3nwHUzfA。

24 [美]罗纳德·G·埃伦伯格，《美国的大学治理》[M]，北京大学出版社，2010 年，第 31 页。

致力于市场和准市场行为的制度"。换句话说，所谓学术资本主义就是"大学和专业人员为获取校外收入所做的市场和类市场努力"。[25]学术资本主义思潮之下，美国大学服务社会能力和效率增强，但学术资本主义与极端功利主义、精致的利己主义夹裹，大学一定程度上同时也造就了"自私、贪婪、罪恶的华尔街"，大学也间接地参与到丛林法则和弱肉强食的残酷游戏，制造了美国极大的贫富差距和社会撕裂。因为学术资本主义使得市场思想与意识日益支配大学和教师的价值观，适应市场力量，给予短期的市场需求以优先，忽略了更广阔的社会责任。一定程度上，学术资本主义使美国大学从"公共物品知识制度"转变成"学术资本知识制度"。[26]

大学的管理与企业的管理趋同，大学为迅速应对市场的挑战，校长的行为取向不断接近企业的 CEO，跨越传统的学术决策程序，垄断学术决策权，也加速了大学行政化。如 Fredricks Lowman Imani 的此类专题研究文章《学术资本主义与高等教育作为公共产品和商品的意识形态冲突》中，便提供了一个基于高等教育不断商品化和创业趋势的学术资本主义兴起的系统概述。[27]美国高校不但学术资本最为丰厚，而且也是学术资本主义理论产生的源发地以及学术资本主义现象的普遍流行之地。政治、市场、文化等外部力量的裹挟以及高校、管理者、教师等内部主体的跟进，是美国高校从学术资本到学术资本主义的演进动因。大学理念的商业性、大学职能的商品化和大学管理的公司化，无不表现出美国高校从学术价值到商业价值的趋利取向，学术资本主义作为一种实践已经向世界拓展。[28]无论如何，相比而言，外行董事会模式解决了影响美国高等教育一系列治理问题，锤炼了雅斯贝尔斯所说的："大学是一个由学者和学生共同组成的追求真理的社团"这样的美国大学文化与信念。但过度的自由主义和学术资本主义带来的行政与市场对大学自治的夹裹值得我们引以为戒。

---

25 王英杰，〈大学文化传统的失落：学术资本主义与大学行政化的叠加作用〉[J]，《比较教育研究》，2012 年 1 月。

26 王英杰，〈大学文化传统的失落：学术资本主义与大学行政化的叠加作用〉[J]，《比较教育研究》，2012 年 1 月。

27 Fredricks Lowman Imani. Academic capitalism and the conflicting ideologies of higher education as a public good and commodity [J], New Directions for Higher EducationVolume 2020, Issue 192. 2021, PP.21-27.

28 胡钦晓，〈从学术资本到学术资本主义：以美国高校为中心〉[J]，《南京师大学报》（社会科学版），2020 年 5 月。

第三节　外行董事会制度的拓展：从大学治理走向共同治理

美国大学治理结构是一个不断深化、发展的动态化过程，这种变化实质上要受到内生性和外生性等多重因素的影响。随着民主思想观念的不断深入以及研究型大学的兴起，教师群体对自身的地位和作用越来越不满意，强烈要求进行改革。这种改革诉求，导致了外行董事会制度从大学治理走向共同治理的新时代。

如果从 1870 年美国开始工业化时期大学转型算起，到美国霸权时期兴起的高等教育大众化时期，特别是进入当代高等教育的多元化发展阶段，无论是私立学院，还是公立大学，在政府和市场的双重影响下，大学治理结构面临着在传统学术理念和新生管理文化之间的冲突与碰撞，将接受诸多新的挑战：第一，联邦政府或州政府增加了对高等教育的干预和影响力度。表现在：半官方的认证和专业协会等机构的出现，获得了一些控制学校发展的权力，意味着与董事会的责任分化，影响着学校的发展；1965 年联邦政府的《高等教育法》，要求各州建立高等教育协调机构，推动州一级高等教育的协调、合作趋势，大学与州政府间的经常性合作加快，在这个过程中，尽管每个大学仍然是独立法人，享有办学自主权，大学可以有权制定自己的课程计划和服务范围等，但大学决策越来越受到来自政府方面的控制趋势。第二，学校规模越来越大，出现了所谓的"巨型大学"，大学更注重经营，更强调向外拓展，管理机构的职能划分越来越细，在管理上呈现向科层制和专权管理体制转变的特点，董事会和校长掌握着大学的发展方向，享有巨大的权力。第三，教师群体对自身地位和作用越来越不满意，强烈要求改革。这种改革的诉求体现在：一方面，他们抗议董事会、校长的权力专断，要求获得学术自由和职业安全，即要求获得终身教职；另一方面，他们要求更多地参与大学治理。例如，每个学校都组织教师评议会或教授会，1915 年，美国大学教授协会（AAUP）应运而生，1920 年 AAUP 发表《关于教师在大学治理和行政中的定位和功能的报告》，提出教师要在大学治理中扮演更重要的角色，发挥更大作用。1966 年，AAUP、美国教育委员会（ACE）、美国大学和学院董事会协会（ACB）联合发布《学院与大学治理声明》，则是美国大学治理结构成型的标志，也意味着共同治理模式的诞生。概括起来，这种共同治理的特点是：一是权力共享。按照利益相关者理论，大学是由多个利益相关者所构成的"契约联合体"，所有受大学影响的利益相关者都有权力参与大学决策；根据多中心治理理论的解释，在大学治理结构中，并不是仅有一个主体，而是存在多个决策主体，是多个利益相关者的相互依赖、相互协商和相互合作。但权力共享并没有破坏董事会或校长的权威，而是降低了他们集权的风险。二是权力制衡。按照章程规定，董事会的许多权力要委托给大学校长，大学校长实际上就成为学校的权力中心和校内行政执行者，董事们不能过分地参与大学的日常事务。但校长要对董事会负责，接受董事会的监督、任命与罢免。这样，校长的权力受到限制，以阻止校长滥用职权做出不利于学校发展的决策。三是权力松散。主要指美国大学科层之间仅是一个松散的联结，同时大学的行政权力与学术权力间也是松散的联系，尽管相互影响，但又各自成体系。[29]这种治理结构进而演化成为美国大学传统文化的重要部分，被誉为大学的"核心图腾"。

　　总之，以外行董事会为核心特征的美国大学治理结构有着深厚的文化基础。一是建立在新教传统基础上的精英主义价值观。加尔文教"完全民主的和共和的"宗教组织形式和讲求实际、鼓励平等参与社会政治的教会观适应了北美殖民地开拓的要求，作为清教徒的后裔，他们是把这个国家的崇高道德理想与现代资本主义的热情和技术进步相结合的改革者。例如，他们崇尚成就，尤其是经过艰苦奋斗取得的成就；崇敬先辈留下来的历史、文化和哲学传统；追求和捍卫客观真理；坚持理性思想和科学精神；坚持思想有优劣之分、贡献有大小之殊、成就有高低之别等，这种精英主义的价值观最终导致公民的参与精神，形成参与型民主。二是形成于美国南北战争时期的共和主义理想，分权与制衡的理念，以及由此带来的联邦主义，已经成为美国人的一种解决问题的方法或一种生活方式，并深深地影响了美国大学治理结构。三是对欧洲大学自治传统的维护。美国大学自治的特点就是高度的地方分权制下的大学自治；以校外人士组成的董事会居于大学自治管理机构的顶端，使得校外需求与校内学术发展相一致，便于大学更好地在激烈的竞争中发展。

29 刘爱生，〈美国大学治理结构的主要特征及其文化基础〉[J]，《外国教育研究》，2014 年 8 月，第 63-70 页。

第五章 从"特许"到程序协商：美国大学的法治文化

　　"自由和法律是……心灵王国的基本章程。"[1]

　　弗兰克福特（Frankfurter）大法官："一部美国人的自由史，在很大程度上，就是程序的保障史。"[2]

　　一百五十多年前，法国哲人托克维尔在考察美国时就注意到，美国的强盛主要得益于地利、法治和民情。[3]

　　法治对于美国人来说既是神圣的，又是世俗的：它既超凡脱俗，远离普通人的日常生活，又实实在在形影不离地构成了人们日常生活的重要组成部分。美国法学家伯尔曼在其《法律与宗教》一书中，揭示了西方文化的一个本质特征：以宗教——法律为核心的文化形态，同时，它也揭示了西方人以宗教——法律为皈依的生活方式。在伯尔曼的视界中，宗教与法律，就是西方文化的两条命根子。其实信仰本身，就是一种宗教式的情感。美国人对法律的这种虔诚信仰，正与其基督教为主的宗教文化有着紧密联系。这样的分析框架，为我们理解美国法治文化的源头活水提供了场景格调和清晰线路，让我们能够轻而易举地从英国异教徒带到新大陆荒原上的"新教信仰"一眼望

---

1 [美]德尔班科著，范伟译，《大学：过去、现在与未来》[M]，北京：中信出版社，2014年，第84页。

2 孟倩等，〈美国大学协商治理机制及其挑战〉[J]，《复旦教育论坛》，2014年4月，第103-107页。

3 高鸿钧，〈走向选择时代的美国法律文化——读《选择的共和国：法律、权威与文化》〉[J]，《法律文化研究》，第259-272页。

穿到今天的美国法治精神和大学共同治理的法治本质：从当初的学院"特许状"（charter）到高等教育立法、到依法制定的大学章程，无论是当初学院的依"特许"运行还是今天的依章程"共同治理"（shared governance），都是美国法治文化在高等教育领域的运用和体现，亦都是依据法律精神用法律条文和规约明晰表达大学目标与行为规范、大学内外关系以及各自职权分配。

法律作为现代民主法治国家管理国家的根本准则，其产生和发展深受各种社会因素的综合影响，是社会文化在人们生活领域的一种现实映射。每个国家的法律都有其各自深厚的文化渊源，而各国也因文化的差异而产生各具特色的法律体系及法律现象。美国学者罗森茨·威格曾把协商治理与产生于美国宪法的体制作了比较，他发现协商治理的观念早在起草美国宪法时就已经出现。[4]《当代美国法律》是一本享有盛誉的教科书，其开篇引用到林肯总统 1837 年的一段著名演讲："让每一个热爱美国，每一个热爱自由，每一个渴望繁荣的人用革命的鲜血发誓：从不违反国家的法律，从不容忍他人对法律的冒犯。""美国联邦法典"中的"教育总则法"规定：任何有关适用项目的法律条款不得解释为授权任何美国政府部门、机构、官员或雇员对任何教育机构、学校或学校系统的过程、教学计划、管理或人事，或是对任何教育机构或学校系统选择图书馆藏书或其他印刷的教育资料，或是对安排或输送学生以克服种族不均衡加以指导、监督或控制。这样的梳理之后，我们就不难理解美国大学的共同治理就是用这种从宗教信仰演变来的法治精神，借助具有"大学宪章"威力的"大学章程"，来厘清和规定大学"利益相关者"——国家、社会、政府、校长为首的行政、教授代表的学术以及校友、学生之间关系及各自权力、义务的"契约"与合法过程。

第一节　大学与国家、政府的契约

美国是联邦制的国家，教育最显著的特征是在联邦与各州实行分权制，州政府对高等教育承担了主要责任，地方政府承担具体责任，联邦政府只具有宏观影响。[5]美国高等教育又分私立和公立两种，公私性质不同，与政府关

4　刘爱生、顾建民，《美国大学共同治理的思想内涵》[N]，《中国科学报》，2012 年 6 月 27 日（B3）。

5　鲁育宗著，《大学的财富管理——从耶鲁到复旦》[M]，复旦大学出版社，2012 年，第 74 页。

系也有显著区别。要而言之，公立大学创办者和经费保障者一般是州政府，其董事会大部分组成人员也是州政府要员和当地有影响人物，以确保公立大学能代表州的旨意为全州人民的利益服务；私立大学经费来源于校友和社会捐赠，可以说是起源于少数富商大贾的慈善行为、教育情怀从而代表社会公益创办高等教育，其宗旨是为社会大众的文化教育需要服务，其董事会构成也从当初的牧师为主转变为社会贤达、商界精英、杰出校友。但无论私立公立，美国大学的治理文化遵循这样的逻辑：谁出钱谁掌权——董事会掌管，谁专业谁治理——专业校长代理，学术与行政共治。这样的逻辑与背景之下，我们来历史地梳理一下大学与政府关系的形成过程与特色凝练：

　　美国九所殖民地学院的诞生，标志着美国高等教育已初具规模，也是美国高等教育的先驱和主流——私立大学的诞生和辉煌时期。民主、法治国家的政体特色也决定了身处国家治理体系之中的教育运营也必然是基于法治的。所以，这一时期也是美国高等教育立法的开端，而初始时期美国高等教育的法治体系，无疑是在注重适应现实的新教伦理作用与影响下成型的。

　　如"大学特许状"的由来。我们知道，起源于欧洲的近代大学就是最早的特许法人之一。可以说"特许"与"法人"的血脉关联是人类近现代大学制度法制化的渊薮和肇始，英国牛津、剑桥、格拉斯哥等古老大学都是经由教皇颁发特许状而成立的。拿到"特许状"，就意味着大学得到依法授权，取得了在社会上办学的合法性和身份保障，可以"合法"组阁搭班子干事了——就治理结构而言，首先来自政府、教会等机构人员组成外行董事会，代表社会理想和社会责任，就是"汇集民意""代表人民"拥有并运营大学。美国最初的高等教育就是按欧洲这种特许授权的程式开始经营的，为日后美国大学法制化运营奠定了格调："英属北美殖民地总共成立了九所学院，它们是殖民地法律在高等教育领域中的具体实践，为美国高等教育的发展提供了制度积累。获取皇家章程，是当时殖民地学院都向往的，也是英国普通法法律体系与法制观念的必然要求。英国信托制度与'访问人权利（visitor rights）'的法律制度设计比较完备，因此获取皇家认可的章程是成立'法人实体'，完善董事会治理，获取持续资源并保证学院组织'永续'的最好方法，也是唯一合法的方式。"[6]如果说这段文献描述了美国高等教育依法治校

6　周祥,〈达特茅斯学院案与美国私立大学章程〉[J],《湖南师范大学教育科学学报》，2014 年 2 月，第 87-92 页。

"制度"的来源，那么下面这个文献则清晰讲述了欧洲法制文化传统在美国"开疆拓土""建国兴邦"奋斗中一路变革、更新的过程。作为后发资本主义国家，其法律体系在变革、改良以及美国大学后来居上不断"发达"的过程中，"特许法人"这一欧洲主要是英国司法制度及法治文化既得到了一定程度的继承，又与时俱进地伴随美国的兴盛史而贯穿始终地变易进化。"作为法治国家，依法治教是美国高等教育的一个显著特征。美国高等教育的立法，既有联邦的法，也有州、地方的法，其内容几乎渗透到美国高等学校的每个角落，已经成为美国高等教育事业发展的重要杠杆和基准。大学章程作为高校层面的'法'，其最早可以追溯到殖民地时期由英国王室或殖民地议会为学院颁发的具有法律效力的特许状，现今已成为美国大学制度不可或缺的内容，在美国的高等教育治理中发挥着重要作用。"[7]

"特许状"使得大学治理合法化，使之成为法律上的自有实体。特许状本身，就具有法律效力，所以大学一旦获得了特许状，就获得了教廷或殖民地政府所赋予的各种特权，包括特别优惠权和豁免权，进而获取了独立的法律实体地位。虽然当时还没有法人的概念，但是获得了特许状的实体，在实质上就是近代意义上的独立法人。可以说，特许状颁发机构的权威性保证了特许状的法律效力，使特许状成为殖民地学院得以成立的法律基础，从而也为美国以法律形式解决大学与国家、政府关系准备了法治框架和打下了坚实的法律基础。

中国人常说："青出于蓝而胜于蓝"，这句话用来讲美国大学的法人化治理就非常恰切。我们都知道美国很晚才有教育部，况且教育部不但至始至终就没有"强大"过，还曾一度被撤销、终止。但这并不说明联邦政府完全忽视教育，放弃对国家教育的治理，更不意味着"教育部"不强大"教育"也不强大！恰恰相反，美国是"弱小教育部"对应"强大高等教育"最成功的国家。为什么会这样？原因在于"理性的特许"与"责任的自治"双螺旋博弈又相得益彰，创造了美国大学既"学术自由"、大胆创新，又勇担社会责任、助益国家强盛的双重性格。换句话说，美国政府放弃直接管理和过多干涉大学治理，而是选择了一种更多的时候是通过立法、政策牵引的方式进行宏观、间接治理："在教育方面，联邦政府并没有做较明确的规定，更没

---

7 马陆亭、范文曜主编，《大学章程要素的国际比较》[M]，北京：教育科学出版社，2010 年，第 231 页。

有声明把教育权力交给联邦政府。但是一般情况是，联邦宪法在赋予政府权力的时候都保留了比较宽泛的解释范围，这就使其中的许多权力可以引伸出来，解释和处理高等教育的问题。因此，从一定意义上，联邦政府并没有放弃高等教育，在某些方面仍保留一定的权力。"[8]

本研究的需要，梳理美国高等教育法制化的大致历史进程只是为了方便为我们能更好地从文化视角解读美国大学的治理特色提供背景。可以说，从最初的"特许"制度到联邦教育立法、州教育立法和今天各色公私立大学依据章程的共同治理（shared governance），美国依法治校、依法治学、依法治教演化过程中下述四个概念表达了美国大学法治文化的最本质特色。

（一）法人

法人（legal person）是相对于自然人而言。自然人是以生命为存在特征的个人。我们每个人都是自然人。法人是在法律上人格化了的、依法具有民事权利能力和民事行为能力并独立享有民事权利、承担民事义务的社会组织。江平教授的"四独特性"很好地概述了法人的四个特征：独立名称、独立财产、独立意志、独立责任。其中关于独立意志他这样写道："法人的意志是通过法人机关来实现的。法人机关主要包括法人的决策机关、指挥机关和监督机关。这些机关由法律或章程规定，具有永久存续性，并不因为特定人员的变化而影响机关的存在及其功能的发挥。尽管法人的意志机关由自然人所构成，但法人机关的意志绝不是机关成员意志的简单相加，而是依照法律或章程规定的某种程序，将机关所有成员的意志上升为法人机关的意志、将法人成员的共同意志上升为法人的团体意志。"[9]法人制度在欧洲中世纪就得以确立，"而英美法国家则是通过判例法或各种单行法来确立其法人制度的，其中美国的法人制度主要是通过美国联邦最高法院首席法官约翰·马歇尔（John. Marshall）1819 年关于达特茅斯（Dartmouth）案例的判决确立起来的。"[10]自这个判决之后，美国社会清晰地树立起无论私立还是公立大学，都是为国家、民族及社会"公利"存在、在宪法框架下有广泛自治权的"法

8　施晓光，〈美国高等教育法初探〉[J]，《外国教育研究》，1992 年 4 月，第 56-60 页。

9　欧阳光华，《董事、校长与教授：美国大学治理结构研究》[M]，北京：高等教育出版社，2011 年，第 28 页。

10　欧阳光华，《董事、校长与教授：美国大学治理结构研究》[M]，北京：高等教育出版社，2011 年，第 26 页。

人"。判例法的基本思想是承认法律本身是不可能完备的，立法者只可能注重于一部法律的原则性条款，法官在遇到具体案情时，应根据具体情况和法律条款的实质，作出具体的解释和判定。其基本原则是"遵循先例"，即法院审理案件时，必须将先前法院的判例作为审理和裁决的法律依据；对于本院和上级法院已经生效的判决所处理过的问题，如果再遇到与其相同或相似的案件，在没有新情况和提不出更充分的理由时，就不得做出与过去的判决相反或不一致的判决，直到将来某一天最高法院在另外一个同类案件中做出不同的判决为止。

判例法制度最早产生于中世纪的英国，目前美国是最典型的实行判例法的国家。美国法院对判例的态度非常灵活，即如果先例适合于眼下的案例，则遵循；如果先例不适合眼下的案例，那么法院可以拒绝适用先例，或者另行确立一个新的法律原则而推翻原来的判例。那么美国判例法的约束力何在呢？可以概括为两句话：在同一法律系统，下级服从上级，如果涉及另一系统的问题，则要互相尊重。关于美国文化选择要遵循先例的原因，理论界有许多种说法。其中引用频率最高的恐怕要数信奉"实用主义"的美国现实主义派法学家卡尔卢埃林的解释了："那种充满好奇的几乎存在于全人类的正义感提出这样一种强烈的要求：在同等条件下，所有人必须恰当地受到同等对待。"[11]这体现了西方人基于宗教信仰的"上帝面前人人平等"的文化信念，也反应了美国人民对法治文化的信赖。

（二）公共信托（public trust）

公共信托制度脱胎于信托（trust）制度，起源于英国，被法律史学家梅特兰（Mait-land）称为英国人对法学领域作出的最大贡献，就是历经数百年发展起来的信托理念，它是普通法皇冠上的宝石。[12]所谓信托，是指委托人基于对受托人的信任，将其财产权委托给受托人，由受托人按委托人的意愿以自己的名义，为受益人的利益或者特定目的，进行管理或者处分的行为。[13]如果说17 世纪之前西方大学的立校之基是教皇或者皇家的特许状。那么，当近代资产阶级革命兴起、现代资产阶级国家建立之后，主张政教分离，并实行共和

---

11 KARL LLEWELLYN, The Common Law Tradition: Deciding Appeals, Little Brown, 1960.
12 何宝玉，《英国信托法原理与判例》[M]，北京：法律出版社，2001 年，第 1 页。
13 《中华人民共和国信托法》第 2 条。

的国家，代替特许制度的信托制度诞生了。信托制度使信托受托人和受益人在接受了来自所有人（委托人）的资金之后，在两者之间竖起了一道墙，使得受托人和受益人的行为不受所有人（委托人）的控制。[14]

（三）契约

文明当然基于契约，但并不是有了一纸契约就能产生契约文明。契约文明包含的内容有契约自由精神、契约平等精神、契约信守精神、契约救济精神。其中，契约自由精神是核心。为了保护平等主体之间的财产流转和交易，人们在自愿基础上签订契约。而契约一经签订，就对签约双方产生约束，双方就要恪守、履行各自的承诺，这就是所谓的"信用"。契约作为双方的一种"合意"，达到了双赢和互利的目的。契约文明，既以发达的商品经济和商品交换为基础，也以独立的司法体系作为保障，还有人格独立、平等公正、权利义务一致、契约神圣等相应文化观念蕴含于其中。

（四）章程

章程就是合同，章程的性质从皇家权威认可的公共机构的许可证转变成为了法律权威之下平等主体之间的契约关系。合同原则是马歇尔大法官任期中确立的宪法原则之一，将章程的法律属性与合同联系起来，本身就是美国法合同法体系构建过程中的重要部分。通过达特茅斯学院案，确立了美国私立大学章程合同的法律属性。对私立大学章程进行合同圣洁的保护，不但给予私立高等教育机构充分的空间，同时也为公立高等教育的兴起提供了可借鉴的模式。通过限制政府权力，为私人部门和公共部门共同实现公共利益扫清了制度障碍，为公共信托、基金会等公益机构支持高等教育提供了制度保证，是美国高等教育多元化发展的基础之一。教权与皇权的二元权力结构转变为法律权威主导的一元权力结构，实现了平稳的政治过渡。[15]

几乎每一本讲美国法制、美国大学治理的书都会提到"达特茅斯诉讼案"，如马陆亭《大学章程要素的国际比较》就评价说："达特茅斯诉讼案是美国历史上第一桩高等教育的诉讼案。由此可见特许状所具有的特殊地位和作用。"达特茅斯案"的裁决，是美国高等教育史上体现特许状法律地位

---

14 丁笑梅，《大学治理结构研究》[D]，华东师范大学，2014年，第70页。

15 周祥，〈达特茅斯学院案与美国私立大学章程〉[J]，《湖南师范大学教育科学学报》，2014年2月，第87-92页。

的著名案例。该诉讼案最初是由学院内部管理问题的分歧引起的。1819 年，联邦最高法院依据"宪法"第十条第一款"州政府不得通过任何法规破坏契约"的规定，裁决该州政府的行为不符合"宪法"。严格说来，虽然特许状还不能称之为大学章程、不具有独立性，但特许状作为殖民地时期学院取得合法自治权力之载体而在实际上已经勾勒出了现代大学制度的基本轮廓，在形式和内容上都可以说是大学章程的雏形。通过特许状，学院在一定程度上拥有了自我管理的权力，从而使学院自身在学术和管理方面的自治权力合法化。特许状因为既具有法律效力又涉及学校内部的管理而成为连接殖民地政府教育立法与学院自我治理的纽带。美国大学的大学章程正是在此基础上发展演变而来的。无论是私立高校或公立高校，一般都有由大学权力机构（一般是董事会）根据大学设立的特许状与国家或地方政府颁布的教育法律法规而制定的大学章程。由于历史因素与文化传统不同、所依据的法规制度存在差异，因而大学章程的效力渊源也不尽相同。[16]

比尔德在其所著的《美国文化的勃起》一书中提出，这项判决给私立院校和州立院校的前进都廓清了道路，它使教会掌握的学院在风暴中感到安全，又提醒政府"不得违反"原有学院的意志，把他们改为州立学府，在这里，法制精神在教育领域显示了威力。该案之所以能胜诉，根本原因在于私立学院的特许状制度，特许状奠定了私立大学存在的法律基础：基于特许状建立的私立院校，与政府的法律关系是平等的且各自独立的，是一种契约关系。这一关系的确立使私立院校的发展得到了充分的自由。由此私立办学、助学的积极性受到极大鼓舞，任何团体、组织和个人都可以建立私立学院或大学，特别是教会院校更是如雨后春笋般地出现。"[17]从这段分析我们就不难理解美国法制文化的逻辑及法文化信念：文明社会离不开政府，但是政府一旦成立，却是危害文明社会的最大的力量。因为，现代国家一旦建立，第一件事就是如何防止政府权力的滥用，或者说，如何把政府的权力限制在"笼子里"。作为高度认可"竞争"、"功效"、"发展"等核心价值以"实用主义"立国的后发资本主义国家，美国为什么会通过一次次法庭上的"辩论"

---

16 刘承波，〈大学治理的法律基础与制度架构：美国大学章程透视〉[J]，《国家教育行政学院学报》，2008 年 5 月，第 84-90 页。

17 马陆亭、范文曜主编，《大学章程要素的国际比较》[M]，北京：教育科学出版社，2010 年，第 244 页。

和"较量"，最后"理性地"选择要把政府随意改变学校性质、过多干涉学校内部治理的"权力"关进笼子呢？因为他们理性而又实用主义地认定，这样做虽然让当下"政府"难堪，但最终的结果，是符合国家和民族整体利益和长远利益的，是功在千秋的"让渡"，这种退让保障了民间智力滋长和繁盛的空间，是培植国家整体智商的沃土，是保障国家创新性和创造力的"得力举措"。"大学作为文明社会的一部分，其最大的危害实际上也是政府的控制，因为，作为大学的立校之本，作为大学能够健康发展的基石，同样也是使大学免于政府以及其他政治力量的控制。"[18]

"文化是制度之母"，这种理性主义的法治文化，孕育了美国这样一个法治国家，也使得其虽然国家教育部成立很晚、也很弱，但却有十分健全的教育法规体系。或者可以说，正是由于这种理性主义性质的法治文化，才让他们选择了通过弱化教育部——弱化国家干预、控制，而选择用法律、章程来界定各相关方权力、义务，从而最大程度地保障大学可以在宽松环境下实现自治和学术、研究的自由。可以说，大学章程是美国大学发展的产物、是美国高等教育以法治教的必然结果。"美国联邦政府和州政府规定，大学与政府均不能单方面修改或撤销章程，这在一定程度上体现了大学与政府之间的契约关系。从法律层面上讲，大学章程是界定大学与政府间权利义务关系的法律性文件。"[19]通过对美国核心文化的解读，我们认为美国之所以选择以契约的形式，保障大学的相对独立和自由的合法权力，是因为政府代表整个社会对"大学"这种复杂、特殊的"文化教育学术组织"的组织特性有清晰和科学的认识和理解。大学不同于企业，也不同于政府，它不追逐利润最大化，也不追求服从和组织纪律、组织效率最大化，它要保持足够的弹性和活性，以便让学术人的灵性被激活，从而有广泛、多元、高级、前沿的智慧方略和文化理念能源源不断的"冒出来"、"传下去"。而能保障大学"活性"的最核心条件，就是大学主体——大学里的学术人——学者和学生的活力和创造力要旺盛。集高等教育家与社会学家为一身的伯顿·R·克拉克先生曾引用阿什比的话说：学术系统如何分配权力和使权力合法化，这可能是最重要的方面，"大学兴旺与否取决于其内部由谁控制"。我们知道，克拉克

---

18 丁笑梅，《大学治理结构研究》[D]，华东师范大学，2014年，第66页。
19 候佳、司晓红，〈斯坦福大学章程的特征及其启示〉[J]，《高等教育研究》，2014年2月，第84-89页。

最擅长从大学的"组织特性"来跨国比较其组织治理的优劣，认为从分析大学组织内部权力的分配状况和评估各大学如何处理与外部的权力关系，就能判定其运行状态是否基于高等教育规律。而正是克拉克对"大学学术组织"特殊性的多学科多视野分析和论证，让我们更好理解美国文化环境中为什么要"立法"来"特许"和保障大学的独立法人地位，要依照大学自治和学术自由的原则来制定大学宪章，进而依照大学章程来治理大学？也就是说，大学章程的基本性质是大学治理的基本法律依据，是大学自治的基础法规，是"举办者与办学者在法律约束下的契约，是办学者对举办者的一种行为承诺与法律保证，也是举办者对办学者行使监督、进行诉讼的法律依据"。其目的是"依法治教、依法治校"，将学校纳入法治的轨道。它要解决的是大学权力来源的问题，同时，大学能做什么，不能做什么，都应该由章程来决定。[20]

第二节　大学与社会的互动

　　说到大学的功能，我们已非常熟悉"教学、科研、服务社会"大学功能"三螺旋结构"理论，也习以为常地讲述着以美国为蓝本的现代世界高等教育历史叙事。但这样的"叙事"和"结构"并非一撮而就，她的成就充满了曲折和抗争，是大学、社会深刻互动、博弈的结果。文化研究学者劳伦斯·格罗斯伯格曾深刻指出，关键时刻和语境是文化研究的两大基本问题。所谓关键时刻是对社会构成的一种描述，是社会矛盾激化、集结、凝聚的时刻，是社会各种力量通过不同的实践（包括斗争和谈判妥协）来谋求暂时的力量均衡的时刻。关键时刻是比语境更大的概念。它可能持续很长的一个时间段，也可能很短暂，危机的规模或大或小。[21]我们没有办法观察和叙述美国高等教育的全部历史，我们接受劳伦斯·格罗斯伯格先生的"关键时刻"和"语境"这两个核心概念，尝试着尽量将经典案例和重要历史片段"沉浸"在当时当地的"语境"中做"析解"，这也符合中国文化尝鼎一脔，见微知著的传统历史解读方法和智慧。

20　袁本涛，〈现代大学制度、大学章程与大学治理〉[J]，《探索与争鸣》，2012 年 4 月，第 69-72 页。

21　付长珍，中国文化研究的本土语境与当前困境[EB/OL]. https://mp.weixin.qq.com/s/ujgv1hRhHTm7Q15IWoNCUg。

我们先来回顾和"析解"一个历史场景和一场关键时刻的转换：欧洲及英国时期的大学是因"教学"而存在，德国自"洪堡大学"其衍生了大学的"研究"功能，而大学"服务社会"功能何以诞生在美国呢？国际公认的历史叙事是这样的："现代大学"的诞生就不再是某个单一的历史节点，而是一种动态发展的教育趋势——从人才培养的单一功能到"启蒙以降、教学与科研并重"的双重功能，再到"走出象牙塔、全面服务于社会和经济发展需要"的三重功能……"大学像其他人类组织一样，处于特定时代总的社会结构之中而不是之外，它不是孤立的事物，不是老古董，不会将各种新事物拒之门外，相反，它是时代的表现。"[22]追问大学"服务社会"功能何以诞生在美国，追溯和析解这个问题的根源离不开故事的场景地——威斯康星大学和这场运动的始作俑者和创造者——威斯康星大学校长范·海斯（Charlesr. Van Hise，1857-1918）。范·海斯是美国著名教育家，在担任威斯康星大学校长期间，他提出了著名的"威斯康星思想"（Wisconsin Idea），开创了高校为社会服务的新职能，使大学与社会生产、生活实际更紧密地联系在一起。在他的思想指引下，威斯康星大学从一所普通的州立大学迅速成长为美国最有影响的大学之一，成为公立大学的榜样。为什么范·海斯校长能在威斯康星首倡"大学服务社会"的"威斯康星思想"，这首先需要用两个核心概念回顾历史场景：新教伦理，进步主义。前者我们已做过介绍，在此让我们重点解读一下那个时代美国的"进步主义"。1890-1920年是美国历史上的一个非常关键和重要的历史时期，这一时期与范·海斯校长的成长和事业高度重叠。这一时期美国的政治、经济、社会和文化都发生了翻天覆地的巨大变化，由于科学技术在生产领域的广泛应用，美国基本实现了工业化，并取代德国成为世界第一经济大国；城市化进程不断加速，到1920年基本实现城市化，美国由此从一个乡村-农业国家向城市-工业国家转变，美国历史演变的社会基础和条件发生了根本性的变化。也正是在这个时期，由于1898年的美西战争和1917年美国加入第一次世界大战，美国从区域大国成为世界大国。所有这一切，构成了这一时期美国教育及其与社会关系变迁的基础，其中除了新教徒的吃苦耐劳和奋斗精神外，起巨大推动作用的就是肇起于美国本土的"进步主义"思潮。

---

22 [美]亚伯拉罕·弗莱克斯纳，徐辉等译，《现代大学论——美英德大学研究》[M]，浙江教育出版社，2001年，第23页。

　　熟知美国历史我们知道快速发展的新兴美国社会问题剧增。为解决大量尖锐复杂的社会问题，克服严峻的社会危机，从 19 世纪 70-80 年代起，美国各界有识之士或撰文揭露社会黑暗，引起公众关注；或大声疾呼，唤醒民众的改革意识；或成立组织，发起运动，推动立法，革除社会弊端，从而在美国全国兴起了一场声势浩大的社会改革运动，史称"进步主义运动"（the Progressive Movement）。进步主义运动不仅直接推动了全面的社会改革，而且深刻影响了 20 世纪美国历史的走向。"时势造英雄""进步才是硬道理"——美国历史上的"进步主义"随着社会变革的现实需要和美国第一位本土哲学家杜威现实的推动正式走进美国历史。所以这一时期旨在解决某些特定社会问题的教育运动往往是和更大范围内的社会改革运动结合在一起的，或者作为社会改革运动的重要组成部分，或者利用了社会改革运动所营造的社会氛围、所动员的社会资源。[23]这样，在"进步主义"思潮之下，大学改革运动与社会变革、社会进步便捆绑一起、一体并进了，大学的使命招换呼之即出。

　　正是清教徒的新教伦理和新大陆"进步主义"诉求的合流，拓展出了大学"服务社会"这一新功能。这一大学新功能，使得美国的大学以崭新、特异的形态为美国带来了广泛的社会进步和国家繁荣。我们在此析解一下作为清教徒的康奈尔先生与康奈尔大学。"为了适应美国的环境，清教作为一种适应时势的宗教，逐步建立起了自己的德行体系。表面上，清教似乎有着强烈的道德责任感，其实清教徒们在践行这些德行时，更多的是注重它们给自己带来多少的功效和利益。因此，清教主义在美国扎根之后，立即刻上了美利坚民族鲜明的烙印——'信神而求实'。"康奈尔先生出资 50 万美元捐赠的康奈尔大学，其办学目标就是"使科学直接服务于农业和其他行业"以促使农业及其他行业的生产力和社会进步。美国清教徒将物质财富与上帝的恩宠紧密联系起来，认为工商业活动是上帝赋予的"神圣使命"，发财致富是上帝选民的意志。[24]正是这种务实、进取的新教精神，才使得初到新大陆就有所斩获、初步取得事业成功的殖民政府议员、挣得了财富的企业家有足

---

23 张斌贤，〈教育与进步主义时代的美国社会改革〉[J]，《当代教师教育》，2019 年 4 月。

24 孙薇，〈浅议美国清教主义对大学社会服务职能的影响〉[J]，《科技导刊》，2012 年 10 月（上），第 77-78 页。

够的热情和奉献精神来为"办教育"出钱出力贡献智慧；同时，他们也以其务实的新教精神期许、要求高等教育向社会开放、能务实地为社会做出贡献。

搞清楚新教伦理、进步主义与大学服务社会新功能的关系，我们就不难理解美国所以选择这样的大学制度，所以设计出这样的治理结构背后的理念传承、变易与现实实践和社会进步的逻辑关系了。美国最初形态的高等教育立法也力争能保障这种教育与社会的双向开放，学院以及由此衍生的大学章程都是这种保障的产物。让我们再来析解几所最古老的学院和几个重要当事人，通过"特许状""外行董事会""理事会""监事会"几个核心名词再次理解一下其大学制度产生的过程和逻辑。

如哈佛与威廉·玛丽都、耶鲁三大古老大学（学院）成立的 17 世界末 18 世纪初都属于美国的"创业期"，其大学治理理念基本相同，选择的治理结构而模式大同但有小异。1650 年哈佛学院特许状中有这样的陈述："今后新英格兰剑桥镇的这所学院的权威应当是一个法人会，由 7 人组成，一个校长，五个评议员和一个司库或会计……"。"法人会以法人资格有权提出规章和法案，拥有学院的财产和一切所有权。"哈佛选择这种治理结构的自主性是以民事法人权利为基础条件的，这是英国法律文化的遗传，也很"美国"，而威廉·玛丽的案例在继承英国的基础上就看出更多的"新美国"的因地制宜的"新变化"。威廉·玛丽学院 1693 年建立，是第一个拥有英国王室特许状的学院，为了获得特许状，学院创建者布莱尔小心地在英国王室、国教会与殖民地地方政权争取控制权中"走钢丝"，让校长具有了更多的权力与责任，以保障学院能够体现王室、国教会的意愿，监视会也更有权威和权力，但总体上讲，采用的还是监视会与董事会共存形式，而不是采取教师行会的管理形式。而到了 1745 年耶鲁学院成立，"单一的自治法人董事会"诞生了。耶鲁之所以构建了一个由外部成员组成的单一自治法人董事会，这得益于创建者的加尔文教义的信仰。他们不奢望英王室的特许，也使得在平衡各方利益上更为自如。耶鲁的董事会成员中没有总督等官员，也没有由殖民地政府和议会官员组成的监视会，独立性很强。从哈佛学院到玛丽学院，再到耶鲁学院，英国大学治理结构发生了美国式的蜕变，既有英国王室、国教会与殖民地政府争夺控制权力的影响，也有宗教意识形态的影响，另外一个不可忽视的影响是创建者因素。美国的这些"学院不是由一大群学者自己组建的，学院的创建和控制不可避免地落入整个社会的代表手中。"[25]我们都熟悉"先有哈佛，后有美国"这句话，足以想见和印证大量欧洲移民刚到北美拓荒的情形——现实需要、有高度赤城和热情"建大学"，但"现场"没有学术积累和学者资源，只有求助于社会。最初的大学治理无不是"信托"给社会，无不是选择"外行董事会"来掌权运营大学。这便形成了"美国大学传统"，直到耶鲁仍是这样的基本框架，这是美国大学基于其"国情"最终选择"共同治理"的基础："耶鲁大学在章程的开篇即明确：本章程确立由董事会和校长全面负责耶鲁大学事务的制度。董事会由 19 名成员组成，校长、康涅狄格州州长、副州长是当然成员，另有原董事的继承人 10 名，校友代表 6 名。可见，学校的利益、州的利益、耶鲁大学最初成立时的 10 名受托人（Original Trustees）的利益、校友的利益都得到代表，体现了不同利益代表共同参与大学治理。"[26]

无论私立还是公立大学，美国高等教育基本上都是外行董事会治理，因为他们相信大学只有"公共信托"给以校外精英组成的董事会，才能真正代表社会公益从而也代表了国家长远利益。而这些非教育领域的外行们是如何有效领导这些包括常青藤在内的各大学呢？秘诀就在董事会下常设的 9 大类委员会，分别是：学校财务委员会、学校发展委员会、董事提名与治理事务委员会、执行委员会、学术事务委员会、审计委员会、学生事务与校园委员会、基础建设委员会、投资委员会。有了这些专业的顾问性智囊团做辅助，以领导力见长的商界校董们就能够有效发挥作用了，包括吸纳部分多元化力量参与治理以更好地体现大学的社会性。董事们真正"懂事"了，组织才有希望。而董事们如何做到从"董事"到正确"管事"，引导、管控大学走向既定目标，靠的是信任与委托逐渐专业化的"职业经理人"，这些经理人的治理是以校长为首的行政团队和以教授为首的学术委员会协商博弈的结果。其治理最大的特点就是保障大学是"学术治理"而不是完全的行政治理、商业治理，其中最核心的文化理念和制度设计就是能尽可能最大限度地保障学术研究的多元和自由。因为董事们确信，只有这样的学术多元和自由，才能

25 熊庆年、代林利，〈大学治理结构的历史演进与文化变异〉[J]，《高教探索》，2006年1月，第40-43页。
26 赵玄，《英美传统大学治理结构研究基于大学章程的考察》，现代教育管理，2014年7月，第12-16页。

真正让大学有高深学问、有真正全世界最领先的智慧、技术服务社会，从而最大程度、最切实可靠地服务了国家和民族的最大和最长远利益！

我们都听过艾森豪威尔在哥伦比亚大学任上的轶事。1952 年，二战期间的盟军司令，时任哥伦比亚大学校长的艾森豪威尔，在一次会议上请拉比教授（1944 年诺贝尔物理学奖得主）演讲，说："在众多雇员里，您能够获得如此重大的奖项，学校深以为荣。"拉比教授当即回敬："尊敬的校长，我是这个学校的教授，您才是学校的雇员。我们就是哥伦比亚大学。"[27]这个故事之所以传颂不衰，是因为她足以成为诠释和解读美国大学核心文化是"学术文化"的最经典案例和叙事。而所谓的"学术文化"，自然是学术至上、学术自由的文化。

当然，"学术自由"是相对而非绝对，且有着美国民主社会公民自由大众文化作为底蕴的。美国社会给予大学"学术相对自由"的权力，是试图重新定义教授和大学之间的"雇佣关系"。学术自由正是在大学里对"关键决定"——"学术治理"建立控制和权威的机制。它使符合各个学科所设置的标准、受过高度训练和富有能力的教授手上拥有了以下权力：创建进入专业领域的标准，设立录取基准，确定哪些工作有价值、可被认为是"高质量的工作"，决定令人垂涎的职位的聘用和晋升标准，建构考试，并确定在这些教授的课堂里应该讲授哪些内容。如果没有这些结构关系的自由，大学就不能够达至伟大。在过去的一个世纪里，大学和美国社会已经建立了一种关键性的契约，而学术自由居于这一契约的核心。美国社会赋予了美国大学实质性自治的伟大礼物，而且总的来说愿意接受这一点：大学所做的决定会使大学和社会取得双赢。[28]实际上，大学"四大自由"业已成为联邦政府制定众多审查制度和条例的对象。它表现为：（1）在选择学生方面，美国政府已宣布因种族、肤色、性别和国籍原因的歧视行为为非法；最高法院因为倾向于多招收少数民族学生而削弱了大学招生人员的权力。（2）在聘用教学人员方面，大学不仅必须符合"鼓励性积极计划"的要求，而且还必须遵守禁止种族、性别、国籍、宗教信仰和年龄歧视的有关规定；国会还采取了一些影响大学课程计划的措施，如鼓励牙科学院的学生到卫生服务水平低下的地区锻炼六

---

27 《大西洋月刊》：影响美国的 100 位人物，《大西洋月刊》，2015 年 11 月 11 日。
28 [美]乔纳森·R·克尔著，冯国平等译，《大学之道》[M]，北京：人民文学出版社，2013 年，第 287-288 页。

个星期。(3) 在开展各种与人有关的课题研究方面，卫生和人类服务部已发布了详细的操作性保护措施；联邦法律禁止开展某种胎儿实验；等等。这些新的管理条例往往作为大学接受联邦经费的附加条件。[29]

当然，无论政府还是社会能够成全大学的这些自由，还是为了国家与社会的长远利益；但出于政治论的观点会认为，只有这种"自由"有所"限度"，才能有持久的大学与国家、社会的双赢。就像德雷克·博克就曾指出，尽管大学人竭力呼吁学术自由权，但几乎没有人否认政府制定相应制约条例的必要性。因为大学的运行未必都是理性的，其表现为：(1) 学校或许会因财政压力等因素提供无价值的教学内容；(2) 教授或行政管理者的行为可能因为粗心、判断错误、歧视或偏见等缺乏公正性；(3) 当学术课程或项目与其他价值观发生冲突时，教育工作者未必是解决冲突的最佳裁决人。因此，有的人主张大学享有自决权的同时，又提出政府有权力保护那些由于大学明显错误的做法而蒙受伤害的人。[30]我们认为，博克的阐述反馈了这样的美国公共理性和文化理念：美国是公民社会，民主国家最终对公民的安全和幸福负最终责任；政府并不始终是国家的代表，议会、法律代表国家公正，大学董事会及外部法律体系如美国宪法、州宪法都是美国依法治校的保障机制，对嵌套在社会有机体中的大学负有最后责任，"学术自由"只是这一治理责任中的一环，是方便学者对于"纯学术"的事情"自我治理"的专业性和高效性保障，也是对学术规律和知识分子特性的尊重。私立大学因经费不受政府制约而拥有形式上更多的"治理自由"和"学术自由"，但前提是受制于宪法和相关法律以保障私立大学学术的"公平与正义"及能对国家和社会公益服务；公立大学由于是州政府创办又有州提供大部分经费（逐年下降中），其治理的"州"限制就会更多，其"学术"的功利性和为州服务也会被更强调。

如密歇根等公立大学用章程规定国家与州的利益要得到体现与保障："第 2.15 节中规定到'法律规定密歇根州及其机构的所有职员均需在任职前对下列宪法性任职誓词表示同意：'我庄严宣誓，我将拥护《美国宪法》，拥护《密歇根州宪法》，并将尽我最大努力忠实履行职责。'在第 6.01 节中又提

---

29 徐小洲，〈论博克的学术自由和大学自治观〉[J]，《浙江大学学报》（人文社科版），2002 年 6 月，第 124-130 页。

30 徐小洲，〈论博克的学术自由和大学自治观〉[J]，《浙江大学学报》（人文社科版），2002 年 6 月，第 124-130 页。

到：'院长与学院存在的目的是为了通过以下方式服务于本州和国家……'
这些规定无不体现密歇根大学在办学理念上'国家利益'与'密歇根州意志'的有机结合。"[31]

第三节　大学内部的博弈与合奏

现代大学制度从治理的视角来看，其核心和根本就是大学自治与学术自由。因此，我们文化视角解读大学，就重点深描大学在如何处理"大学与政府"、"大学与社会"、"大学内部学术权力与行政权力的关系"中的文化理念、文化事件和文化表现。我们上两节谈论了前两者，这一节来研究大学内部各不同性质群体在博弈与合作中的行为作派和价值理念。用交响乐来比喻，大学治理的成功，一定是多群体多价值琴瑟和鸣的结果；当然，美妙的大型交响乐都是各音部各乐器强弱高低长短行止合作又制约、共鸣又博弈的结果。

美国大学内部治理的最本质特点可以说是自治基础上的分权合作，即所谓"大学治理是大学内部达到有效的自我管理的程度，这是一种大学自治状态。所以，大学自治是大学治理的内在逻辑。"[32]而一个组织能够而且可能"自治"，需要内外部两重条件的支撑和制约。就内而言，这个组织的使命、理性和能力要使其具有自治的资格。大学代表公益，是"公共物品"，又拥有教师、学生、专业治理者众多智慧人士，其使命、理性和能力等足以使其具有自治的资本，换句话说，大学有资格和能力使自己成为自己行为的主人，及公益事业的行动主体；当然，这一"主体"能否"成活"，还需要外在环境予以"赋能"——确立大学作为"法人主体"的宪法地位。内外一起，构成了大学作为公益法人的权力和义务体系。权力与义务的二重和谐，是文明社会法治文化的体现，也是法治社会"公共理性"关于"权力文化"与"公益文化"的平衡与分配。

当大学以"自治"的诉求和形态从政府与社会那儿争取来自我治理的宽松空间后，大学要做的事情就是内部的分权与合作了，这时的内部治理文化则实质上是一种大学权利分配与博弈文化，美国大学内部治理过程中的权力文

---

31 夏丽萍、韩曾俊，《美国大学章程的探究及启示——以密歇根大学章程为例》[C]，2013 2nd International Conference on Social Science and Education, p.419-424。

32 王洪才，〈大学治理的内在逻辑与模式选择〉[J]，《高等教育研究》，2012 年 9 月，第 24-29 页。

化有其欧洲血统，也增益了其基于新实践的经验与教训。中国法学家同时也是卓越的大学管理者徐显明教授曾专门分析过这种权力文化在西方大学治理中的传统与流变："《拿破仑法典》规定了人与人作为平等主体之间的各种关系，由此法国形成了一种文化——权利文化。所谓文化就是人们一种稳定的生活方式，等这种生活方式渗透到了人们的血液中后，他会在一定条件下不由自主地做出一种反应。……在管理一所大学的时候，很重要的一种文化就是权利文化，要使教师和学生最大限度地得到尊重，使他们的权利最大限度地得到满足，我们所制定的规范不要把学生当作管制的对象，而应当作权利的主体。"[33]这段话有两层核心含义：其一是说法治文化的重要基础是"平等"与"互为主体"，尤其是对于拥有多元价值、多类群体、多角色共存的复杂大型学术组织，"平等"与"互为主体"决定大学能否真正成为有机"共同体"，否则要不是一盘散沙，就是没有活力和创造性的封闭机械组织；其二，大学的有效治理必须建立在文化活力和文化正向性基础之上，因为文化是空气，是风化，可以渗透到血液沐浴到心灵，从而是"自我治理"成为可能，也是一定的外部治理像阳光雨露之于生物成长一样自然柔和而又不可抗拒。

当然，关于大学内部治理结构中应该如何分权、如何合作，美国公私立大学章程略有不同地进行了规约和限定，但其共同点都是利益相关者的多元博弈与合作："虽然校长、教务长和董事会有责任和权力制定和执行大学政策，大学的本质却在于其声音的多元化：教师、学生、研究人员和工作人员都可以发出声音。"[34]如果我们沿着上文交响乐的比喻，将大学治理共同体比成大型交响乐团的乐队，那所有大学的"利益相关者"就需要分工合作基础上，按指挥的节奏、首席的引导、乐谱的旋律"抑扬顿挫、协作发声、和而不同"，这乐曲的乐谱和音律，岂不就是有契约作用的"大学章程"所内涵的文化价值理念体系。如芝加哥大学的章程由法人证明书、章程结构和主要人员事项规定和章程细则等部分构成。法人证明书主要明确了芝加哥大学的法人地位；章程结构中包括董事会的人员构成（包括董事、主席、副主席）、董事会的会议、委员会（其中有执行委员会、财务计划委员会、发展与校友关系委员会等十几个委员会）、行政人员（包括校长、教务长、副校长、秘书）

---

33 徐显明，〈大学理念与依法治校〉[J]，《中国大学教学》，2005 年 8 月，第 4-12 页。
34 [美]乔纳森·R·克尔著，冯国平等译，《大学之道》[M]，北京：人民文学出版社，2013 年，第 288 页。

等内容；在细则中列出了 20 多条具体的规章制度。康奈尔大学和密歇根大学的大学章程则由总纲性的条目和具体的架构、条文构成。康奈尔大学章程的结构内容部分包括 25 章：1. 总则；2. 董事会；3. 董事会的管理委员会；4. 年度审计；5. 校长；6. 副校长和副教务长；7. 教务长；8. 财政和行政执行副校长；9. 学校法人秘书；10. 大学法律顾问；11. 内控机制；12. 大学教师；13. 学院教师；14. 学位授予；15. 院长、主任以及其他学术官员；16. 教导和科研人员任命与任期；17. 讲座教授；18. 交通和停车规定；19. 学术咨询会；20. 医学中心；21. 保安；22. 利益冲突；23. 杂项规定；24. 教育和就业机会平等；25. 修改方式。其中，管理委员会中又包括常务[35]委员会、执行委员会、学术事务委员会、学生生活委员会、投资委员会、审计委员会、财务委员会、政府关系委员会、建筑和资产委员会、董事会成员资格委员会、校友事务和发展委员会、特别委员会等条内容。[36]章程中教师权力表达：如耶鲁大学章程规定，"每个学院的终身教授同时是行政人员，他们和校长、教务长、院长一起组成终身职员理事会。该理事会是学院的管理机构，处理有关教育政策、学院管理的事情"。[37]

综观美国大学的大学章程，虽然不同大学的大学章程在表述和内容构成上存在差异，但其基本内容一般都明确了大学的理念、办学宗旨、办学目的或培养目标，规定了大学的名称与校址、内部管理体制、大学重大事项的决策程序、举办者与大学之间的权利与义务、校长的权利与义务、教师的聘任与管理、教学事务及教师的学术权力、学位的授予、学生事务、经费来源、财产与财务制度、章程修改程序等重大事项，尤其规定了董事会及其下属各个委员会的组织构成、成员的选举与任用等大学决策的方式与程序。（1）对学校功能、办学目的、发展目标、主要任务的规定；（2）对学校内部管理体制的规定。首先，大学章程规定了大学管理的董事会制度；（3）对学校与外部关系的规定；（4）对学生权益及相关事务的规定；（5）对章程进行修订的规定。[38]"利益相关者"理论认为大学的决策过程涉及多个利益主体和参与

---

35 The Yale Corporation By-Laws [DB/OL]. http://www.yale.edu/about/bylaws.html.

36 Bylaws of Cornell University [DB/OL]. http://www.cornell.edu/trustees/cornell_bylaws.pdf.

37 The Yale Corporation By-Laws [DB/OL]. http://www.yale.edu/about/bylaws.html.

38 刘承波，〈大学治理的法律基础与制度架构：美国大学章程透视〉[J]，《国家教育行政学院学报》，2008 年 5 月，第 84-90 页。

者，这一概念为我们清晰理解美国大学治理的法治本质提供了框架。而大学章程正是大学治理结构与过程中各"利益相关者"权力、责任、义务权重、分配以及协商、合作方式、流程的总法典。下图就清晰地描述了大学外部利益主体包括董事会、捐赠者或纳税人与政府之间关系、内部利益主体包括管理者与教师、学生等各主体之间协作和沟通的关系性质：清楚自己的职责和角色，同时也清楚其他人的角色和职责。

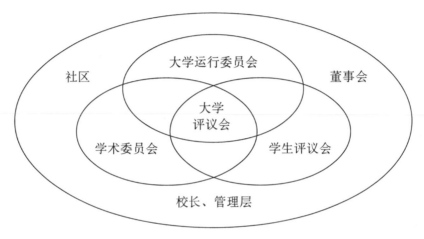

图 1　协商治理的利益主体[39]

　　我们上边从治理文化、法治文化的视角解释了大学内部各利益相关者在治理大学时如何分权、如何合作，如何在分工合作的基础上为了同样的大学目标——学术的繁荣而既博弈又密切合作，共同奏响同一部大学发展的乐章。但这种梳理和解读还更多地带有逻辑推理与理想期待式的文化解读，听起来很美，但未免与纷繁复杂的现实有距离。因为外行董事会并不会天然地、必然地对学术真切的理解和对"学术自由"进行捍卫，本质地讲，外行董事会所秉持的实用主义文化与教授的"学术文化"很多情况下会有深层的冲突。纵观美国高等教育发展史，我们会发现：美国大学的学术权力是教师团体坚持不懈的斗争和持续与其他群体博弈的结果。有研究发现：19 世纪末，由商业人士管理大学成为美国高等教育的一大特色。大学董事结构的变化带来了大学管理方式的变化。许多大学董事会对待教师如同对待工厂的工人，稍有不满便即刻解雇，大学没有统一的解聘、晋升标准，董事会在聘任

---

39 孟倩等,〈美国大学协商治理机制及其挑战〉[J],《复旦教育论坛》,2014 年 4 月,第 103-107 页。

和解雇教师方面存在很大的随意性和主观性，教师的职业安全无从保障。这样的情况使得早期不愿参与学院管理的教师逐渐意识到管理权的缺失已经危及到他们的职业安全，他们渴望享有学院的学术管理权，掌握自己的命运。[40] 发生在著名的斯坦福大学的"罗斯事件"就是大学与外部关系及大学内部权力分配矛盾最大化的集中爆发。

1900 年，斯坦福大学经济学家爱德华·罗斯（Edward A. Ross）因发表关于中国移民问题的言论触怒了利兰·斯坦福夫人（Mrs. Leland Stanford）而遭校长乔丹解雇。罗斯事件使得大学教师的教学自由和研究自由成为公众热议的话题。事件持续很长时间，引起广泛社会关注，组织了系统的调查为尽可能妥善处理寻求方案，但最后，斯坦福大学也没有作出让步，恢复罗斯的原职。虽然这次调查没能取得预期的效果，但它开创了第三方组织介入大学纷争，进行调查的先河，为以后的同类调查积累了宝贵的经验，更为美国教师协会 AAUP 的成立奠定了基础。

罗斯事件让全美国的教师们认识到，他们在学术权力遭受破坏时，有组织的发声和集体斗争会更有效地保护他们在自己学术领地的自主权。随后作为学术自由的捍卫者，AAUP 采取"谴责名单"制，对违反学术自由原则的学校进行公开曝光，引起社会关注，AAUP 对学术自由事件的深入调查使得大学校长在处理学术自由问题时不得不三思而行。AAUP 作为"表达教师职业利益的声音"，通过确立终身教职维护学术自由，有效遏制行政侵害；推进教师共享院校治理，积极跻身院校事务；规范职业道德，引导行为风范，建立获取更多权利的合法路径。作为非赢利性质的独立于政府之外的教师专业组织，AAUP 通过对学术自由和教师权益不遗余力的捍卫来促进美国高等教育的发展，美国高等教育取得的举世瞩目的成就毫无疑问有 AAUP 的贡献。[41]

美国著名的教育学家约翰·S·布鲁贝克（JohnS. Brubacher）在其作为西方第一部以高等教育哲学专著《高等教育哲学》中曾强调："学术自由是学术界的要塞，永远不能放弃。"AAUP 是因应捍卫学术自由的需要并在维护学术自由方面发挥了重要作用的教师专业组织。

---

40 董婷婷，《美国大学教授协会产生、发展的历史及其作用研究》，华中科技大学硕士学位论文，2011 年，第 10 页。
41 董婷婷，《美国大学教授协会产生、发展的历史及其作用研究》，华中科技大学硕士学位论文，2011 年，第 1 页。

下面的部分，我们再从历史的维度，梳理一下这种美国治理文化影响下，伴随着教授们集体发声及全美教师协会（AAUP）的崛起，历次声明、调查，大学治理真实状况的变化。

AAUP 所做的第一项工作就是在 1915 年学术自由与终身职委员会的年度报告中提出了关于学术自由和教授任期的原则声明。声明在阐述了学术权利的基础、学术职业的性质和学术机构的职能之后，提出了实行学术自由的原则，保障教授教学和研究的自由权利、在专业领域探讨深奥的和有争议的问题并以个人的名义发表思想观点的自由、就一般的社会和政治问题以体面的适于教授身份的方式发表意见的自由等。为了保证研究和教学自由，声明建议，在解雇和处罚大学教师之前，应先由学校专业人员，即教授、副教授和所有讲师以上职位的人员组成的适当的公正团体进行审议，并主张讲师以上职位的专业人员任职 10 年以上均应永久聘用。[42]而 1966 年 AAUP 所发的《联合声明》就已经非常详细地划分了大学内部各类群人员的权力分配：

表1　1966 年《联合声明》中的权力分配标准[43]

决策类型	责任分配
有关大学使命的决策 战略导向和宏观规划 预算和资金分配 关于建立学部、系、学院、学院（学校层次）或大学的项目 财政紧缩政策 选举和评价校长和院长	董事会与行政机构对此种决策负有首要责任但应该与教师代表协商
课程 学生教育过程 教师能力标准和伦理行为 招生政策 学生能力标准 学习适应环境	教师对该事务具有首要权力——董事会和行政机构"同意教师审判除非极少数例子和强制性原因，并陈述细节"

资料来源：Hamiltcon, N. W., *Academic Ethics: Problems and Materials on Professional Conduct and Shared governance*, Praeger Publisher, Westport，2002 年版，第 152 页。

---

42 李子江，〈论美国学术自由的组织与制度保障——AAUP 及其关于学术自由和终身职的原则声明〉[J]，《比较教育研究》，2003 年 10 月，第 19-23 页。

43 转引自彭国华、雷涯邻，〈美国大学共同治理规则研究述评——以对《学院与大学治理的联合声明》反思为视角〉[J]，《高教探索》，2011 年 1 月，第 64-68 页。

到 1994 年，AAUP 又发表《关于教授治理与学术自由关系的声明》（Statement on the Relationship of Faculty Governance to Academic Freedom）。《声明》指出，协商治理与学术自由是紧密联系的，有了学术自由，教师才能充分地参与学校管理而不必害怕受到管理层的迫害。因此，《声明》将协商治理与大学最基本的核心价值——学术自由联系在一起，论证了协商治理的合理性。[44]20 世纪末 21 世纪初加布里埃尔·卡普兰领导了一次有关美国高等教育治理状况的新调查，结果发现，30 年后美国的大学自治、学术自由、教授参与度等有所提升和进步："通过调查结果描绘出来的共同治理景象一般要比共同治理批判者或拥护者所想的更令人乐观。多数共同治理的批判者倾向于抱怨：共同治理在实践中很少能够有效运行，它使决策变慢，并阻碍必要的组织重组和战略变化。共同治理拥护者则常关注共同治理所面对的如下问题：日益增长的中央集权化压力，以及更多的自上而下的科层化和公司化组织形式的压力。"[45]

当然，规章办学是美国大学法制化的一条前进的主线，是依法治校的高等教育现代化路径，属于现代化的"硬治理"。但与此同时，大学的发展也需要文化的"软治理"，这是对科学、法治的局限性的惊醒。如 20 世纪初的艾略特就倡导学院文化，尖锐地批评大学管理中出现的规章化，"规章取代了那些传统的学院价值，学院文化是一套共有的价值观，关于自由获取信息的价值，关于公开交流思想的价值，关于学术自由的价值，关于公开沟通和关爱的价值……学院文化应是所有院校共有的最可宝贵的价值……规章化和公司化对于学院文化都是破坏性的……造成教师与行政的分离……教师越来越把自己看作价值的载体，而大学行政人员则把他们自己看作法律的载体。"[46]章程治理除制约了大学内部权力的分配，与此同时还规定了治理过程的程序合理——程序正义的理念在美国宪法第五修正案和第十四修正案中得到了体现。这一原则贯穿于美国社会之中。贝达（Berdahl）把大学治理分为实质性自治和程序性自治。实质性自治是指大学或学院自行决定自己的发展

---

44 孟倩等，〈美国大学协商治理机制及其挑战〉[J]，《复旦教育论坛》，2014 年 4 月，第 103-107 页。

45 [美]罗纳德·G·埃伦伯格主编，沈文钦等译，《美国的大学治理》[M]，北京大学出版社，2010 年，第 134 页。

46 王英杰，〈试论大学的领导与管理：孰重孰轻〉[J]，《江苏高教》，2014 年 5 月，第 2-4 页。

规划和目标，程序性自治是指大学或学院可以自主决定实现这些目标和规划的手段和方式。正如弗兰克福特（Frankfurter）大法官所说，"一部美国人的自由史，在很大程度上，就是程序的保障史。"大学治理中的程序正义（procedural justice）是指在大学决策过程中，对涉及教师切身利益的事必须保证教师的知情权、发言权和影响力，保证决策程序的公正公开。决策的合法性来源程序上的正义，而不是具体的决策过程。甚至在某些大学（如堪萨斯大学佛罗里达大学德克萨斯大学）中，都设有正当程序委员会（due process committee）和教师申诉委员会（faculty grievance committee）专门审查大学决议的正当性。[47]

分析罗斯事件可以看出，在这一事件中没有真正的胜利者，罗斯离开了他在斯坦福大学一手创办的经济学系，乔丹校长维护学术自由原则的决心因这一事件而受挫，斯坦福夫人善意的出发点却终究留给后人压制学术自由的扭曲形象，而斯坦福大学失去了一批骨干教师和潜在生源。但真正一流的大学毕竟有其一流之处，尤其是一流的法治文化治理理念。斯坦福以及众多公私立美国大学仍然在其后漫长的成长历史中书写了自己优秀甚或是辉煌篇章，布鲁贝克[48]基于美国大学发展史提炼出来的教育哲学或许能最好地解释美国大学治理文化的最核心价值：基于实用主义的在认识论的知识、真理追求与政治论的价值、功用、服务国家目标中找到最恰切时代的平衡。

布鲁贝克认为从认识论出发，大学就其本质是研究高深学问的学术组织，"学术事业"是大学的天职和最神圣使命，也是大学赢得"特许治理"、"特区运营"和社会尊重的智力文化资本和合法性基础。也就是说，大学要将精神追求作为知识学习的目的，大学这样的机构，她应该对人类所有的好奇、生存困惑以及改善、美化人类生存环境的诉求负探索、解释、传播和建构责任，无论这些智力和精神活动目前有无功用。在大学里，教师与学生之间形成一种对知识的渴求的氛围，这样被探讨的事情就产生一种"不可言状的潜力"。在产生好奇的基础上，我们还会产生对知识验证的渴望，那就是进一步对真理的探求。因此布鲁贝克认为，"高深学问需要忠于真理，而真

---

47 孟倩等，〈美国大学协商治理机制及其挑战〉[J]，《复旦教育论坛》，2014 年 4 月，第 103-107 页。

48 [美]约翰·S·布鲁贝克著，郑继伟等译，《高等教育哲学》[M]，浙江教育出版社，1987 年，第 2-15 页。

理需要是客观的，不应受价值影响（value-free）。”

从部族、群落血拼到民族国家建立，人类的历史充满丛林法则和竞争。为了最大的合力和“集团”利益的最大化，“讲政治”一直是人类历史的真实写照和响亮音符。高等教育无疑无法也不能摆脱政治。[49]从政治论出发，布鲁贝克认为人们追求知识是由于这对国家意义重大，而非出自自己本身的知识渴求。社会上日益复杂的问题以及人才竞争，都需要我们不断用深奥知识来解答并培养高级人才，而进行这种探究的“最好场所就是高等学府。”而历史上也确有很多教育学家将教育看作是政治的分支，如杜威《民主主义与教育》、柏拉图《理想国》等。多民族国家共存将是人类未来非常悠长的历史存在样态，竞争与合作是人类进步的二重奏。在高等教育及大学发展层级越来越被认定为国家软实力层级和民族创造力基础支撑的大数据高智力支撑时代，大学“讲政治”更是必然，“政治论”的视野认定和治理大学也会越来越升级。重要的是，什么样的政治论才能将大学带向真正为国家民族乃至人类的美好未来服务，仍是人类政治更是高等教育治理的世纪难题。

虽有学者认为注重实用主义的美国文化不太重视对问题进行艰涩、深入的哲学探讨，但客观地看，美国历史上坚持对教育的性质、大学的目的进行价值追问的学者却不在少数。从怀特《再论教育目的》、赫斯顿·斯密斯的《高等教育目的》（1955）、《大学的目标与学术力量》、卡内基教育基金会发表了《美国高等教育目标与实施》，到，布鲁贝克发表《高等教育哲学》等等等等，都是美国学者反思和建构符合美国国家长远利益的高等教育治理文化体系的高深之作。布鲁贝克写作《高等教育哲学》的本意是：探究高等教育目的主要有认识论和政治论路径。脱离高等教育目的这个论题，把认识论和政治论泛化为两种主要的高等教育哲学是对布鲁贝克的一种严重误读。因此，要恢复布鲁贝克认识论与政治论这一对范畴的生命力，必须从人才培养的角度探讨高等教育目的。[50]

从目前来看，美国高等教育的发展所取得的成就，证明了美国大学的治理较好地运用和平衡了“认识论”与“政治论”两种文化对大学的影响。不

---

49 周光礼，《培养理性的行动者——高等教育目的再思考》，高等工程教育研究，2015 年 3 月，第 49-57 页。
50 周光礼，《培养理性的行动者——高等教育目的再思考》，高等工程教育研究，2015 年 3 月，第 49-57 页。

尊重认识论的判断，大学会没有高度，不会走在世界探索未知和人类美好明天的前沿；不接受"政治论"的价值，大学会"迷失方向"，而"迷失方向"的大学要不自我囚禁孤芳自赏，要不就独自奋亢和任性疯长，这两种状态无论是对民族国家还是对人类未来的前景都无疑是灾难性的。美国普遍的大学治理文化都认同，高等教育的存在既不仅仅基于知识论，也不仅仅基于政治论，而是二者在矛盾又和谐、博弈又互补中引领大学沿着相对"正确"的方向快步前进。从最初的基于政治性将学院和大学看作是提供牧师、律师的场所到随着约翰·霍普金斯大学的建立而不断重视研究，开始逐渐主要将认识论哲学作为合法存在的依据，将其作为进行知识探索的场所，这二者关系一直处在在不断发展和变化的过程中。而在 19 世纪末，政治论与认识论在美国大学里并存，"威斯康星思想大概是这两种理论并驾齐驱的最早例证。"这样，高等教育不仅仅担负保存、传授及发展高深学问的职能，还发挥其公共服务的职能。虽然二者得以并存，不过现实发展中还是依旧存在着认识论的"摆脱价值"与政治论的"考虑价值"之间的矛盾与紧张状态。而用实用主义的认识论作为现实主义的认识论的补充，"大概是可以使二者达到最有效和谐"的一种方式了。布鲁贝克指出，尽管价值自由的认识论逻辑具有较强的吸引力，然而，从历史的发展来看似乎更倾向于高等教育的政治哲学，但"无论前景如何，希望政治化永远不要发展到教育和权力不分的地步。"[51]

　　总之，美国是法治国家，其法制文化尊重硬性法律框架、法规条文，但"新兴国家"的"实用理性"又使得他们善于变通和变易。所以美国大学制度的有效性在于其基于实用理性而随时、就势善变，美国大学在继承欧洲大学教学、科研职能的基础上拓展出大学的社会服务职能即是明证。美国高等教育虽然是在模仿、移植欧洲大学传统基础上演变而来，大学治理具有欧洲大学自治、学术自由精神，但殖民地时期及建国初期的"外行董事会制"、民主运动兴起后"大学校长的辉煌"、巨型多元大学时代的"共同治理"等，是美国大学的特色和独创。[52]

---

51 转引自卢晓中，〈布鲁贝克的高等教育哲学观评析〉[J]，《现代教育论丛》，2000年，第 2 期。

52 黄海啸，〈美国大学校长的分身术——从 Provost 的角色与职责看美国大学治理的新特点〉[J]，《高等教育研究》，2013 年 12 月。

第六章 从"雇佣"到"牧猫"：大学里"学术卡里斯玛"的制度化变迁

　　前文提到过在美国广为流传的艾森豪威尔在出任哥伦比亚大学校长期间与教员冲突的故事。他在欢迎仪式上致辞，在对着教授们的开场白里用了"雇员"（employees）一词，称他们为"the employees of Columbia University"。那位站起来反驳的诺奖教授所说的是："艾森豪威尔先生，我们教授并不是哥伦比亚大学的'雇员'，我们就是哥伦比亚大学"（"Mr. Eisenhower, we are not the employees of Columbia University. We are Columbia University."）[1]

　　后来美国学者的专题研究从文化视角深刻总结了这则故事及一系列美国大学各利益相关者博弈事件的历史意义："没有一个根深蒂固的自由探究和学术自由的文化，研究型大学就不能兴旺发达。没有这种文化以及行政部门积极支持这种文化的传统，造就伟大的事项中其他各项就不易起作用。"[2]论及大学的学术文化和学术自由，我们便绕不开一个社会对一个特殊的群体——知识分子的认识和定位，以及对他们所从事的职业和所做工作的宽容、评价与保护。美国社会在这个问题上的认知和价值，除了新教伦理的工具价值

---

1 许海杰，〈从高等教育哲学的视角解读美国大学和政府关系的复杂性〉[J]，2007年1月，第53-57页。
2 [美]乔纳森·R·克尔著，冯国平等译，《大学之道》[M]，北京：人民文学出版社，2013年，第85页。

理性基础外，还深深受一个人的理论体系影响，这个人就是被誉为"组织理论之父"的马克斯·韦伯（Max Weber，1864-1920），德国社会学家、历史学家、政治学家、经济学家、哲学家，是现代西方一位极具影响力的思想家，与卡尔·马克思和埃米尔·杜尔凯姆并称为社会学的三大奠基人。1917 年 11 月 7 日，韦伯发表了题为"科学作为天职"的演讲，提出工具理性、专业化、官僚制、价值中立等一系列标识性概念，为我们反思现代学术体系提供了重要线索，对我们今天探讨学术为业何以可能仍具有重要的启示意义。在"科学作为天职"的演讲中，韦伯给出对现代社会的时代诊断："我们的时代的命运，这个伴随理性化和理智化的时代，首先就是世界的除魔"，而去魅和除魔离不开知识分子的"学术活动"。学术和政治分属不同的领域，需要不同的素养。学术"需要的远不只是激情和勇敢，更需要持久的耐心，需要坚守日常实践的理性辛劳来证明自身"。[3]

理论研究的意义在于深刻挖掘、探究之后能提出概念和模型。一系列有关美国大学学者价值及学术自由价值的研究之中，一个概念的提出意义重大，一下子廓清了学术组织的本质和学术治理有效性的要塞，这个概念就是"学术卡里斯玛（Chrismas）"："现代的政治-经济型研究制度，催生了以著述发表-学术声誉、产品开发-社会服务为向度的新型学术卡里斯玛"。"在现代的政治-经济性体制中，学术卡里斯玛很大程度上来自于市场对某种劳动的偏好。"[4]

第一节　大学教师作为知识分子的职业性质

教育哲学家布鲁贝克断言："既然高深学问需要超出一般的、复杂的甚至神秘的知识，那么，自然只有学者能够深刻地理解它的复杂性。"[5]这是从哲学的视角解读知识分子工作的专业性和深奥性，不仅是因为他们自身在探索与传授人类文化和高深知识的最前沿现场，也是因为社会分工的需要，国家宪法代表最大多数人的最高理性"特许"他们在人类的智识探索和传递战

3　郑飞，〈学术为业何以可能——论韦伯对现代学术体系的反思〉[J]，《学术研究》，2021 年 3 月。

4　[美]威廉·克拉克著，徐震宇译，《象牙塔的变迁：学术卡里斯玛与研究型大学的起源》[M]，北京：商务印书馆，2013 年，第 7 页。

5　[美]布鲁贝克著，王承绪等选译，《高等教育哲学》[M]，第 3 版，杭州：浙江教育出版社，2001 年，第 28 页。

线上继往开来、大踏步向前！大学教师就是这样的在高等学府里从事传授和研究高深学问的知识分子群体。在这个意义上，"大学是有效地保育、保护和联系高深专门学者的家园。"[6]当然，这个家园里教师是主要群体，却不是也不可能是唯一重要群体，因为高深知识的探索和传授是个极其复杂的系统工程。尤其在日益庞杂、多元化的巨型大学里，多功能多群体的合作与博弈情况决定了现代化大学治理的质量和效能。

　　但无论如何变化，在大学这个教师与其他大学利益相关者的共同家园里，教师无疑是最核心、最有价值的贡献者和服务者，因为大学以学术为存在之本。教师连同学生的学术传授和学术研究活动，是大学最不能抽离和偏废的职能和贡献所在。"作为一种'志业'的科学研究，是一种磨砺理性、发展智力的活动，大学的文化精神状态、知识分子的生活方式，本质上是非功利的。……'当科学似乎忘记生活时，它常常才会为生活带来至善的福祉'。"[7]而教学和研究活动又有别于政府机构活动、公司活动，它需要保障教师和学生的最大化参与、最自由主体性以及尽量松散的组织结构，才能充分发挥学者的潜力、保障学术的创造。美国著名学者爱德华·格林伯格在其所著的《美国政治制度》中说："美国一直是被一种称为'自由主义'的复杂、统一体系所引导、推动。如果不首先掌握自由主义，就不能理解美国的政治，因为自由主义价值、观点和设想充斥于我们社会的每一角落。"自由主义贯穿于整个美国的历史。教育制度受政治制度所制约，为社会思想所规范。[8]当然，这种美国人自己标榜的"自由主义"，绝对是在宪法框架下基本保障大学发展方向和学术研究正义性、为国家发展服务的基础上相对的更多的是环节、方法和内容上的相对自由。这也就是我们通常所说的教育制度的政治环境制约，正是这种相对自由主义的政治文化环境，使得美国大学文化也烙上一定"自由"之痕印，具体则表现为学者教学与研究的相对自由。正如前哈佛大学校长德里克·博克所解释的："教师就应该广泛控制学术活动。由于他们最清楚高深学问的内容，因此他们最有资格决定应该开设哪些科目

6　[美]罗纳德·G·埃伦伯格主编，沈文钦等译，《美国的大学治理》[M]，北京大学出版社，2010年，第59页。

7　[美]乔纳森·R·克尔著，冯国平等译，《大学之道》[M]，北京：人民文学出版社，2013年，杨东平序，第5页。

8　谷贤林，〈在自治与问责之间：美国公立研究型大学与州政府的关系〉[J]，《比较教育研究》，2007年10月，第41-45页。

以及如何讲授。此外，教师还应该决定谁最有资格学习高深学问（招生），谁已经掌握了知识（考试）并应该获得学位（毕业要求）。更显而易见的是，教师比其他人更清楚地知道谁最有资格成为教授。最重要的是，他们必须是他们的学术自由是否受到侵犯的公证人。"[9]有这样的认识高度，美国高等教育走过 300 余年奋斗历程，从最初的殖民地董事会雇佣较低社会地位和较少学校影响的教师，到制定一系列法规、章程，以及 AAUP 专业组织的不懈努力，才不断争取到教师越来越多地参与治理的权力。为了保障教师作为知识分子在大学里充分发挥其自由教学、研究的职能，美国高等教育一直循序渐进地致力于建制一种大学治理结构，以合理分配教师在治理中的参与度和管理权重，以便学术自由能尽可能高程度的得以保障。在当下的美国，无论公立还是私立，绝大多数的大学已建构起一种学术权威型治理结构："大学基本上是一个协议性的机构，不是一种行政权威，大学校长仍然是推举出来的，是一种荣誉性的职位。大学组织评议会来讨论大学发展事务，校长就成为评议会的当然主席，他负责召集评议会，研究协调各学院发展事宜和大学总体发展协议，大学评议会一般由资深教授组成。换言之，在大学实行的是一种学术权威型的治理模式，这是学术自治的重要体现。"[10]

第二节　雇佣中的神圣职责

"对于甚至粗略了解美国高等教育史的任何人来说，我们的大学起源于宗教。"[11]毫无疑问，美国九大学院时期的教师即是教堂布道者的化身。这些教师通常文化、学术水平都不高，是殖民地学院雇佣来的年轻人。"通常，他们都是些年轻人，有的是在开始学习牧师课程前进行短期的教学，有的则已是官方的牧师，希望通过教学来补贴收入。不幸的是，有些人之所以从事教师职业，是因为他们既没有被学院录取，也没有找到任何其他职业。……殖民地教师的收入一般都不是用货币，而是用食宿来支付的。教师常常在不

9　徐秀丽，〈1940 年代后期的国立高校治理——以清华、北大为例〉[J]，《史学月刊》，2008 年 3 月，第 57-65 页。

10　王洪才，〈大学治理的内在逻辑与模式选择〉[J]，《高等教育研究》，2012 年 9 月，第 24-29 页。

11　[美]德尔班科著，范伟译，《大学：过去、现在与未来》[M]，北京：中信出版社，2014 年，第 68 页。

同的学生家里轮流居住。这被称之为轮流寄宿制（boarding'round）。教师的另一种收入形式是接受家长送来的商品或生产的产品。"[12]但尽管待遇低下，因为那个时代的学院是一种宗教与道德的存在实体，故教师们也肩负着神圣的文化传承和道德教育的责任。"在对我们'自己的孩子'，也就是学生的责任方面，它可能有助于我们回想起某个词的来历——我们用这个单词来命名站在讲台前或坐在讲座桌最前边的人。当然，这个词就是'教授'（professor）——这个词指立誓信教的人，比如在清教教堂里，在人群面前宣誓，作为一种公开加入的仪式。当然，这种意思是我们仍希望主张的一种意思，因为真正的教师应始终做一名这个词根本意义上的教授——一个毫不畏惧重复工作带来的与日俱疲，对服务于自己的使命始终保持热情甚至狂热的人。"[13]

从殖民地到美国建国初期，是圣经文化与进化论僵持争夺民众理性的时代。在这样的一个时代诞生并艰难前行中的美国高等教育，由于先天缺乏学者的学术权威和"学者行会"的大学主宰权，故从一开始，美国的大学教师就没有欧洲学者的治理权，也就是说美国大学从源头上来讲，是根本没有"教授治校"这档子欧洲美谈的！直到今天，美国大学实现了一定程度的自治和自由，也从来没有实现教授治校，有的只是有限的"教授治学"，因为："在教师成为一个自治的专业团体之前，这种学院管理模式已经根深蒂固了。到了高等教育形成了具有内部等级的教师职位制度，并且开始重视学术研究时，特别是当教授群体要求自治时，试图改变学校的组织模式和获得像欧洲大学教授一样的地位，已经为时过晚。教授会获得了聘用教授和决定课程的权力，但却从来没有获得分配资金、管理学院甚至是决定是否录取学生的权力。"[14]这是美国大学治理区别于欧洲的最显著特点，是特殊的历史和生存环境造就了美国大学这样的治理文化和治理模式。也正是这样大学美国式的有限度的学术自由，即教授有限参与大学治理，主要负责学术治理的治理模式，保障美国大学始终在能有效服务国家需求的大道上阔步前进。但需要谨记的是，尽管教授有限参与大学运营和综合治理，但是他们作为大学学术

---

12 [美]迪安·韦布著，陈露西等译，《美国教育史：一场伟大的美国实验》[M]，合肥：安徽教育出版社，2010年，第105-109页。

13 [美]德尔班科著，范伟译，《大学：过去、现在与未来》[M]，北京：中信出版社，2014年，第73页。

14 [美]亚瑟·科恩著，李子江译，《美国高等教育通史》[M]，北京：高等教育出版社，2010年，第79页。

的主体地位是有保障的，即所谓的"学者治学"；况且，一流大学的一切活动和核心治理也必然是围绕学术、切实保障大学的学术优先性来进行的。

第三节　知识权威在大学治理中权重之跃升

在德国大学研究功能拓展的影响之下，美国研究型大学继约翰霍普金斯之后如雨后春笋，在新教文化的实用主义、进步主义敦促之下，大有后来居上之势。这时的"大学"（university）这个词在美国社会有了新的意义——教学之外，大学的功能增加了研究和职业培训。新的时代里，美国大学教师的威信、地位及在大学治理中的权重都发生了很大变化，有了实质性跃升。带来这种变化的两个重大原因：一是现实政治及社会发展的需要——新大陆上的拓荒实践急需生产力的提升带动经济发展和社会进步，只有教授们"务实的"研究才能够满足这样的需要。是大学里学者的基于真实世界问题的研究带来了美国第一次经济腾飞和国家的不断壮大，也同时完成了教师作为研究者"学术权威"的初步奠定，印证了美国实用主义所信奉的"有用才是权威"的文化信念；第二个原因，是"团结就是力量"——"美国大学教授协会（AAUP）"的成立，以及之后一系列美国教师的集体发声和团队行动，有效维护了教授权益和一定程度保护了大学里的"学术自由"。这个时代新大学的一个做法是，把他们的教师都转成认证教授，完善同行评审体系和国家认证标准，高等教育的监管机构从教会变成了各类学术协会——1915 年，该过程达到顶峰：为捍卫学术自由，使其免遭校长和董事会的侵犯，在约翰·杜威等的领导下，美国大学教授协会（AAUP）成立了。[15]AAUP 作为全美国大学教授的专业组织，其诞生标志着全国性大学学术组织有了一个"联盟"，全国各大学的"专业知识分子"有了自己的"家园"和维权平台——应该自治、自我规训基础上的专业性联盟，她对于大学知识分子集体维权和作为大学治理的主体与其他利益相关者职权制衡起到了法律和组织保障作用，具有非凡的历史意义。具体而言，美国大学联合会（AAU）由美国几十所一流大学组成，会员们研究自己面对的共同问题，维护一流大学的学术标准，捍卫大学的学术自治。可以说，这类组织既具有中介组织的性质，又是大学的自

---

15 [美]德尔班科著，范伟译，《大学：过去、现在与未来》[M]，北京：中信出版社，2014 年，第 92 页。

律组织。此外还有一些大学或学科的质量评估和认证组织,由这些中介机构
开展评价或认证,既可以作到公平、公正和公开,又可以保证大学自治地位
不受伤害,同时还可使政府更超脱和免受压力也许还可以把美国大学的董事
会或管理理事会看作具有中介性质的机构。董事会在法律上拥有大学,对外
代表大学的利益,同时由于其成员中有相当数量来自学术界以外,对于大学
来讲它又代表了外部世界,这样就可以从组织上避免外部世界对于大学的直
接干预。[16]

　　通俗来讲,就是教师联盟"以自治换自由,以自律换声誉和尊重"。这
既是"知识人""专业者"职业性质、职业诉求使然,也是美国社会出于对
知识的尊重、对专业水准和科学精神的敬畏,而报之于理性主义的"包容"
和尊重。用乔纳森·R·克尔的话来说,这叫美国的"大学之道":"这个新
组织的宗旨是制定和实施关于专业主义的新的规则,捍卫教师不因其意见开
罪大学管理者、捐赠者、董事会成员而遭解职的权力。"[17]换句话说,组织化
的同行共同体,给了大学教师取得参与大学治理权力以制度和组织保障。"随
着大学教授会的建立,教师确实在大学管理方面取得了一定的影响力。……
教师和董事会达成了正式的协议,大学教授会的权力主要包括:制定颁发毕
业证书和学位的标准,增加或者删减课程,以及聘任教师。在其他的领域,
大学教授会最多只起咨询作用,从而限制了他们的教育政策和学校预算方面
的影响力。"[18]从上述叙事我们可以看出,教授组织化行为的结果是增加了其
在大学学术治理中的权重;但因为美国大学"基因"上的"外行治校"传统,
董事会仍然代表公共理性以及社会和国家的需要在大学治理中起决定性作
用。一定程度上,仍然是"凯撒的归了凯撒,上帝的归了上帝"。随着"绩
效主义"笼罩社会,美国大学的行政权力有膨胀趋势,但行政对于学术并未
造成根本制约,管理者对于学者基本上仍坚守着"牧猫"(herding cats)文化
传统。[19]

16 王英杰,〈以美国为例谈世界一流大学建设中的几个问题〉[J], Journal of East China
　　Normal University Educational Sciences. 2016, p.3.

17 [美]乔纳森·R·克尔著,冯国平等译,《大学之道》[M],北京:人民文学出版
　　社,2013 年,第 39 页。

18 [美]亚瑟·科恩著,李子江译,《美国高等教育通史》[M],北京:高等教育出版
　　社,2010 年,第 141 页。

19 [美]罗纳德·G·埃伦伯格,《美国的大学治理》[M],北京:北京大学出版社,

关于"学术权威"的表现，我们再来看看在大学二级学术单位——学院运行中的情形。如耶鲁学院的权力中心则是教授会（Faculty），章程中规定了教授会的组成结构。"能够受邀出席文理学院教授会的成员包括：文理学院内所有学系和专业的梯级教师，所有级别的全职助理、全职高级讲师和超过一年任期的全职讲师。当对本科生事务进行决策时，教授会还会邀请其他与本科生事务有明显相关关系的其他成员。所有参会者均有投票权。学院是大学组织科层体制的中末端，存在实质的权力委托代理行为。在某种程度上讲，院长的权力直接来自于学校的权力委托。在美国大学中，校长将部分权力委托给学术副校长（Provost），而 Provost 再将其权力委托给院长。学院治理的对象绝大部分是学术事务，或在很大程度上与学术事务有关，所以学院治理的核心是学术治理。学术治理的主体是常设委员会（Standing Commit-tees），以及由学院教师评议会、教授会、理事会单独成立的各专门性委员会。院长往往是学院中优秀教授的一员，虽然选择或被选择了"教研优而仕"，但一旦走上院长职位，他们就得准备好对教师群体极大的尊重和非常多的精力来服务于学院的学术提升。王英杰教授曾专文研究过这种角色的转变：一旦走上院长岗位，就从一只"猫"变成"牧猫人"，他极尽努力，想把猫向同一方向驱赶，结果自然可以想见。这可能是院长们面对的最大的挑战，即在人们认为不需要被领导的环境中，在人们不愿服从行政制定的政策和既定程序的环境中实施领导。大学教师群体就是这种环境的典型。[20]好的学院治理实际要解决三个问题：一是促使个体化、多元化、松散的学术个体借由某种制度安排形成"治理群体"；二是在规制的框架下实现不同"治理群体"的对话与交流；三是在利益协商的基础上，基于相互理解形成共同决策，并对决策享有情感上的认同，共同提高学院治理的参与度和民主性。这应该是"共治"文化的精髓，也是学院治理的内核。教授往往不受制于院长、系主任等管理者。这种现象在研究型大学比较常见，可称之为"科层结构断裂"。[21]笔者2012-2013 年度曾在美国丹佛大学做访问学者，刚入校不久就亲见一学院治理事故爆发。该校国际关系学院新任院长是克里斯托弗·罗伯特·希尔

2010 年，第 470 页。

20 王英杰，〈美国大学中的院长：制度、文化和责任〉[J]，《比较教育研究》，2015 年 2 月。

21 何晓芳、宋冬雪，〈美国研究型大学二级学院治理的制度与权力关系——基于章程文本的分析〉[J]，《复旦教育论坛》，2019 年 5 月。

（Christopher Robert Hill，1952-），美国外交家，曾任克林顿时期美国国务院助理国务卿。希尔毕业于缅因州的鲍登大学，获得经济学学士学位。他曾志愿参加和平队，在喀麦隆工作过一段时间。加入国务院后，希尔长期供职于东欧，曾在贝尔格莱德、华沙、汉城和地拉那任职。他曾担任美国众议员斯蒂芬·索拉茨（Stephen Solarz）关于东欧问题的高级助手。1994 年，他在美国海军战争学院获得硕士学位。他曾协助理查德·霍尔布鲁克参加代顿和平谈判，曾先后因在调停波黑内战和科索沃危机方面的杰出贡献而获得嘉奖。2005 年 2 月，任朝核六方会谈美国代表团团长，2005 年 4 月至 2009 年，任负责东亚和太平洋事务的助理国务卿。如此丰富阅历，曾官至助理国务卿（相当于中国副部级），离任政府职务后经全球应聘和自由竞争，过五关斩六将争取到丹佛大学国关学院院长职位（相当于中国处级）。上任之初，碰到学院一年老终身职教授（tenure）的课堂上有两名少数族裔女学生写匿名信告状，说是老教授讲课内容涉嫌色情，让她们有冒犯之感。希尔坐在院长办公室里一看告状信反应强烈，认为这还了得，这老教授也太嚣张、自由、放肆了！于是一封邮件速速草就，发到老教授邮箱通知他立即停课，并就有关责任写出书面说明和检讨。在政府行政系统浸淫半辈子的希尔认为他的处理及其正当，初来大学对自己作为"院长"的权力边界丝毫没有察觉，但令他万万没想到的是，他这下捅了马蜂窝！课堂是教师尤其是终身职教授（tenure）的领地，在法律框架下讲授什么内容和如何讲授完全是他的权力。他同一门课已讲授很多年，在西方文化环境下完全没出过问题。这次纯属极少数学生因特殊文化背景感觉不适，完全不代表绝大多数学生的认可。事后搅动了学校教师委员会和学术委员会，致使希尔差一点没丢了院长职位，学生也集体声援教授，不认可他的越权处理。最后经他向教授委员会解释说明并撤回对老教授的停课处理才将事情平息。这一亲身经历的事件让我震惊之余，深切领会了美国大学"学术权威"如何被保障以及 tenure 制度的深刻含义。当然，随着美国高校经费压力和市场考验，美国大学校长的角色转为职业经理人趋势明显，其大学作为"外来者"的"非传统校长、院长"呈上升趋势，象希尔这样遭遇丽塔·伯恩斯坦所指称的"缺乏文化契合"[22]的学术组织非学术人治理矛盾也会增多。

---

22 刘爱生等，〈美国大学非传统型校长兴起及启示〉[J]，《高校教育管理》，2021 年 2 月。

在实现学者治学、最大限度保障学者始终是大学学术的主体追求的道路上，美国大学的"终身教授制度"（tenure）仍然称得上人类高等教育史上独到的伟大的制度发明，至今被公认为美国大学选择和激励教师最有效的制度安排。为什么会产生这样的一个学术制度？它又是如何形成的呢？让我们尝试结合历史事件来做"文化析解"。一定程度上可以说，"终身教授制"在美国的成功，是美国实用主义文化下专业主义文化有效影响社会的胜利。我们先回顾一段历史文献："1915 年，AAUP 坚持把学术自由和职位安全密切联系起来，自此终身教职的概念成为高等教育的一部分。终身教职最基本的含义就是在试用期后教师就获得了在学校永久任职的权利，除非他自己选择离开或者学校能够给出解聘的合理理由。"[23]这一文献出台的 20 世纪初，美国律师、医生、教师作为新时期专业程度最高的职业代表，日益取代神职人员在美国社会被尊崇的地位，越来越多的得到了国家的重视和全社会的尊重。对于这个时期教师地位的变化，乔纳森·克尔从文化角度给予了解释："在这个实用主义的发展时期，文化对神学领袖的依赖下降了，而学术人员或'专家'的作用开始上升。……在法律、医学以及许多学科中，一种职业文化发展起来，而高等教育从经济角度来看也经历了巨大的增长。1883 年至1913 年，国民收入翻了两番，但高校的收入增长了近十一倍。"[24]而这一时期的社会、经济、政治背景，恰恰历史地完成美国大学教师由"被管理者"向"共同治理者"的转变。如王英杰教授对加州伯克利大学样本的研究：1919 年到 1920 年的这次"教师革命"是走向建立教师、行政和董事会共同治理制度的具有历史意义的第一步，而这种共同治理制度对于大学的发展起到了至关重要的作用。共同治理作为一种指导大学治理的基本理念开始形成，教师开始走上从被管理者转变为共同治理的主体之一的漫长道路。从教师集体对其权力的捍卫来看，共同治理制度的建立与发展涉及到相关权力人之间的博弈，充满斗争与曲折。[25]

如果说以杜威为代表的实用主义学派学者为争取大学的学术自由和教授

23 [美]亚瑟·科恩著，李子江译，《美国高等教育通史》[M]，北京：高等教育出版社，2010 年，第 302 页。

24 [美]乔纳森·R·克尔著，冯国平等译，《大学之道》[M]，北京：人民文学出版社，2013 年，第 36 页。

25 王英杰，〈论共同治理——加州大学（伯克利）创建一流大学之路〉[J]，《比较教育研究》，2011 年 1 月。

权力作了制度和组织上的努力，那么后续的永恒主义教育流派、人文主义学派、新马克思主义学派、自由主义学派等都各自从自己学派文化主张出发呼吁大学自由的重要性。其中作为学术自由最坚定的倡导者，1929 年三十岁时被任命为芝加哥大学校长的赫钦斯是一个标杆性人物。他认为大学存在的唯一理由是"它必须是批判的中心"。"大学是为造福社会而设立并起作用的场所，前提是它是一个独立思考的中心……大学教育就是为你所能想象的、你能汇集的最好的人提供的最高层次的一种持续的苏格拉底式对话，这些对话涉及最重要的问题，而你必须全力去做的，就是保证这些人的思考和表达的自由。"[26] 上述众多学派的重大影响之下，美国逐渐形成了一种崭新的大学文化——她应该是学术优先、是自由研究、是学者的家园。"文化是制度之母"再一次被证实，专业主义文化影响之下，美国政府这个阶段相继出台《赠地学院法案》、《退伍军人权利法案》，用法规和制度的形式进一步强化了大学的学术自主和教师、学生的学术主体地位。这些法案也同时把美国带入了高等教育的大众化时期（1870-1944）。有学者总结这个时期工业家的贪婪，商业、效率、进步文化，使得"人们对宗教的重视，对权威的依附，以及对古典学科学习的重视程度都有所下降。大学并不仅仅是拥有一些专业学院，大学最高的荣誉是独创性的研究，大学是学者和学术的家园。"[27]

为了进一步从制度上巩固学者家园的大学本质，美国教授协会协同其他学术组织不断努力，《联合声明》的发布就是一次里程碑式的事件：大学"共同治理"的理念从此诞生。可以说，共同治理的制度初创以 1966 年美国大学教授协会（Americall Association of Unjversity Professors，简称 AAUP）、美国大学董事会协会（Association of Governing Board of Universities and Colleges，简称 AGB）和美国教育理事（American Council on Education，简称 ACE）联合发表的《学院与大学治理的联合声明》（简称《联合声明》）的颁布为标志。这是美国大学发展史上第一次用文化造势和制度设计来同时保障大学的权力分配，如下表[28]所示，联合声明直接给出了大学各相关利益群体具体的责任和

---

26 [美]乔纳森·R·克尔著，冯国平等译，《大学之道》[M]，北京：人民文学出版社，2013 年，杨东平序，第 2 页。

27 [美]亚瑟·科恩著，李子江译，《美国高等教育通史》[M]，北京：高等教育出版社，2010 年，第 99 页。

28 彭国华、雷涯邻，〈美国大学共同治理规则研究述评——以对《学院与大学治理的联合声明》反思为视角〉[J]，《高教探索》，2011 年 1 月，第 64-68 页。

权力分配标准：

表1　1966年《联合声明》中的权力分配标准

决策类型	责任分配
有关大学使命的决策 战略导向和宏观规划 预算和资金分配 关于建立学部、系、学院、学院（学校层次）或大学的项目 财政紧缩政策 选举和评价校长和院长	董事会与行政机构对此种决策负有首要责任但应该与教师代表协商
课程 学生教育过程 教师能力标准和伦理行为 招生政策 学生能力标准 学习适应环境	教师对该事务具有首要权力——董事会和行政机构"同意教师审判除非极少数例子和强制性原因，并陈述细节"

事实上，20世纪以来，要求扩大教师管理学校的民主权利，就一直是大学教师保护学术自由斗争的重要内容。教师们通过成立教授会或修正教授会章程进一步巩固他们在决策中的权力。虽然学生运动在政治高压下被止息，但是教师的权力却在组织斗争中不断得到巩固。共同治理原则的提出，肯定和保障了教师在大学决策中的地位，该制度的基本精神体现在形式上是校长和教师们共同分享大学的决策权。[29]米立特（J. D. Millett）称这段时期为美国"大学治理的革新时期"。[30]

当然，新时期的来临并不意味着从此一帆风顺，也不意味着教师权力至此以后就与美国大学的发展速度成直线正相关。70年代的政治风潮、90年代之后的经济大潮，无不对教师权力形成威胁，但难能可贵的是美国司法系统大都会在危难关头出于国家理性对教师权力予以保护。如1968年皮克林诉教育委员会案，联邦最高法院只所以判因写信批评学校董事会财务管理政策而遭到解聘的教师胜诉，是认为"他以一个公民的身份写了这封信，保护公民的言论自由要比学校有效管理学校更重要。"[31]按美国人法治文化的理解，

---

29 彭国华、雷涯邻，〈美国大学共同治理规则研究述评——以对《学院与大学治理的联合声明》反思为视角〉[J]，《高教探索》，2011年1月，第64-68页。

30 Mmett J. D. New Stmccures of C [M], san Francisco. Jossey-Bass, 1978: d.

31 [美]亚瑟·科恩著，李子江译，《美国高等教育通史》[M]，北京：高等教育出版社，2010年，第194页。

这是民主国家"大局"与学校乃至任何小社团、群体、党派等"小局"的关系。这与宪法保护大学"学术自由"是基于民族理性和国家整体利益、长远利益同理。到 1971 年，国家劳工关系委员会才承认私立院校全职教师专业雇员的法律地位，认定其有权组织工会，有权组织集体谈判。从此，私立大学的教师成为大学的"专业雇员"。"专业雇员"被定义为：那些一贯需要运用辨别力和判断力来工作的脑力劳动者。这种劳动具有以下特点：在一定的时间内很难使劳动产品标准化，它往往需要掌握经过高等教育长期专业训练而获得的高深知识。[32]

在历史上，美国终身教授制度对于维护学术自由，保障大学内涵发展和高等教育整体学术质量，都起到了很大的促进作用，最终促进了整体学术的繁荣，推动了美国经济的大发展。虽然这项制度面临来自各方的质疑和挑战，但其合法存在的基础依然难以撼动。保护学术自由、提供职业安全、吸引优秀人才、促进高校教师的流动和竞争以及其对高校教师的激励作用和高校与教师相互间的自我选择作用等，这些都是美国终身教授制度的优势。

第四节 市场浪潮对教师权力的异化

研究的专业化、"学术权威"的强化都是历史发展的"双刃剑"。它一方面带来了大学治理中教师权力、尤其是教授权威的加强，与此同时"学术权威"的强化也在市场逻辑的支配下导致了"学术资本主义"的诞生。"法国社会学家涂尔干早在百年前就非常精辟地指出，经济的迅速增长打破原有的社会关系，在这种情况下人们容易接受新的观念，同时社会也容易失去发展方向。我们今天的社会处在急剧变化之中，文化冲突和价值冲突影响着我们每一个人和社会中一切机构的文化和价值选择。我们正处在一个市场规律与竞争法则影响和控制社会生活方方面面的时代，一个疯狂消费的时代，一个镀金的时代，在这个时代中市场价值与人本价值发生激烈的对抗……令人称奇的是，大学中的学术资本主义却方兴未艾，大学与市场间的界限日趋模糊，大学的行为越来越多地像知识市场中的营利组织。"[33]涂尔干是世界著名

---

32 [美]亚瑟·科恩著，李子江译，《美国高等教育通史》[M]，北京：高等教育出版社，2010 年，第 196 页。

33 王英杰，〈大学文化传统的失落：学术资本主义与大学行政化的叠加作用〉[J]，《比较教育研究》，2012 年 1 月，第 1-7 页。

社会学家，是研究社会分工的鼻祖，其《社会分工论》至今都是此领域的权威论著。社会分工是社会发展和进步的必然，它会带来人类行为效益最大化和人类活动专精化，但与此同时，也必然带来马克思所说的"人的异化"。是的，教师所从事的生产和传播"高深学问"的专精职业越来越创造生产价值和市场价值的时候，学者群体的智力劳动也越来越成为市场上的"贵重"商品。

美国社会学家、经济学家凡勃伦早在 1916 年就担忧和警告基于"随意好奇心"的大学在美国已有被"官僚组织"和"一整套学术会计体系"替代的危险[34]；果然到 21 世纪，学术资本主义牵制之下，美国大学就已经是被华尔街、产业和市场的社会经济所牵制，研究与教学皆以"提升个人挣钱能力、国民生产能力、国家竞争能力"为核心价值观而存在。[35]著名中国国际比较教育研究专家王英杰先生对美国大学的市场化、商业化研究非常专深，总结说学术资本主义和行政化正在改变大学的品格，侵蚀大学的价值和文化传统——利益无涉的研究、对真理的自由追求、信息的自由分享、广阔而平衡的知识追求与传播以及学者社团所包含的价值。大学日新月异地变化着，在市场和社会中更活跃了，但是我们却在冒着失去大学千年来累积沉淀的文化传统的风险。[36]中国学者的警告与美国学者的观察是一致的，亚瑟·科恩在书中专门讨论这种过度市场化给大学治理造成的困境和大学文化带来的异化：大学转型时期的高等教育的管理表现出很明显的世俗化趋势。……大学治理结构明显向科层管理和官僚管理体制转变……教师在聘用、开设课程和授予学位方面获得了权力；董事会负责学院的经营管理；大学行政管理人员变成了经理。……有些校长近似于独裁者……有些校长实行了官僚管理体制，少数校长保持着民主管理模式。……校长越来越成为实用主义者、学术帝国的建造者、资金筹集者和公共关系方面的专家。"[37]这一时期，"教师权力似乎

---

34 [美]索尔斯坦·凡勃伦著，惠圣译，《学与商的博弈：论美国高等教育》[M]，上海人民出版社，2009 年。

35 [美]理查德·鲁克著，于培文译，《高等教育公司：营利性大学的崛起》[M]，北京大学出版社，2006 年。

36 王英杰，〈大学文化传统的失落：学术资本主义与大学行政化的叠加作用〉[J]，《比较教育研究》，2012 年 1 月。

37 [美]亚瑟·科恩著，李子江译，《美国高等教育通史》[M]，北京：高等教育出版社，2010 年，第 138 页。

集中在教师和 AAUP 通常所认为的学术领域——学位要求、课程、终身教职、教师聘任和学位颁发。在涉及学科规模、预算编制、决定薪酬和薪级标准、建筑工程计划时，教师似乎起不了多少作用。在教学工作量、院长和系主任遴选、教师治理形式等方面，教师扮演了一个稍微重要的角色。尽管如此，在这些领域，教师参与的比例仍然不到 50%。"[38]

市场的影响之外，大学作为国家或社会的附属机构，在历史的长河里不可避免的另一个制约因素就是政治。9.11 之后，政府对大学的干预增多，大学商业化趋势加剧，大学教师地位更趋下降。终身教职在很多大学减少，兼职教师增多。随着教师权力的减弱、院校权力占据主导位置。科罗拉多大学对终身教授丘吉尔的解职被法院支持，标志着大学的学术自由凌驾于教师的学术自由之上。[39]在当政的特朗普冷战思维笼罩下，美国大学的学术自由再一次面临严峻的考验。

第五节　学术共同体里的"牧猫"

美国制度的特色之一是，有比较强的反思能力和纠偏能力。当大学治理模式因市场逻辑下的学术资本主义而过度注重实用技术、注重经济效能，而过多运用"绩效考核"从而制约了学者研究的自主和自由时，当政治过多干预、政府过多干涉大学从而导致新管理主义膨胀之时，美国社会和文化主流就会出现"敏锐的批判者"。如对"大学共同体"重建的呼唤，对"共同治理"价值的重新确立，都会一定程度地起到纠偏和重新引领归航的作用。

安德鲁·德尔班科曾用自己的亲身经历、充满感情地描述了他对大学共同体的理解和珍视："26 年前，我刚来到哥伦比亚大学，学校召开了一次全体教师大会来讨论最近的预算危机（经常有危机，但这一次尤其严重）。在这次大会上，校长宣布，艺术与科学系（该系的主体部分是本科）的预算赤字增长得太快，他别无选择，只好敦促废除哥伦比亚大学的'需求回避录取'政策，从而控制助学金上的开支。作为一名新人，大部分同事我都不熟悉，但会议室里的很多杰出教师我都认识。他们一个个站起来反对。他们说，校

38 [美]罗纳德·G·埃伦伯格主编，沈文钦等译，《美国的大学治理》[M]，北京大学出版社，2010 年，第 142 页。
39 [美]亚瑟·科恩等著，梁燕玲译，《美国高等教育的历程》[M]，第 2 版，北京：教育科学出版社，2012 年，第 321 页。

长的提议站不住脚。'需求回避录取'的政策传达了一种基本价值：我们学校必须对任何有资格的申请者开放，无论他们经济状况如何。教师们提出了一项动议，并在一片欢呼声中通过：全体教师将按比例返还一定薪水，把它们筹集起来，留作助学金。最终校长让步了，'需求回避录取'的政策保住了。当然，我也投了赞成票。就像《白鲸》（Moby-Dick）中的以实玛利（Ishmael）所说：'我是船上的一员；我跟其他人一起呼喊；我的誓言跟他们的密不可分。'"[40]安德鲁·德尔班科是知名教授，是学者的优秀代表，在他的感受和精神世界里，渴望、享受也尊重、依赖、捍卫大学作为学者共同体和学者的家园。他作为教师代表很有主人翁精神地宣称"我是船上的一员"，事实上，校长也是，同时，真实的历史和现实是，校长还一直是大船的舵手，当然真切关心大船的航向、安危和运行质量。身份的不同，站位的不同，会有各自不同的感受、责任和理解大学的文化，但最大的事实是，大家都在船上，都与大船的航行"休戚与共"。换句话说，大学是命运共同体。

基于学术组织的特异性，大学还是松散耦合的学术共同体里。虽然"休戚与共"，但大学教师作为自由的学者，会反感、反对过分的市场制约和过度的行政管理："几乎从一开始，管理的出现就在学术人群中引起了会导致分裂的怨恨。很多教授可以被称为'理想主义者'，……在这些教授看来，管理代表着已经'攫取'了大学领导权的怪异而非法的力量。'理想主义者'是学术自由新概念的核心。"[41]更有高等教育的研究者分析了大学这种学术机构里学者的不易和困境。"大学是个残酷的机构。"少部分人成功，大部分人被"丢弃"，很多人的头脑里充满了"心酸和怨恨"，"系里有两个特殊的问题：士气问题和巴尔干化问题。"学者自研究生开始进入研究生院，是按"学科的逻辑""洗脑"培养的，逐渐成长为在世人眼里"无法用整全的眼光看问题"的遗憾专家，但"学科的就业市场和回报结构决定了哪种探究有利而哪种探究处于劣势。""大学从根本上来说就是知识的高深专业化。这就是它们最后陷入困境的原因。"[42]这种分析旨在要证明：大学是极其

40 [美]安德鲁·德尔班科著，范伟译，《大学：过去、现在与未来》[M]，北京：中信出版社，2014年，第6页。

41 [美]劳伦斯·维赛著，栾鸾译，《美国现代大学的崛起》[M]，北京大学出版社，2011年，第326页。

42 [美]罗纳德·G·埃伦伯格主编，沈文钦等译，《美国的大学治理》[M]，北京大学出版社，2010年，第60-65页。

复杂的共同体，大学里的学术治理无法完全用政治的标准、市场的绩效逻辑来衡量，也非常难于用单一标准考核与评估，做到完全公平激励更是难上加难。理解了学术组织的这种复杂性，我们才能理解为什么是"治理"比"管理"更适合大学，因为"治理"更注重"平等对话"和"合作性协商"。"治理"除"硬治理"之外，还有"软治理"。伯恩鲍姆在其著名的《共治的终结：回溯还是前瞻》一文中提出了大学治理的两个维度，即硬治（Hard governance）与软治（Soft governance）。"硬治理"所强调的是"组织内部带有约束力的治理结构、规制与系统，它们共同确定了组织的权力关系，规定了某些特定的组织程序，并且鼓励组织成员遵守既定的政策和规程"。硬治理又称为"向前看"的（forward-looking）"理性治理"（ra-tional governance）；"软治理"指"组织中有助于发展和维护个人和群体规范的社会关系和互动系统"，其理论基础在于组织文化的影响与支持。[43]

基于大学作为知识分子从事学术活动的组织特性，显然"硬治"的制度框架中，更需要适合知识分子生活诉求和学术活动特点的"软治"，于是一个表达美国大学治理文化特色的专用术语"牧猫"（herding cats）才透显出其深层的逻辑。"研究型大学的这些一般特点已经体现出一个众所周知的说法：管理由这些思想独立的教师所组成的机构就好似'牧猫'。事实上，科恩和马奇（1974）甚至提出研究型大学是'有组织的无政府状态'的概念：教师们提出令人困惑的目标，他们也不清楚管理方面的技术规范，并随意参与决策过程，这些使得研究型大学被人明确地用无等级的术语加以描述。"[44]在美国文化里，猫是尊贵、有个性且不合群的，比喻知识分子的自由、自尊与自我。将２１世纪的大学治理比喻成"牧猫"，形象地揭示了大学学术自由的传统与注重效率的管理主义二者间的冲突。[45]

虽然绩效考核是美国大学市场化的产物，但一定限度内，美国大学治理文化中还极力维护着大学作为学术共同体的宽松空间，只有这样，才有持久的高质量学术产出，因为："简而言之，大学的首要目标是使高深专业化成

---

43 何晓芳，〈在"断裂"的科层体系中"牧猫"——美国大学二级学院治理制度文化分析〉[J]，《高教探索》，2019 年 3 月。

44 [美]罗纳德·G·埃伦伯格主编，沈文钦等译，《美国的大学治理》[M]，北京大学出版社，2010 年，第 70 页。

45 黄海啸，〈美国大学校长的分身术——从 Provost 的角色与职责看美国大学治理的新特点〉[J]，《高等教育研究》，2013 年 12 月，第 81-87 页。

为可能，而且如果历史只能告诉我们一件事的话，那么这件事就是：高深专业化正是出现在学者拥有属于自己的、无人监督和无需激励的松散空间之时。"[46]

　　每当"学术自由"收紧或"学术共同体"过于行政化时，必然有学者的社团站出来发声抗争。作为典型案例，我们来"文化析解"一下"哈佛风暴"。2001年10月，曾任克林顿政府财长的劳伦斯·萨默斯担任哈佛大学校长，很快着手对哈佛大学的教授结构和治理体系进行改革。开始削减院长职权，不断扩大财权，教授们噤若寒蝉。萨默斯利用其在华盛顿积攒的人脉，操控媒体为其改革鼓吹呐喊、抨击异议。在媒体面前，教授们要么拒绝采访，要么避谈萨默斯，要么顾左右而言他。唯一一个教授在接受采访时不无讽刺地说，"无论是从学术训练还是从个人性格上看，经济学家往往是学术帝国主义者。他们自认为自己的理性选择模式能解释所有的人类行为"。萨默斯的政界作风和"任人唯亲"让师生觉得校园被政府"接管"了，媒体喉舌却在鼓吹他"坦率直言"，令哈佛人大为恼火。2005年1月，习惯了专断放言的萨默斯在一次学术讨论会上声称，男女之间的先天差别可能是女性在数理领域鲜有建树的原因，这一言论导致教授们对其不满全面爆发。同年3月15日，文理学院教授会以218票对185票通过了对他的不信任决议。不过，董事会对此不予理睬，在8月照常给萨默斯加薪3%。为此，董事会成员之一的哈伯，也是唯一的黑人成员愤然辞职抗议。2006年1月，文理学院院长科比在萨默斯压力下被迫辞职。2006年2月，愤怒的教授们决定进行新的不信任投票，萨默斯只得黯然辞职。[47]这个哈佛大学治理失败的案例充分说明，治理大学与管理政府完全不同；对待大学里的知识分子也与对待政府里的职员有很大区别。官员出身的萨默斯就没有理解大学治理中的"牧猫文化"，没有充分尊重知识分子的适度的自由、散漫和尊贵。与此相反，普林斯顿大学的治理却恰恰成全了这种牧猫文化：普林斯顿的教师萨莉·弗兰克，坚持投诉13年反对大学里的男性专用俱乐部，最终赢得诉讼，对学校的很多政策也持反对意见，但校方及校友能理解她的不同意见从来都不是以她自己的私利为

---

46 [美]罗纳德·G·埃伦伯格主编，沈文钦等译，《美国的大学治理》[M]，北京大学出版社，2010年，第68页。

47 陈超群，〈大学治理与利益相关者的博弈——牛津大学和哈佛大学的治理危机与失败改革〉[J]，《北京教育（高教版）》，2014年7月，第16-18页。

出发点。在 1990 年 6 月，校友会授予弗兰克一个年度奖项——普林斯顿服务奖，称她为"有爱心的批评者"。[48]

基于这种牧猫文化的影响，美国大学治理结构也悄悄作出了调整——大学校长已逐渐实现了分身：校长主要负责对外处理大学与政府、与社会、与市场的关系，而学术副校长（Provost）则作为资深学者出身的知名教授，代表学术权力负责处理大学校内学术事务。"大学的特殊性在于其生命力植根于学术自由与学术生机，但大学校长日益忙于对外塑造形象、争取资源，致力于将外部要求转化为大学使命，并极力用市场和管理主义的效率观运作大学，必然给 21 世纪的大学带来巨大的'科层制及管理主义与学术自治、学术自由的冲突与张力'，无疑增加了校长施加影响、施行治理的难度，造就了 21 世纪美国大学治理的'牧猫'（herding cats）时代。就领导力结构而言，为化解这一冲突，美国大学校长的职能自然分化，让非学者出身、集'行政者、政治家与企业家'于一身的董事会代言人主抓外部工作，内部的学术及围绕学术发展的资源统筹、研究合作、教师评聘及经费预算等工作则由校长的'内行代言人'Provost——杰出学者出身、对大学热爱且知之甚深、与教师团队易于沟通的学术副校长——来负责。"[49]

应当说，这样的调整减弱了外部政治、市场力量对学者的威胁，大学的学术自由得到进一步的保障，大学"学术自由"的理念在美国再一次得到强化。美国最高法院首席大法官厄尔·沃伦有关"学术自由"的判词基本上代表了美国"国家理性"对于学术自由的认识和理解："自由之必不可少对美国学界来说，几乎是不言自明的。任何人都不应低估那些引导和培养我们年轻一代的教育者在民主国家中的关键作用。对我们高校里的知识领袖施加任何约束都会危及我们民族的未来……在猜疑和不信任的氛围中学术无法繁荣。"[50]如美国臭名昭著的"麦卡锡主义"时期：在"二战"以后所谓的"红色威胁"时期，斯普罗尔犯了以后为之追悔莫及的错误。在他的建议下，董事会于 1950 年不顾学术评议会的坚决反对强制所有教师进行"忠诚宣誓"，

---

48 [美]威廉·G·鲍恩著，王天晓译，《汲取经验：普林斯顿大学校长的反思》[M]，北京：高等教育出版社，2012 年，第 53-54 页。

49 黄海啸，〈美国大学校长的分身术——从 Provost 的角色与职责看美国大学治理的新特点〉[J]，《高等教育研究》，2013 年 12 月，第 81-87 页。

50 [美]乔纳森·R·克尔著，冯国平等译，《大学之道》[M]，北京：人民文学出版社，2013 年，第 259 页。

以实现禁止聘用共产党员，限制左翼人士在大学活动的目的。这理所当然地遭到一部分教师的反对，当年就有31位教师因拒签"忠诚誓言"而被开除。两年后，法庭宣判大学举行的"忠诚宣誓"无效，于是大学向这31位教师提供了复职的机会。"忠诚宣誓"不仅是一个时代的政治错误，也是如何治理大学争论中的一个重大问题。"忠诚宣誓"对大学的学术自由和共同治理制度造成了伤害，削弱了教师在大学中的地位，大大挫伤了教师参与学术评议会工作的意愿。[51] 讽刺的是，历史的车轮从来都是歪歪扭扭，甚至时常会开历史倒车。不知道今天的美国大法官持何观点，看到特朗普政府已开始再一次清理大学里与冷战国有合作关系的学者会有何感想。

集知识分子与大学治理者双重身份于一身的乔纳森·克尔[52]则基于自己的经验和系统研究从认识论和政治论两个视角分析了"学术自由"必须被保护的内在逻辑和外在功用，深刻归纳了美国大学治理文化关于"学术自由"的核心价值，也代表了美国主流文化对大学学术自由的理解：1. 认识论视角逻辑地讲，进行自由探究以及为表达思想创造条件本身就具有内在价值：要不然，教师和研究人员怎么可能探索新思想和新观念，质疑普遍认可的见解和根深蒂固的思想信仰、纠正错误、寻求真理。话句话说，克尔这儿强调了"学术自由"是"学术"与"创新"存在的充分必然条件。没有不受当权者影响的思想"自由区"，就没有基于理性辩论和证据基础上的思想展示、辩护、接受或拒绝，这是有价值创新思想诞生的沃土；2. 政治论视角功用地说，只有"学术自由"和"自由探究"才能带来民族国家乃至人类眼前利益与长远利益相对统一且最大化的诉求实现。美国"麦卡锡主义"时期对"好莱坞十君子"及众多学者的审查、前苏联"李森科"时期的政治化学术、中国"文化大革命"对知识分子的戕害，无不以惨重的代价证明了这一论断。又如"学术资本主义"思潮影响之下，在董事会的公开支持或默许下，一些大学校长也自比企业的CEO。一个最严重的案例发生在南卡罗来纳州的佛朗西斯·马里昂大学，该校校长的选聘未征询教师意见。校长上任以后就全面控制课程，修改学术人事政策，特别是教师的绩效评价标准，自作主张重构

51 王英杰，〈论共同治理——加州大学（伯克利）创建一流大学之路〉[J]，《比较教育研究》，2011年1月。
52 [美]乔纳森·R·克尔著，冯国平等译，《大学之道》[M]，北京：人民文学出版社，2013年，第260页。

学术机构，制定未来优先发展事项，终于导致教师抗议，并且引发司法调查，结果发现了严重的腐败。[53]

虽然美国高等教育在捍卫"学术自由"信念的基础上取得了举世瞩目的成就，但这种成就来之不易，是异常艰辛地不断斗争的结果。换句话说，美国大学的"学术自由"并非稳固的常态，而是不断斗争中的波动态，"9.11"前后的布什政府对大学学术自由新一轮的威胁和最近特朗普政府对特定学者群体的新清洗就是明证。2007 年 10 月由"捍卫大学特设委员会"发表的声明是知识分子代表的"学术自由"维护者与不断出现的政府干预斗争的写照："近年来，全国各地的大学已被试图对教育内容和教师资格施加影响的外部组织瞄上了。为了实现他们的政治目标，这些组织诽谤学者、向管理者施压并试图绕过或颠覆学术治理的既定程序。结果就是，教师们不能获得工作职位或终身教职，学者们不能使用公共平台来分享他们的观点。这违反了思想的自由交流这一重要的学术原则，对思想进行意识形态的或政治立场的测试。这些攻击威胁到了民主社会中的学术自由和高等教育的核心使命。"[54]行政绩效逻辑与市场资本主义双重夹击之下，美国大学治理环境中曾一度出现逆流和倒退，以致于"近些年来，大学重构运动在美国愈演愈烈，出现了以下趋势：越来越强调公司管理模式；注重校长所具有的管理而非教育经验，由猎头公司遴选校长，尽量排除教师在遴选中的主体作用；强调对教师的量化评价；教育被定义为商品，学生被看做消费者，要给学生让他们满意的教育，而非教师认为对学生有益的教育；大学在适应市场需求和应对政府问责的双重压力下，专业行政人员不断增多，行政权力不断膨胀，决策层级不断上移，共同治理制度受到伤害。"[55]

政治、市场反复无常的干涉学术自由是常有的状况，但历史地来看，大学里学术权力权重还是呈缓慢上升趋势的。因为近 400 年的大学奋战历程，已给了美国社会高度的理智和普遍认可的大学文化，那就是他们相信："大学没有多少必须绝对坚持的原则。学术自由却是其中之一。如果我们不能维

53 王英杰，〈论共同治理——加州大学（伯克利）创建一流大学之路〉[J]，《比较教育研究》，2011 年 1 月。

54 [美]乔纳森·R·克尔著，冯国平等译，《大学之道》[M]，北京：人民文学出版社，2013 年，第 277 页。

55 王英杰，〈论共同治理——加州大学（伯克利）创建一流大学之路〉[J]，《比较教育研究》，2011 年 1 月。

护这项核心价值，那么我们就会危害美国的大学在科学、艺术以及实际上所有探究领域的全球优势地位。每当学术自由遭到攻击，我们就必须挺身而出充满勇气并且毫不妥协地捍卫之。因为探究的自由，正是大学存在的理由。"[56]这种信念也被表达为美国《教育百科全书》中的信条："学术自由是指在高等教育机构中教学并证明真理，或探求真理而不受政治、官僚或宗教权力干预的自由。"[57]这种美国学术资本主义新时代对"学术自由"的再次强调也印证了本章研究的核心概念——"新型学术卡里斯玛"在美国大学里重新得到确认。这种"新型学术卡里斯玛"是用新大学制度变革再次确认并保障大学里知识分子"学术魅力"在新时代共同治理结构中的权重和治理模式中的新权威——正如研究学术卡里斯玛制度化历史变革的威廉·克拉克所说，能否确立、保障这种"学术卡里斯玛"，是一所大学现代化治理与传统管理的分野，更是一个国家现代化与传统社会形态的分界："在现代关于学术研究的理论中，一个冷静、客观、贤能治理（meritocracy）、专家性的自我，应该主动压抑那一个具有强烈利害关系、以团体因素为动机、善用裙带关系、老式和传统的学者自我。"[58]

---

56 [美]乔纳森·R·克尔著，冯国平等译，《大学之道》[M]，北京：人民文学出版社，2013 年，第 289 页。

57 徐小洲，〈论博克的学术自由和大学自治观〉[J]，《浙江大学学报》（人文社科版），2002 年 6 月，第 124-130 页。

58 [美]威廉·克拉克著，徐震宇译，《象牙塔的变迁：学术卡里斯玛与研究型大学的起源》[M]，北京：商务印书馆，2013 年，第 5 页。

第七章 桥通内外：美国大学"舵手"的领导力文化

多年来"领导力"（leadership）一词已成为管理学文献中最热门的研究题目之一。松下幸之助给领导力下的定义是："领导力就是领导者在组织内部发挥自身所具备的素养、能力和统率力，依靠其强大的影响力，将自己的想法传达、渗透到下属的头脑中，使其按照自己的意志行动的能力。"并给出一个领导力公式：

$$领导力＝素养＋力量＋判断力＋统率力＝人格魅力$$

管理学家德鲁克先生则认为：领导力的本质是营销。虽然大学作为"文化学术组织"区别于政府和企业，但所有组织的领导力有其相似性。校长治理大学，除了"营销"大学和教育，更强调其"学术领导力"，是一种张维迎先生所说的作为教育家的领导力。并认为最重要的是大学校长的三点素养：理念（mission），愿景（vision），激情（passion）。只有具备这三个素质的人，才有希望领导好一个大学。[1]大学校长全球论坛第三部分主题为"如何培养未来的大学校长"。日本早稻田大学校长田中爱治（Aiji Tanaka）在演讲中指出，大学校长需要具备面向未来的素养和愿景，了解未来所面临的挑战，明确未来需要怎样的人才和技术。[2]

以校长为核心的领导体制是现代西方大学的普遍特征，但不同国家的大

---

1 张维迎、孔宪铎，《我的科大十年（增订版）》序，北大出版社，2004年出版。
2 大学校长全球论坛第四场分论坛——"全球大学领导力"成功举行，https://mp.weixin.qq.com/s/pSz4hQh0F5FHKfE08SttUA。

学在校长领导体制上又存在各自的特色和差异，考察大学校长这一职位及其领导力在中世纪的起源和发展，有助于我们正确认识和理解各国大学校长领导体制之间的共同点与差异。就美国而言，如果把美国高等教育的成功比喻为"大学之巨轮"在世界知识创新的汪洋大海里乘风破浪、已到达令世界瞩目的辉煌彼岸的话，这功劳一定离不开伟大的舵手——群星璀璨的校长群体。美国大学校长作为巨轮之"舵手"，向外很好地领悟、汇集了社会、国家之需要，并依据教育规律将之转化为大学的发展愿景和教育目标；向内则团结各种学术、非学术群体，以卓绝非凡的智慧和领导力，将大学建构成真正的"学术共同体"、以保障大学有最有效的合力为学术服务、为社会服务。从这个意义上说，美国大学校长又是最敏锐、最成功的桥梁——他们通过自己的学术领导力，很好地实现了大学与社会、与政府之间的智力与生产力的相互转化，起到了"桥通内外"的作用。美国大学文化非常认可校长是一所大学的灵魂和舵手，在大学治理结构中居于重要而不可替代的地位。一部美国高等教育史，实际上就是一部大学校长励精图治的历史，更是校长群体及校长为首的内部行政治理结构合理、治理过程专业化的历史。当然，校长的卓越和成功治理离不开科学合理的大学治理结构，和"共同治理"的大学文化基础。

"大学校长治理组织架构是指为了实现大学组织使命和校长治理目标，经过系统设计形成的大学内部各个部门、各个层次之间固定的排列方式，即大学内部的构成方式。科学的大学校长治理组织架构，是确保大学内部各项工作专门化、程序化、正规化基本前提。"[3]大学校长之所以"著名""卓越"和"重要"，不仅是因其在校外的作用或者影响，更重要的是他们追求卓越的治校理念、出色管理才能、独特的人格魅力和辉煌的办学业绩，以及他们高瞻远瞩、理念超群、目标明确、立场坚定、锐意改革、励精图治、富于现身精神，引领大学发展而形成的大学文化。[4]一所著名的大学常常伴有一位或数位杰出的教育家校长。如艾略特、劳威尔、凯南特、博克校长之于哈佛大学，吉尔曼校长之于约翰·霍普金斯大学，哈铂、哈钦斯校长之于芝加哥大学，

---

3 周海涛、钟秉林，〈世界一流大学的校长治理组织架构透视〉[J]，《国家教育行政学院学报》，2011 年 10 月，第 16-20 页。
4 刘亚敏，〈教育家校长引领大学崛起——以哈佛大学五任校长位分析样本〉[J]，《高等教育研究》，2011 年 11 月，第 100-105 页。

乔丹校长之于斯坦福大学，科尔校长之于加州大学等，正是这些教育家校长的卓越工作，引领美国高等教育的傲然崛起，形成了有异于英国、德国高校的大学领导力，在大学治理文化中发挥着重要作用。

第一节　现代大学校长领导力之起源

曾担任剑桥大学副校长的 E·阿什比勋爵说过，大学的兴旺与否，取决于其内部由谁控制。[5]大学校长的出现可谓与大学的历史同样悠久。大学校长领导力与大学校长职位犹如硬币的一体两面。梳理近代欧洲大学起源，"大学校长"之称谓是欧洲中世纪的产物，其职位和领导角色、领导力亦是随着大学的诞生与发展而逐渐确立起来的，主要受中世纪行会组织和中世纪教会的影响。在大学发展之初，主教的代理人即是大学的首领，只是到了 13 世纪后，大多数主教代理人的司法权力才逐步过渡到大学推选出的负责人——校长。[6]现代大学领导力之起源，可以从两条线索去追溯：

第一，以博洛尼亚大学、巴黎大学、牛津大学和剑桥大学为代表的中世纪大学的组织制度与大学校长权力，奠定了近代大学组织制度和大学校长权力的文化基础。

在 12 世纪中期，博洛尼亚的两个学生行会就选举出自己的长期首领（rector），任期两年。"rector"拉丁文含义，即是学术、宗教和政治领导者。尽管是由学生出任校长，但校长的权威得到了包括教师在内的大学所有成员的认可。大学校长在大学内部有司法审判权，成为大学自治的有效保障。博洛尼亚大学由学生担任校长并掌管校务实权一直到 16 世纪。[7]相反，巴黎大学则是由教师组织起来的社团。13 世纪中期的巴黎，由四个同乡会组成的文学部最早形成，拥有一个共同的首领，亦称为校长（rector）。实际上，在当时的巴黎大学，人数众多的文学部以及首领逐步获得了大学的领导权。由校长召集和主持大学内部的集会、管理学校财政、处理大部分诉讼，对大学成员

---

5 [美]伯顿·R·克拉克著，王承绪译，《高等教育系统——学术组织的跨国研究》[M]，杭州大学出版社，1994 年，第 121 页。

6 孙益，〈大学校长：学术领导力的中世纪起源〉[J]，《清华大学教育研究》，2009 年 2 月，第 103-108 页。

7 [美]希尔德·德·里德-西蒙斯，《欧洲大学史》[M]，第二卷，石家庄：河北大学出版社，2008 年，第 186 页。

实施司法管辖，执行大学的章程。对外，他是大学的首席代表，处理大学与外界事务。后来，被有些世俗教师称之"我们大学的校长"，在 1259 年罗马教皇的信中已开始出现"大学校长"的称谓，表明正式承认巴黎大学校长的合法性。可见，在巴黎大学法人地位的获得、大学自治意识的形成以及校长领导地位的巩固的过程中，基督教会产生了重要影响。[8]在中世纪，一直存在着教会对大学领导权的争夺问题，即教长的权威与校长的权威之争。在抗争过程中，大学校长首先成功承担了反对教长的领导任务，同时又成功地领导世俗教师们反抗了渗透到大学组织中的托钵僧侣团，取得整个大学的领导地位，成为教师行会的共同首领，确立了校长对整个学校的领导权，也为近代大学的诞生奠定了制度基础。

英格兰大学组织制度和知识发展上有自己鲜明特点。成立于 1214 年的牛津大学，是英格兰最早的大学，其中，教长职位（chancellorship）是其组织制度的最大特色。早在 13 世纪初，牛津、剑桥的教长即不是由主教指派，而是由两校在自己成员中自行选举产生，教长候选人为从事神学或公民法学教学的博士，而且必须是神学院成员。中世纪末，牛津、剑桥两校的校长通常会将大学管理权委托给一位副校长，两校逐步形成了校长是荣誉性职务，掌握学校管理实权的则是副校长的模式，副校长每年选举一次，可以连任两年。最初是由评议会（牛津）或理事会（剑桥）在教师中选出。牛津、剑桥两校的校长拥有广泛的司法权，对于涉及大学的民事和刑事案件都有审判权，其权限实际上已延伸到大学所在的整个城镇。

中世纪大学组织体系及领导体制有丰富的文化内涵。一是校长作为大学行会的真正首脑，在大学内部与外部具有荣誉权和特别优先权。校长的权力广泛，校长既管理大学的财政，又是大学章程的守护人和司法的维护者。[9]二是大学管理的民主特征比较明显。从大学校长遴选中看，只要具备一定条件，每个学生（博洛尼亚大学）或教师（巴黎大学、牛津大学、剑桥大学）都有权利竞选校长，校长须经选举产生，且有一定的任期，体现了大学自治特征。三是大学校长的作用不甚明显，绝大多数校长名不见经传，属于牧师型校长。原因是中世纪大学是按照行会模式建立起来的，学校规模小，管理上

8 孙益，〈大学校长：学术领导力的中世纪起源〉[J]，《清华大学教育研究》，2009 年 2 月，第 103-108 页。

9 [法]雅克·维尔热，《中世纪大学》[M]，上海人民出版社，2007 年，第 44 页。

有一套约定俗成的运作模式，无须强有力的领导，松散的管理足以应付各种问题。另外，从大学校长的影响来说，校长的影响多在宗教领域而不是在学校管理方面。

第二，以德国柏林大学为代表的欧洲近代大学的兴起，标志着现代大学组织制度创立和大学校长英雄辈出的时代来临。

近代以降，大学所处的社会环境在政治、经济及科技等方面发生了根本性变化，传统的与世隔绝的大学模式不可能再因循守旧，他们必须适应新时代的变化，接受新形势的挑战。潘懋元先生曾指出，"近代大学之所以是近代的，最根本的动力与标志就是科学技术以知识的形态，转化为课程进入大学，成为大学内部的核心，推动大学自身方面面的变化与发展。因此，中世纪大学嬗变为近代大学，它的核心是课程改革——科学技术进入大学课程中。"[10]走出中世纪后，大学培养目标需要更紧密地迎合社会需要，大学培养层次需要更加多样化，大学传授知识的单一职能在近代科学迅猛发展中逐渐落伍。因此，近代科技发展和社会的深刻变化，成为造就著名大学领导者的温床，大学校长英雄辈出的时代到来了。

1810 年德国柏林大学的创办，被公认为近代大学诞生的标志。实际上，早在柏林大学诞生前，荷兰的莱顿大学、爱尔兰的爱丁堡大学、德国的哈勒大学和哥廷根大学就已经显示出大学现代化的改革趋势，开近代大学之先河。例如，创办于 1734 年的哥廷根大学是近代大学的重要先驱，18 世纪已成为欧洲主要的学术和科学研究中心之一。哥廷根大学的发展主要得益于第一任董事长闵希豪生的努力，他为哥廷根大学做出了无与伦比的贡献。他亲手创办图书馆和科学学会；注意选聘在教义上保持中立的神学教授，以避免教派间无休止的论争，使大学突显出学术自由的萌芽；支持著述丰硕的学者，鼓励大学研究和出版之风；给予教授优厚待遇和崇高的社会地位；重视哲学、历史、语言和数学等学科，由此使得"自由教育"在哥廷根大学获得重建。总之，学术自由和对学术研究的鼓励，可以看作哥廷根大学所代表的大学观念的核心内容。上述理念和办学措施，后来都在柏林大学重现和发扬光大。

柏林大学是欧洲乃至世界上第一所把研究作为大学职能的重要组成部分的大学。有学者认为，柏林大学用全新的大学理念"重塑"了大学，彻底改造了中世纪以后形成的欧洲大学模式，认为"古老的学府如此彻底地按照一

10 黄福涛，《欧洲高等教育近代化》[M]，厦门大学出版社，1998 年，第 12 页。

种理论进行重塑，可以说是前无古人，后无来者。"[11]作为德国大学改革起点与象征，柏林大学全新的大学理念，体现了德意志民族特有的理想主义和新人文主义精神，北京大学陈洪捷教授把它称之为"德国古典大学观"。

柏林大学的辉煌与洪堡的名字密不可分。作为创建人，威廉·冯·洪堡（Wilhelm von Humboldt）亲自拟定柏林大学的办学方针，即大学是学问的机构，研究是大学的主要任务之一；他亲自为柏林大学聘请了一流的教授，如施莱尔马赫、费希特、黑格尔，以及洪堡的弟弟亚历山大·冯·洪堡等，这些都是在各自学术领域首屈一指的大师。后来，费希特成为柏林大学第一任校长和哲学院首任院长。费希特 1805 年撰写了《关于爱尔兰根大学内部组织的看法》和《柏林高等教育机构的建校计划演绎》等论著，集中阐述了其大学观。他认为大学应该是"培养科学运用理智之艺术"的学校，大学的作用不仅仅是给予学生知识，更重要的是训练学生运用知识的技法，这是大学存在的理由。他还强调，掌握学问的技法、并能在教学过程中培养学生的学问技法，这应是大学教师的本质所在。费希特从训练学问技法的目的出发思考大学所开设的学科。他认为哲学是"从整体上把握理智活动的学问。"在大学里，是最基本、最重要的。他还将当时大学所进行的法学、医学、神学教育的内容划分为学问的知识与实务的知识（技能）两类，认为大学所传授与学习的应是学问的知识，实务的知识应从大学教育中剥离出去。

美国比较教育专家阿特巴赫（Philip. G. Altbach）曾指出，19 世纪是世纪各国高等教育发生重大变化的世纪，而德国在其中起了带头作用。他说，"德国是第一个切实改变高等教育制度的欧洲国家，它为西欧、美国、日本以及在比较小的程度上讲也为英国和法国，提供了一种大学的模式。"[12]应该说，作为柏林大学首任校长，费希特的大学观及其办学实践与谢林、施莱尔马赫、洪堡大学构想一起，形成了所谓以理想主义和新人文主义为特征的"德国古典大学观"，奠定了 19 世纪初期之后德国大学改革之基础，影响了整个世界高等教育发展进程。

---

11 [美]亚伯拉罕·弗莱克斯纳著，徐辉等译，《现代大学论——英美德大学研究》[M]，杭州：浙江教育出版社，2001 年，第 272 页。

12 [美]阿特巴赫著，符娟明等译，《比较高等教育》[M]，北京：文化教育出版社，1985 年，第 29 页。

第二节 美国大学校长的权力角色及领导力之彰显

按照美国高等教育孕育发展的轨迹，我们不妨从以下三个阶段考察美国大学校长的权力角色及其领导力特点。

1. 从 1636 年哈佛学院成立到 19 世纪 60 年代赠地学院兴起之前，是其草创与初步发展时期，也是美国高等教育管理体制探索和建立时期，此时的校长亦称为"牧师型"校长；

2. 美国内战后到 20 世纪前叶，这是美国真正大学出现的时期。克拉克·科尔把它概括为大学的第一次转型，并在组织建构上为当今美国大学提供了榜样，诞生了众多让我们钦佩的具有传奇色彩的大学校长，这是英雄辈出的时代，这个时期的大学校长称之为"巨人型"校长；

3. 二战后到 20 世纪 80 年代末。随着世纪科学研究中心转移和世界各国大量优秀人才向美国积聚，一大批研究型大学涌现，迎来了美国高等教育发展的又一个黄金时期；同时因高等教育规模的扩张以及院校类型的多样化，导致各种矛盾突显，大学内外环境的急剧变化，推动了美国高等教育的第二次转型。这个时期的校长作用，对许多校长来说，已经从教育领导转向筹款和管理财政，争取社会资源和经营大学。这一时期的校长称之为"创意型"或"企业家型"校长。[13]

20 世纪 90 年之后，美国高等教育进入了一个新的阶段，使得大学校长在如何适应市场环境和追求学术卓越中博弈，显示出一些新特点。

一、"牧师型"校长及其领导力

从 1636 年哈佛学院成立到 19 世纪 60 年代赠地学院兴起之前，是美国高等教育的草创与初步发展时期。不仅大学的数量在飞速增加，而且基本上确立了美国现代大学的基本特征，即以私立为主、多样化和互为竞争。如哈佛大学、耶鲁大学、普林斯顿大学等都是著名私立大学。尽管美国高等教育移植于欧洲，但是它在形成初期就有别于其祖先即具有模仿、移植基础上的创新性。在办学体制上，美国高校不是采用欧洲大学的行会管理模式，而是采取英国的学术法人制度，把学院看作为公共信托机构，采取外行人士组成的董事会，以此作为学院的最高权力机关，对学院进行监督和管理。其中，董

---

13 王福友、段君莉，〈美国高等教育发展历程中的校长研究〉[J]，《清华大学教育研究》，2005 年 2 月，第 16-18 页。

事会重要职责是聘请校长。殖民地学院时代，大学校长不是从教师中选举产生，而是由董事会任命并向董事会负责。这一时期美国高等教育的主要功能是为宗教服务，大部分的校长是牧师出身，也称之为牧师型校长，他们往往拥有很大的权力，对整个学校有主宰性影响力。"美国大学初建时，规模很小，当时哈佛大学仅有十几个学生，校长承担一切工作，从做学生的监护者，到上道德哲学课。实际上，当时的校长就是牧师，他们是道德的权威，知道社会对大学毕业生道德行为的要求，他们的责任就是按照社会公认的道德标准规范学生的行为。"[14]哈佛在建校 85 年后，耶鲁建校 50 多年，普林斯顿建校 20 年后，才拥有自己的第一位教授；又过了多年之后，正规教授的数量才在学校职员中占多数。可见，当时学术权力非常之弱小。

二、"巨人型"校长及其领导力

从 1861 年美国内战之后到 20 世纪前叶，美国高等教育实现了它的第一次转型，完成了从旧式学院向真正的大学之转变，并在组织建构上为当今美国的大学提供了模式。[15]19 世纪下半叶是美国社会急剧变革的时代，也是理性主义与宗教狂热激烈交锋的时代。在这个艰难转变过程中，基于美国实用主义文化和时代进步主义精神，逐步形成一种国家、大学与社会三者交融互动、组织结构复杂、造就自主生长的高等教育体系，在权力体制上，正逐渐促进了传统权威、理性化机制和领袖魅力的整合。[16]这一整合过程中，一批杰出校长无疑做出了巨大贡献。在大学的草创时期或重大转型时期，大学校长的作用至关重要，需要一批校长以卓越的能力和气质领导大学或奠定基业，或引领大学走出困境，以求学校的重生和发展。这个时期的校长，大多有留学欧洲，特别是留学德国的经历，他们深受德国大学精神的影响，对洪堡大学理念独有情钟，一心想按照德国大学的模式对美国殖民地学院进行改革，开创了美国高等教育史上创办真正大学的运动，为美国的新式大学做出了巨大贡献。这一时期的情况与中国蔡元培时代之于北京大学有些许相似之处。

---

14 王英杰，〈大学校长：伦理的领袖，道德的楷模〉[J]，《比较教育研究》，2013 年 1 月。

15 王福友、段君莉，〈美国高等教育发展历程中的校长研究〉[J]，《清华大学教育研究》，2005 年 2 月，第 16-18 页。

16 [美]戴维·拉伯雷，〈复杂结构造就的自主生长：美国高等教育崛起的原因〉[J]，《北京大学教育评论》，2010 年 3 月，第 16-24 页。

与早期牧师型校长相比，这些校长身上具有明显的时代特征。例如，对校长角色有清晰的定位；善于与董事会打交道，建立与董事的良好关系；有效地管理任期；招聘有能力的教师、同事；参照德国洪堡大学模式，建立学术优先；为做最重要的事情筹集资金；明智地进行预算，以保证学校财政的长期供给的可持续性；积极营造自由、开放、包容的环境；努力调和平衡内外部压力等。艾略特（Charls.W Eliot）之于哈佛大学、吉尔曼（Daniel.C.Gllman）之于约翰·霍普金斯大学、安吉尔（James. Burrill. Angell）之于密歇根大学等，都被誉为美国高等教育史上杰出的巨人型校长。我们来具体析解一下两个案例，让我们领略和体会一下吉尔曼（Daniel.C.Gllman）与约翰·霍普金斯大学之传奇。

1876 年约翰·霍布金斯大学创办，这是美国第一所研究型大学，尽管它晚于哈佛 240 年，然而在建校不到 20 年的时间里，它却发展成为哈佛、耶鲁等大学学习的榜样，成为美国大学的领袖，标志着美国大学对德国大学模式的超越与创新。约翰·霍普金斯大学的建立和发展，首先得益于实业家约翰·霍普金斯。1867 年，他决定把其全部遗产的一半约 350 万美元捐建一所大学，却几乎没有对如何使用这笔钱附加任何条件。但究竟把这所大学建成什么样子，第一届董事会并未达成一致意见。董事会对如何建设这所学校相当慎重，遵循了十分理性的决策方法，广泛考察欧洲牛津、剑桥和洪堡、哥廷根等名校，研究比较了哈佛、耶鲁、康奈尔等大学之后，他们决定建一所不同于这些学校的大学，一所德国式的研究型大学。究竟谁可以胜任校长的重任呢？在物色校长时，当时的哈佛、耶鲁、康奈尔、密歇根等大学校长竟一致向董事会推荐时任加州大学校长的吉尔曼，足见吉尔曼在当时美国巨人时代的学识、才华与社会地位。吉尔曼曾任加州大学校长三年，他却在加州大学如何发展定位这一重大政治争议中取胜。他力排众议，说服董事会，竭力主张把加州大学办成开展通识教育、从事科学研究的机构，而不是一所职业学校。他认为，大学服务州利益的最好方式是，通过开展科学研究应对州发展所面临的挑战，同时更加广泛地教育民众，显示其与众不同的眼界、魄力和改革精神。前后历经 6 年的精心筹备，1876 年吉尔曼就任约翰·霍普金斯大学校长，一直到 1901 年退休。可见，学校董事会对董事会权力的珍惜和对校长治校才能的信任与尊重。约翰·霍普金斯大学董事会把 1876 年吉尔曼就职校长时间作为校庆日，可以想象吉尔曼校长对这所大学的杰出贡献和崇高威望。

　　吉尔曼担任约翰·霍普金斯大学校长 25 年，追求卓越，成就辉煌，成为"巨人型"大学校长中的杰出代表。其杰出成就一是确立了他的办学理念，即"最慷慨地促进一切有用知识的发展；鼓励研究；促进青年人成长，促进那些依靠其能力而献身科学进步的学者们的成长。"[17]吉尔曼具有清晰地办学思想：第一，要把科学研究放在大学的首位，大学的主要任务就是为促进科学的进步以及科学发展的青年学者的成长；第二，在知识观上，特别强调促进一切对于社会和个人有用的知识之发展。这一思想，同时也宣告，这所新的大学并不完全是德国大学的复制品，而是完全依照美国文化精神建立的现代大学。[18]这说明，吉尔曼既是一位信奉达尔文的进化论者，相信丛林法则，崇尚竞争开拓和自由民主的价值理念；同时又是一位实用主义大师。他这种办学思想在大学领导力方面有充分的体现。一是聘请第一流的学者任教。在他看来，大学的荣誉取决于聚集在一起的教师和学者的品质和提供他们使用的学校建筑，以此确立教师选聘的原则和条件。例如，他聘请了当时美国最杰出的古希腊、数学、物理、化学和生物学等学科的学者来校执教，这些有留学欧洲经历教授的加盟，学校师资水准很快达到全美的一流水平。二是重视研究生教育。他一直把研究生教育看作是大学最重要的使命，因此约翰·霍普金斯大学也成为美国第一所建立独立研究生院的大学。1876 年开学之初，学校就有研究生 54 人，本科生仅 23 人。到 1896 年，学校研究生达到了 406 人，而本科生仅 149 人，研究生完全超过本科生，他还建立研究生奖学金制度，成为一所名副其实的研究型大学。三是设立哲学博士学位，鼓励从事高深研究。十九世纪七八十年代，它培养的博士已经超过了哈佛和耶鲁的总和。四是学习德国大学流行做法，采用学术讲座、习明纳尔（Seminar）和利用实验室进行实验，以取代过时的教学方法。五是鼓励教师建立学术团队、创办学术刊物，并于 1878 年建立一个大学出版社。在他看来，通过办刊物和设立出版社的方式，向外传播知识、促进知识增长是大学最崇高的职责之一。他认为研究型大学体现的就是精英主义，其核心使命是追求第一流的学术声誉。

---

17 王廷芳，《美国高等教育史》[M]，福州：福建教育出版社，1995 年，第 175 页。

18 谷贤林，〈先驱的力量：约翰·霍普金斯大学建立对美国研究型大学影响解读〉[J]，《大连理工大学学报》（社科版），2011 年 1 月，第 56 页。

　　约翰·霍普金斯大学创立的成功，对美国高等教育产生巨大影响。这种影响主要体现在两个方面：其一，促进了哈佛、耶鲁、哥伦比亚和普林斯顿等老牌大学向研究型大学的转变；其二，为后来芝加哥、克拉克、堪萨斯、密歇根和天主教大学的建立树立了标杆。约翰·霍普金斯大学创立的成功，也充分验证了作为后发资本主义国家，初期的建设很重要的是找标杆学习和模仿！当然，这种模仿绝不是机械照搬，"拿来主义"一定要立意高远，为我所需、为了超越而学习，敢于针对本土环境灵活、大胆突破和变革，即做好文化适应性转换。重要的是，要真正搞懂基于高等教育规律提炼出来的真精神、真经验，必须有勇气有智慧坚守和传承。另一个亮点是，所有好的学习都要跑在时间前头，有智慧有眼光有战略有气魄。可以说，霍普金斯大学的成功案例，是 19 世界国际高等教育领域成功实现"弯道超车"的光辉典范。

　　同时，霍普金斯大学的成功创办和卓越成就带动了 19 世纪中叶一批老牌大学的战略转型与崛起，这其中哈佛大学校长艾略特及其之后的几位校长所发挥了重要作用。这些优秀校长从其治校经历中凝练出的领导力，无疑最具典型意义。哈佛大学在 19 世纪前，还是名不见经传的教会学院，甚至到美国南北战争时还比不上英国公学的质量和水平。1869 年，年仅 35 岁的化学家艾略特当选为哈佛大学校长，也是哈佛历史上第一次聘任科学家担任校长。他任校长 40 年，成为哈佛历史上任职最长的校长。艾略特的教育思想丰富而有创见。他在就职典礼上的演讲是现代美国高等教育史上最重要的发言之一。他明确提出哈佛的办学目标，指出"我们要在这里稳步建立一所最伟大的大学"。他认为，传统的哈佛以培养"品格和虔诚"为中心，已经完全不能适应新时代的要求，哈佛必须培养 19 世纪工业和都市国家的领袖。他主张改变哈佛与世隔绝、封闭保守的状态，提出哈佛应遵守的座右铭"人以增长才智，离以更好地服务于国家和人类"，并下令刻在大门口。他卓越的教育思想核心就是把有着殖民地学院烙印的哈佛大学改造和转型为真正的现代大学，足见他有如此开阔的视野和博大的胸怀。他敬佩德国大学崇尚学术自由、发展知识的传统，决心改造美国大学只重视教学的状况，引进德国教育模式，对哈佛大学进行全方位改革。例如，设立研究生院，开展研究生教育，强调研究的重要性；改革专业教育，使法学、医学这两个古老的专业学院焕发生机，学术实力跻身全美大学的前列；建立选修制，导致新学科不断涌现，改变了哈佛的学科结构和布局，促使学校的培养目标从培养贵族向培养工业社会领袖转变。选修制还推动了学分制的建立，让学生有了学的自由，同时也解放教师，使教师可以自由地探索新知识，促进了科学研究。艾略特校长对哈佛大学的系列改革影响了整个美国高等教育，他的校长年度报告和《教育改革》等论著为其他高校领导广为阅读，为美国高等教育建立了标准。[19]艾略特校长之后几位校长，如劳威尔、凯特南校长等都在艾略特校长卓越工作基础上，励精图治，推动了哈佛大学的发展。

1891年，仿效约翰·霍普金斯大学模式而建立的芝加哥大学，被美国高等教育界誉为"代表（美国）时代精神的事件之一"，"在形成美国高等教育的特色和期望方面，没有任何事件比成立芝加哥大学更重要"。芝加哥大学成立后迅速跻身美国一流大学的行列，到1929年，仅居哈佛大学之后，排在多数东部老牌名牌大学之前。其中的两位校长哈铂和赫钦斯功不可没。芝加哥大学的创建，是"美国浸礼会教育协会"、石油大亨洛克菲勒和芝加哥地方商绅三方合力促成的结果。洛克菲勒要求芝加哥浸礼会教育协会自筹配套经费的条件，实际上为未来芝加哥大学建立了良好的发展机制，使得大学经费来源多样化，也与芝加哥地区发展密切相关。1890年7月9日，芝加哥大学董事会召开第一次会议，同年9月伊州政府颁发特许状，并决定聘请威廉·芮尼·哈铂为第一任校长。哈铂接受聘任的理由很简单，董事会要放手让他建立一所大学而非学院，他的理想就是将英国式的本科文理学院与德国式研究型大学结合起来，同时大学还必须遵循美国所特有的进步主义传统，致力于社会服务。他所奉行的进步主义教育理念，实际上就是要适应日益工业化、都市化和大量移民的需要，积极应对工业化带来的各种影响。哈铂的办学理想，在当时人们看来，无疑是完全超前的、有战略眼光的抉择。他的要求尽管与"美国浸礼会教育协会"主张相悖，但却获得洛克菲勒的积极支持。正是有了这种三方约定机制，从根本上保证了芝加哥大学虽由教会发起建立，却不受教会制约；虽以个人捐款为主建立，却不为某个人左右；虽与地方发展密切联系，却不受制于政府的官僚制度。这种大学管理体制的确立，规避了政府、教会、捐赠者对校长行使权力的干扰，让校长完全按照自己的思想办学。这一创新制度的过程，让我们看到了"实用主义"与"进步

19 王英杰，〈大学校长与大学的改革与发展——哈佛大学的经验〉[J]，《比较教育研究》，1993年5月，第1-6页。

主义"这两大美国文化"尚方宝剑"的功效和威力。能将大学、社会、国家带向最先进、最发达、最前沿、最有效的模式、样本、经验、理念等等，开放的治理都需要。

哈铂校长大学领导力与治校业绩体现在：一是确立科研的首要地位，坚定地把科研作为学校重点，短短十年时间里，芝加哥大学迅速成为美国科研最好的大学之一。二是聘任优秀教师，建立教师职级结构，给予教师在大学的中心地位，在哈铂校长看来，大学就是教师，一时间芝大云集了一大批杰出学者来校任教。三是初创学术自由传统，开拓自由的学术空间，鼓励自由探索精神，建立宽容的学术环境。四是推进两段制本科生教育，创立学季制。他承认本科教育的重要性，明确提出要办好本科生院。学季制为学校和学生营造了刻苦学习的风气。五是为地区发展服务，培育支持、贡献国家环境改善和社会变革进步的人才和研究创新体系。尽管哈铂任校长仅有15年，但由于他的开拓奋斗，芝加哥大学建成了一所富于美国精神特点的美国高等教育的领头羊。

芝加哥大学第二个新的辉煌则是由另一位伟大校长赫钦斯创造的，他的教育思想代表了那个时代的思想高度。1929年，曾担任过耶鲁大学法学院长、年仅29岁的赫钦斯出任芝加哥大学校长。在他执掌芝加哥大学21年的时间里，赫钦斯校长治校的主要贡献：一是激发教育大讨论，重新认识大学的性质、使命和大学教育目标，推进普通教育改革。他是一位坚守理想主义的校长，继承纽曼的自由教育思想，旗帜鲜明地反对功利主义、职业主义、经验主义。坚持大学是人类的精神家园，"大学的目的是在全世界进行道德的、知识的和精神的革命"。他批准重构大学本科生教育计划，实施"新计划"，目的是让学生连贯地接受自由教育，成为"文明"的公民，具有个性、能够独立思考和提出质疑的负责任的公民，对于科学技术、社会和生活能够进行哲学反思并做出伦理和价值判断的公民。[20]他还认为，实现自由教育目标的最佳途径是阅读和讨论西方文明中的经典巨著。由此，重视本科教育和经典巨著学习是芝加哥大学本科生教育的一大特色。二是改造大学结构，促进跨学科教学和研究。他强调大学是一个整体，提出芝加哥大学要有高效率的学术工作和实验态度，在尊重传统的前提下，他将39个研究系纳入生物科

---

20 王英杰，〈大学校长要有大学智慧——美国芝加哥大学的建立与发展经验〉[J]，《清华大学教育研究》，2005年1月，第10-21页。

学、物质科学、社会科学和人文学部四个学部，同时给本科生院与四个学部同等地位，以此改造大学的学科结构，建立起线性领导结构，明确了责任制。三是改革管理制度，协调学术和行政权力。哈钦斯指出，美国的大学存在着两个目标的冲突：一个是纯粹对真理的追求；另一个是为人们的职业作准备。作为校长，他推行的极端教育改革措施与大学内部的制度惰性和教师职业的保守文化特性发生激烈冲突。冲突范围涉及教师聘任、决策制度和决策过程，特别是校长与评议会的冲突，导致了大学宪章的危机。经董事会与各方面协商，终于在 1944 年 12 月 25 日通过新的大学宪章，建立了新的学术管理机构——理事会，理事会取代评议会，行使学术权力，理事会较之以前有了更广泛的代表性。同时界定了大学校长与理事会权力边界，决策中教师、校长和董事会的权力和责任更加明确，特别是教师的权力和校长的权力相互制约，使得学术权力和行政权力二者更加协调。新的宪章为芝加哥大学的长远良性发展奠定了法制基础。四是建立学者社区，捍卫学术自由。赫钦斯认为，大学就是学者的集合和学术创新的家园，校长的重要职责即是为学者创造一切必要条件，保证学者专注于学术。他建立学者社区，坚持以学术优异为唯一标准选聘教师，先后把费米、斯通等一批欧洲杰出科学家聘请到学校任教，建设最优秀的学者队伍；坚持学术第一标准，维护学术的尊严；坚定地捍卫学术自由，顶住各种压力和指责，不善妥协的意志，为学者自由探索营造氛围。五是关注社会问题，引领社会发展。哈钦斯关注社会重大问题，关心人类终极命运，特别是在二战期间发挥了不可替代的作用，不断引导大学从社会的边缘走向社会的中心。

赫钦斯校长的杰出贡献，正如美国专栏作家尼古拉霍夫曼所说的，是"最后一个伟大的美国校长和最后一位作为美国大学校长的伟大人物。"[21]从哈铂到赫钦斯，尽管两个人的性格各异，学科不同，但他们都具有治校办学的大智慧。正是他们的雄才大略、气魄和勇气，坚守学术至上的大学使命，把握美国社会的脉搏，用好美国"实用主义"、"进步主义"、"经典主义"等核心文化武器，敢于冒险，敢于打破传统，坚定推进改革，引领大学适应社会发展，使芝加哥大学稳居美国一流大学行列。

---

21 许迈进，《美国研究型大学研究——办学功能与要素分析》[M]，杭州：浙江大学出版社，2005 年，第 136 页。

三、"企业家型"（"创意型"）校长及其领导力

1945 年二战结束之后，一直到 60 年代，因《美国军人法案》的缘故，大量退伍军人获得了进入大学机会，大学生人数剧增，美国高等教育规模迅速扩张。期间，随着大量社区学院的建立和社会民主化浪潮，推动了美国高等教育大众化的发展。因二战期间建立的大学与科学研究间的紧密联系，联邦政府加大了对重点大学的支持，最终形成了一批研究型大学，意味着美国又迎来了高等教育发展的黄金时期。其中，斯坦福大学的崛起，走了一条既创新又对优良传统选择性继承的发展之路，尤其是"校长"在大转折大抉择大治理中的突出表现，展现了美国大学优秀舵手的魄力和智慧，值得我们拿来当样本做很好的文化分析。

1949 年斯特林（Wallace Sterling）被聘任为斯坦福大学第五任校长。他的办学理想就是把斯坦福大学从地区型著名高校变成一所全国名校。中国人讲"识时务者为俊杰"、"时势造英雄"，无论中西，历史上但凡有所作为的大人物，无不对其所处的时代特征有深刻精准通透的认知，对时代前景有超前而又精准的想象、判断和预知。针对二战结束，经济复苏，斯特林敏锐地判断出，随着国家对人才和基础科学研究的渴求，联邦政府会增加对大学研究的资助，斯坦福大学面临着空前的发展机遇。他提出，大学不应是远离社会的"象牙塔"，要发挥大学的智力优势，把大学变成工业研究和开发的中心，他甚至把大学喻为"变化的引擎"。他在 Provost（副校长兼教务长）特曼（Teman）的帮助和支持下，制订了影响斯坦福大学快速发展的两项重大战略措施：一是积极争取联邦政府的科研基金，提出招揽出色人才和造就尖端系科的"学术顶峰"战略构想，吸引优秀教师到学校任教，同时集中财力加强重点学科建设，推进跨学科发展，逐步形成学术顶尖科学和前沿新兴学科；二是在实施"学术顶峰"构想的过程中，通过出租校园部分闲置土地给工业界办高技术产业，建立了斯坦福大学与工业界的桥梁——斯坦福工业园区，也就是后来闻名遐迩的"硅谷"。

"舵手的力量"能充分发挥，一是因为大学治理结构中给"校长"配置了足够施展的空间和按自己对形势的敏锐判断制定重大战略、部署新的资源配置的足够权重，二是因为"校长"的禀赋、悟性、智慧与魄力，能否集时代、环境之优势助益本大学"学术文化"滋长，从而创造本校学术新时代的辉煌。斯特林校长的"时代智慧"和魄力就是能适应当时"市场竞争环境"，

用市场的力量解决大学发展的问题，一直为其他高校仿效。可以说，这个时期的校长多数是"企业家型"校长或"创意型"校长。与首任校长乔丹相比，斯特林在斯坦福任校长 19 年，把握大学社会环境的变化，在创新与传统之间找到了大学与大时代趋势相契合的发展路径，将教学、科研和社会服务结合起来，实现了大学的快速转型，带领斯坦福大学大踏步跻身全美一流大学之列，被后人誉为"斯坦福快速发展的总设计师"，副校长特曼被称为"斯坦福快速发展的工程师"，留下了 20 世纪 70 年代美国高等教育发展的一段佳话。

进入 20 世纪 90 年代后，美国经济社会又发生了巨大变化，美国高等教育进入了极其复杂的"多元巨型大学"治理时代。大学校长们所面对的困难是早期的那些传奇大学校长们所没有经历过的。外界要求当今的大学校长们去完成的那些可怕的、数不清的任务本身就使他们带有缺陷。除非是在小型学院中，现在的校长们管理着比一个世纪以前的学院大得多、复杂得多的大学。人们期望他们不仅要为大学勾画出一个愿景并说服教师们接受这个愿景，而且要为大学筹集巨款，组织并且领导动辄几千人的管理人员队伍，在校友、立法者、政府机构和地方官员面前代表大学，主持数不清的典礼并且发表演讲，解决每年涌现出来的、大大小小的、永无止境的一轮接一轮的危机。[22]大学校长的角色变成了"找钱"和"挖人"，大学的学术工作则由 Provost（学术副校长，教务长）负责，大学校长的领导力面临着更大挑战。正如耶鲁大学校长莱文所强调的：在美国日益复杂的内外部环境中，大学校长所承担的任务更加日益繁重、复杂，必须要求他们具有更加敏锐的眼光、清晰的甄别能力、强大有效的沟通能力，"集中资源与精力，实现（大学的）关键突破。"，才能有现代大学的有效治理和美国大学的持续进步。[23]而中国学者在大量专题研究之后，更是以此重点警示中国的大学要想办法避免美国大学校长的这种"沦陷"：今天的美国大学已经完全不同了，已经成为多元巨型大学，校长的主要职责是筹款。在社会的伦理和价值标准多元的时代，校长们在一些问题上尚能直言，诸如科研中涉及的伦理问题、学生资助

22 [美]德里克·博克，〈大学的治理〉[J]，《高等教育研究》，2012 年 4 月，第 16-25 页。
23 洪成文、伍宸，〈耶鲁大学的当代辉煌与理查德·莱文校长办学思想研究〉[J]，《教育研究》，2014 年 7 月，第 144-151 页。

中的公平问题等。而在另一些重大的国家或社会问题上，虽涉及伦理道德，但与大学的直接利益并不那么清晰，例如企业的欺诈、反恐战争、占领华尔街等，校长们则刻意避免发表意见，以免得罪潜在的捐款者，有些校长甚至曲意迎合捐款者的伦理道德偏向。[24]

第三节 美国大学校长领导力的文化纬度

回顾国内大学的发展史，可以发现，一位杰出的校长往往奠定了这所大学在高等教育上的历史地位乃至是当代地位，无论是民国时期的梅贻琦之于清华大学、蔡元培之于北京大学、张伯苓之于南开大学，还是新中国成立后的蒋南翔之于清华大学、朱九思之于华中科技大学，皆是如此。大学校长的办学理念、办学风格、治理才能等深刻影响和塑造着大学。下文我们从文化维度，梳理、析解一下 380 年来美国高等教育从移植英格兰大学制度，到学习德国研究型大学经验转型为具有美国文化精神的现代大学；从社会的边缘到社会的中心，从世界的边缘到世界的中心的历史脉络，考察研究美国一流大学发展和成长的历史踪迹，我们不能不关注到在这些大学发展的关键时刻或在高等教育发展时期的重要节点上，都与某一位或一批成绩卓著的大学校长相关联。正是这些大学校长在治校过程中的作用和领导力，改变着治理结构的力量对比，使大学自治、学术自由、学术至上、教授治校等理念得以弘扬广大，领导了美国高等教育执世界之牛耳。

我们先看几位各类美国大学典型校长的案例资料：

（一）老牌传统私立大学的代表——芝加哥大学案例[25]

自成立以来，一直秉持的一项基本原则包含以下两个方面：一是推动发展最富有成效的科研环境，以促进知识进步，并以此造福人类；二是推动发展最赋能的教育环境，以促进学生对贡献社会的理解和能力。也就是说，我们一直在营造一种环境，在其中我们不断对知识提出质疑和挑战，进行不受约束的、开放的探究，对各种想法进行严谨的测试，对各种假设进行辨识和

---

24 王英杰，〈大学校长：伦理的领袖，道德的楷模〉[J]，《比较教育研究》，2013 年 1 月。

25 专访芝加哥大学校长：世界一流大学是怎样炼成的？ https://mp.weixin.qq.com/s/KQmeFM9rTAKBOKO0gNW9Aw。

评估，鼓励和支持能够改变范式的想法（paradigm-shifting thought）。我们相信最强大的科研和教学环境需要质疑、而非顺从，需要分析、而非空论，需要学术开放、而非排斥，需要拥抱复杂、而非简单带来的舒适。我们教学生去思考、去挑战，只有当论证经过审查的考验，才去接受。鼓励教师开展教学的最重要因素是文化。

（二）老牌私立大学经典校长——斯坦福大学案例[26]

《要领》是斯坦福大学原校长汉尼斯的第一本领导力讲义。斯文，是汉尼斯与《要领》带给我们的第一印象，也是他所信仰与实践的领导之道的基调。

斯文者，君子也。正像沃尔特·艾萨克森所说："自负而缺乏安全感可能是领导者身上最糟糕的特质的组合，这种组合却常常出现。"这种现象不断挑战和拉低着整个社会的品位。过去几年间不少场合听人总结或是阐释某些在上位者所谓的"disruptive leadership"（破坏型领导力）是如何改变了领导力的基本原则的，我想那些破坏着人之所以为人的底线的行径，该被叫作"disruption of leadership"（对领导力的破坏）更准确。让组织更向上，让科技更向善，让社会更向前，这是领导之道的本质；牺牲掉这些来换取的绩效或是功名，也许很有利，但终不是领导正道，因为缺了斯文。**斯文是刻在骨子里的。谦逊放在要领之首，本色、服务与同理心紧随其后，加上正视自身"无知"而必须保有的好奇心与求知欲**，这真是一个很不寻常的领导特质与准则的总结——在大多数领导力流行配方中，这五项恐怕是放不进去的。但，这就是汉尼斯的领导体悟。他没怎么着墨在自己的成就中，也没有偏离领导主题说些自己的花絮，只是沉静地、理性地分析复盘着决策和结果背后的一些权衡与取舍，因为君子斯文，才能做到坦诚。坦诚，是汉尼斯通过《要领》彰显出的领导之道的底色。

凌晨五点时，一群喊着口号的人围堵在家门口，从窗户往家里扔石头，不知道你能否想象这个场景发生在斯坦福大学校长身上？扩不扩招本科，建不建纽约校区，要不要在金融危机来临时花掉学校的留本基金，这些选择让汉尼斯的"队友们"裂解成对立的两方给他压力。不只是在"勇气"一章

---

26 杨斌，《细读斯坦福大学的校长领导力》[N]，《中国教育报》，2020 年 8 月 24 日第 3 版。

里，汉尼斯写出作为一个领导者所必须直面的困扰、冲突、对立与斗争，各章节几乎都有，因为他认为恰恰在这些捧着烫手山芋、变成热锅上的蚂蚁的时刻，最是彰显和塑造卓越领导者的界定时刻，恰恰在此时的思与行，最能彰显出你是怎样的一个人，塑造着你会成为怎样的一个人。坦诚的他不回避心里面临反对时"偶尔也想要走走捷径，直接同意"，以换得暂时的息事宁人，坦诚的他宁肯不受欢迎，也要跟学生们指出可能存在的片面与盲从。他的不追风赶潮也不媚俗失格。他无意识也很合理地以自己的领导经历作为案例和总结提升的源泉，这使得他所建构出来的框架，有着内嵌其中的"校长式领导"模式的烙印，这是一个值得击掌的巧合，"校长式领导"以此为契机引起下一代领导者的关注、研讨、学习与实践，我想是比脱胎于命令指挥时代、金字塔结构中的"英雄式领导""权威型领导""哈佛案例 CEO 中心式领导"更有积极进步的意义的。

（三）公立大学代表——治理结构中的加州大学校长[27]

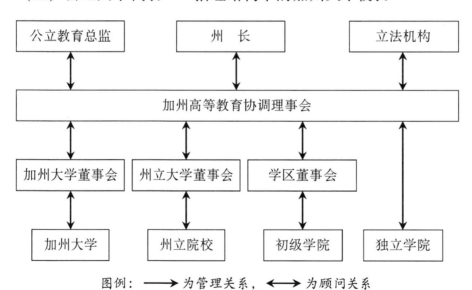

图例：⟶ 为管理关系，⟷ 为顾问关系

图1 加州高等教育系统的管理与协调的组织结构

---

27 刘娟娟，《美国公立大学校长评价制度研究——以加州大学为例》[D]，西华师范大学，2018 年。

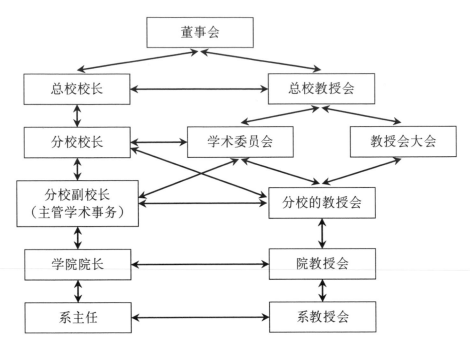

图 2　加州大学组织结构关系图

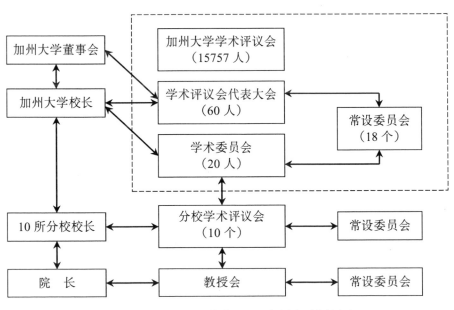

图 3　加州大学学术评议会组织结构图

　　美国公立大学的基本治理结构如三个图所示，值得我们研究的是对于公立大学校长领导力的评价机制和内容。正如美国学者威廉·洛·博伊德（Willom

Lowe Boyd）所说："影响他人的能力——就是能使他人去做没有领导就不去做的事的能力以及使人们接受一个群体或组织应当遵循的目标所带来的使命或责任。"美国公立大学校长评价制度是提升大学校长领导力的基本保障，也是进行大学校长管理和评价等活动的基础与起点。1996 年州际学校领导认证协会（Interstate School Leaders Licensure Consortium）制定了《学校领导标准》（Standards for School Leadership）。该标准表达了"全纳教育"的思想以及通过更好的教育领导提高学生的学业成就，该标准于 2008 年由相关人员组织修订，修订版的（Standards for School Leadership）主要用来测量校长的领导力和评价校长领导行为。大学校长的领导力基本上都是围绕学区、学校、学生教育等相关要素才得以体现，校长作为学校的最高领导者，校内，要处理预算、财务管理、教育战略规划、处理学生事务以及和校董事会的关系等问题；校外，要处理资金筹集、危机管理、媒体与公关关系以及处理与政府的关系等问题。

（四）"非传统大学校长"——肯塔基大学的案例[28]

在担任肯塔基大学校长之前，他是 IBM 旗下子公司——莲花公司的副总裁。他认为，大学校长一职的工作就是要进行实质性改革，使大学能够更好地实现其使命。作为其强烈改革精神的体现，托德上任第 4 天就向学校董事会执行委员会呈现了一幅全新的肯塔基大学组织结构图。作为结构改革的一部分，他新设了教务长这一职位，重新调整了 6 名副校长的职责并宣告他们的继任者，完全取消了其他 4 名副校长和 7 名助理副校长的职位，并建立起一套负责外部事务的助理副校长向资深副校长报告的机制。此外，为了达成州政府的意志——到 2020 年，把肯塔基大学建成全美排名前 20 的公立研究型大学，他还另设了两个工作小组。一个是"前 20 工作小组"（Top 20 Task Force），专门负责研究和制定计划，使肯塔基大学在 2020 年前实现排名前 20 名的目标；另一个是"肯塔基大学未来——21 世纪的教师工作小组"，负责分析肯塔基大学的学术优势，以及决定学校未来学术发展的重心和优先项。在他的带领下，肯塔基大学不断靠近"前 20"这个目标，他也被学校董事会、教职工以及学生誉为"热情、充满活力、有远见的领导者"。

---

28 刘爱生等，〈美国大学非传统型校长兴起及启示〉[J]，《高校教育管理》，2021 年 2 月。

1996 年，美国高校董事会协会在其发表的《重振大学校长：艰难时期强化领导力》中就指出："大学校长面临着持续的风险，因为不同群体的关切与利益清单不断增加。大学校长与其说是领导者，不如说是杂耍总指挥既要满足个体无休止的需求，又要满足学校内部与外部的特殊要求"。同样，大学校长领导力研究专家、罗林斯学院前校长丽塔·伯恩斯坦指出："在真实的学术世界中，人们期望大学校长成为学术领导者、财务管理者、资金筹集者、公共知识分子、公民领袖以及经济发展的拉拉队长；期望大学校长在所有领域提供合乎伦理的、有效的领导力"[29]从组织理论来说，领导力是指能够影响一个群体实现共同目标的能力或能力体系。大学校长作为整个大学的神经中枢，是大学精神、大学文化的倡导者和呵护者，对大学的发展有着重要作用。那么，大学校长领导力则是指学校最高行政管理者影响和引领大学组织，实现学校发展目标、追求卓越的综合性能力。大学校长的治校理念和领导力对大学发展起着至关重要的作用。虽然大学校长的英雄时代已一去不复返，但西方对大学校长遴选的重视不降反升，更加说明校长的重要性以及人们对好校长的期盼。当代对大学校长的要求近于完美，如斯坦福大学校长杰拉德·卡斯帕尔（Gerhard. Casper）认为，大学校长需要扮演九种角色，即大学校长、首席执行官、学校理事会理事、筹资人、教育者、学者、公众人物、社会工作者和娱乐伙伴。[30]哈佛大学前校长德里克·博克（Derek Bok）在《大学和美国未来》一书中也认为，"大学要在面临现代社会的各种挑战中取得成功和进步，最关键的一环就在于大学校长能否发挥有效的领导。"[31]

大学校长领导力内涵丰富，就其文化基础来说，包括领导力的价值取向、大学制度和大学校长人格魅力三个文化纬度：

第一，在文化价值取向上，因大学种类不同和美国社会的多元而呈现出多元性。虽然盛行于美国的教育哲学是民主主义和功利主义，但仍然有不少大学尤其是老牌私立大学校长坚守着"传统操守"。象我们上述案例陈述中芝加哥大学校长坚持软治理，重视文化引导；斯坦福大学校长坚守非常有特

29 刘爱生等，〈美国大学非传统型校长兴起及启示〉[J]，《高校教育管理》，2021 年 2 月。

30 教育部中外大学校长论坛领导小组，《中外大学校长论坛文集》[C]，北京：高等教育出版社，2002 年，第 124 页。

31 胡国铭，《大学校长与大学发展研究》[M]，武汉：华中科技大学出版社，2004 年，第 3 页。

质的五要素领导力配方：

"斯文－谦逊－本色－服务与同理心－好奇心与求知欲"

正如普林斯顿前校长威廉·G·鲍恩所说："在当今，我们对开放和独立的坚持根植于一个独特的教育哲学，它包含批判性思维和积极的争论，并以此作为追求真理的最好办法。……整个哲学不仅源于一种抽象的观念，即在民主主义下正确的教育方式，而且也源于一个有力的关于功利主义的争论。"[32]美国社会虽然崇尚进化论和丛林法则，推崇进步主义和实用主义思想，但也仍然有些传统坚守；虽然鼓励自由竞争，信奉市场原则，讲求绩效评估，校长常为财源，为市场，为声誉抛头露面，商界政界左右逢源，使得高等学校充满活力，但也还保持部分知识分子传统理性和价值、德性诉求，坚守一些传统大学之道。美国大学竞争的社会文化成为大学校长发挥作用的内在动力，知识分子的传统道德也帮助校长保有操守，一定程度上拥有道德领导力。

第二，在制度文化环境上，因外行人士董事会的普遍采用，促进了大学与政府、捐赠者、校友及社会各方面的联络沟通，密切了校内外的互动，所形成的良性互动的内部治理结构以及与政府分权的大学管理模式，大学自治受到的约束较少，政府对高等教育的控制较弱，大学的学术法人地位得到巩固。学术自由和大学自治是美国大学校长推动大学发展的根本原因；如案例中的加州大学，董事会、校长、教师评议会的内部治理结构，为校长作用的发挥提供了广阔舞台；健全的校长遴选方式和校长评价方式是催生一批杰出大学校长的保证。

第三，人格魅力是每一位成功大学校长的个性彰显与内在力量，上述案例中斯坦福的汉尼斯校长最典型。校长本人是否具备正确鲜明的教育理念、国际化视野、优良的教育学术背景、跨校间的交流与合作经历、秉持平等和先锋的文化理念、追求学术卓越气魄、公益服务上的"优秀"与"公平"相结合，具有超凡的领导艺术和领导智慧等等。

第四，锐意进取、处理好外部关系越来越成为优秀校长的必备，这也催生了上述案例四那样的"非传统型"大学校长数量和比例的增长。在美国大学校长群体特征研究方面，美国教育委员会（American Council on Education）

---

32 [美]威廉·G·鲍恩，《汲取经验：普林斯顿大学校长的反思》[M]，北京：高等教育出版社，2012 年，第 36-37 页。

自 1986 年以来，大约每五年进行一次全美大学校长的调查，并发布《美国大学校长研究报告》（American College President Study，ACPS），该报告包含了美国大学校长的人口统计学特征、遴选过程、职业经历、职责任务等主要数据。其中发现几点美国大学校长的领导力特点：基本上还是传统型校长（学术出身）占大多数（80%左右），政界、商界等外来社会人士"非传统型校长"有增长趋势，但目前仍不超过 20%。所以，代表传统校长价值的表达还是美国大学校长领导力文化的主流："要指挥一支爵士乐团，必须自己懂音乐。高等教育领域也适用同样的原则。也许现在你不用再呆在教室或者实验室里，但是曾经在那里工作的经历会对未来的发展有帮助。"[33]

第四节　从校长分身有术看美国大学治理文化的新特点

美国大学制度的有效性在于其基于实用理性而随时、就势善变，美国大学在继承欧洲大学教学、科研职能的基础上拓展出大学的社会服务职能即是明证。在国际竞争及市场压力之下，大学利益相关者日益多元复杂，大学校长的大学使命及服务对象更是日益庞杂[34]。大学校长的身份也已日益多元，大学校长的时间和精力越来越多地被去校外争取资源和各种发展机遇等活动所占用，为保障大学内部治理的高质量与高效率，美国大学校长已悄然"分身有术"：内部学术质量保障、总体协调和综合治理逐渐由 provost——学术副校长[35]专门负责。provost 的职责及角色定位在美国大学内部治理结构中起到了越来越重要的作用[36]，对有效应对日益市场化的外部环境、提升大学运作效率、保

---

33 刘爱生等，〈美国大学非传统型校长兴起及启示〉[J]，《高校教育管理》，2021 年 2 月。

34 Lombardijv, etc. University Organization, Governance, and Competitiveness [EB/OL]. http://mup.asu.edu/UniversityOrganization.pdf.

35 需要说明的是，很长一段时间里，中国介绍西方大学的文献大都把 provost 翻译成"教务长"，大部分的纸版及电子词典也将 provost 译为"教务长"。限于主题和篇幅，本文不考证如此翻译的背景及原因，只指出在美国现当代高等教育的真实情境及治理结构中，provost 确属校级管理职位，与中国高等教育管理职位序列中的"教务长"完全不存在对应关系，故主张将其翻译成"学术副校长"，是美国大学名副其实的"首席学术官"（CAO）。学术界已有越来越多的介绍和研究美国高等教育的文献将这一翻译作了相应的调整。

36 PIETERSE J B. Schools Hunt to Fiill Key Role: Post of Provost [J/OL]. Rochester Business Journal. (2006-12-08). http://www.rbj.net/article.asp?aID=163083.

障大学组织特性和学术优先具有不可替代的核心作用。总结美国大学治理的新特点，归纳其领导力结构的新变化，无疑具有重要的理论和现实意义。

一、provost 的由来及成因

从历史流变与词源学上考察，provost 的最初含义有两个源头：一是"监狱看守"（keeper of aprison），最早见于 1066 年记述法国诺曼底殖民者头目对犯人残酷折磨的文献[37]；二是"部队前线总督"，据 1629 年的军事法典记载，provost 指军队的男性长官，骑着战马，在随从与护卫的紧随下，从一个要塞到另一个要塞驻防，威严地巡视，所有人绝对服从，不允许任何人玷污和损害国家。[38]provost 作为大学治理结构中的重要一员，在美国各类型大学中出现的时间不同，名称及职能也不尽一致。从几所代表性大学的介绍资料中可以梳理一下 provost 在美国高等教育历史上的发展脉络。

（一）耶鲁大学[39]

作为私立大学的代表，耶鲁大学早在 1919 年的机构改革中就新增了两个职位，分别是 provost 和学生事务院长，其中，provost 负责对学校的各学院和学校发展委员会进行监管。发展、演变到今天，耶鲁大学的 provost 作为仅次于校长的管理官员，负责监督审查全校学术政策运作及所有学术活动。学校所有学术组织、各学院院长在制订教育政策、处理教师选聘及升职事务、编制学校及学院预算时，都需向 provost 报告。provost 日益成为仅次于校长并与校长分工合作的"内部总管"。

（二）哈佛大学

和耶鲁大学不同，哈佛大学传统上即是内外双董事会治理结构，其内部的"理事会"在大学治理中发挥了很好的作用[40]，故其 Provost 职位出现比较晚且前后有断裂。詹姆斯·科南特任哈佛大学校长期间，于 1945 年设立"The office of provost"作为除校长办公室之外的第二学术办公室，由 provost 负责除法学院、医学院等专业学院之外的大学内部所有学术事务，但这一职位随

---

37 LASTER J. Malone U. President Steps Down Amid Plagiarism Accusations [EB/OL]. http://chronicle.com/article/Malone-U-President-Steps-Down/64328/.

38 LUCIDOJ A. Managing Academe: The AAU Provosts, Dissertation [R]. The University of Arizona, 2000, p.11.

39 Office of the Provost [EB/OL]. http://provost.yale.edu/.

40 Mission of the Office of the Provost [EB/OL]. http://provost..harvard.edu/.

着 1953 年科南特的离职而被废除。[41]直到 1993 年，曾做过普林斯顿大学 provost 的尼尔·陆登庭任哈佛大学校长时，才将 provost 这一职位恢复。[42]

（三）加州大学伯克利分校[43]

加州大学伯克利分校是美国公立大学的代表，加州大学系统内十个分校各自独立，但又保持很好的统一性。其治理结构为：总校长（President）——分校校长（Chancellor）——常务及学术副校长（the executive vice chancellor and provost）——各分管副校长（vice chancellor）——各学院院长（dean）。

据欧阳光华考证，provost 作为大学管理者的头衔最早出现于 18 世纪末的宾夕法尼亚大学，当时是指大学的行政首脑，即大学校长。[44]直到 20 世纪 30 年代，该校才将 provost 单独分列，位于校长之下负责所有学术事务。[45]一般而言，provost 作为副校长行使校长的代理或分出职责始于 20 世纪初，如耶鲁大学，其 provost 巡视全校的职位形象尽管还有点军队总督的影子，却与"监狱看守"了无瓜葛。随着美国高等教育的发展和大学治理结构的与时俱进，provost 的内涵、外延以及这一职位在不同大学的名称、职责与权重具有多样性。据最新维基百科总结，provost 在大多数但并非全部的北美高等教育机构的等级管理体系中是位列第二位的、主要负责学术及研究事务的管理者，各学院、研究机构等部门以及教师评聘及学生事务、跨学科协作等大学事务都要向 provost 报告。很多时候，provost 会与"高级副校长"（senior vice president）、"执行副校长"（executive vice chancellor）等头衔组合使用，以显示这一职位的重要性。而在一些研究型大学和文理学院，这一职位有时被称作"首席学术官"（chief academic officer，CAO）或"学术副校长"（vice president for academic affairs）。[46]

众所周知，美国高等教育虽然是在模仿、移植欧洲大学传统基础上演变而来，大学治理具有欧洲大学自治、学术自由精神，但殖民地时期及建国初期的"外行董事会制"、民主运动兴起后"大学校长的辉煌"、巨型多元大

---

41 Provost (education) [EB/OL]. http://en.wikipedia.org/wiki/Provost_(education).
42 Team of Office: 1991-2001 [EB/OL]. http://www.harvard.edu/history/presidents/rudenstine.
43 Executive Vice Chancellor and Provost [EB/OL]. http://evcp.chance.berkeley.edu/.
44 欧阳光华，《董事、校长与教授：美国大学治理结构研究》[M]，北京：高等教育出版社，2011 年，第 153 页。
45 Provost (education) [EB/OL]. http://en.wikipedia.org/wiki/Provost_(education).
46 Provost (education) [EB/OL]. http://en.wikipedia.org/wiki/Provost_(education).

学时代的"共同治理"等，是美国大学的特色和独创。无论如何变化，美国高等教育成功的关键在于其治理结构、大学文化总能与时俱进地保障大学的灵魂——公民教育与学术质量。随着全球竞争与市场化的加剧，美国大学校长的主要精力、热情和智慧逐渐由内向外转移，以便为大学争得更多资源、发展空间和机遇，更好地理解国家、社会的需要并有效地将其转化为大学使命，成为名副其实的"外部校长"（outside president）。而大学使命的实现、学术质量的保障、校内资源的整合与跨院系的学术合作、教师的选拔与晋升、学生事务，这些原本属于大学校长的职责逐渐被分解，由校长的校内代表——provost 承担，于是 provost 日益成为克拉克·科尔（Clark Kerr）所谓的"内部校长"（inside president）[47]，即大学"首席学术官"（CAO）。

二、Provost 在大学治理结构中的组织配置

基于学者自治、学术自由的传统以及学科分化、学术部落的历史必然，就组织特性而言，大学是由一系列既分权争斗又沟通合作的松散耦合结构（loosely-coupled organizational structure）组成的学术和文化组织。社会学理论认为，组织结构及组织配置直接决定组织功能的发挥及组织治理的性质与效能。面对外部环境的压力，大学这种原本松散耦合的庞大学术组织日益追求决策的高效、学科的联合以及突破大学围墙甚至国界的各种合作，这都要求大学内部组织之间界限模糊、松动，相互联合日益紧密。[48]基于这样的环境变化和逻辑必然，美国大学为保持先进性和高效性，一直不断调整治理结构，以适应环境和时代的变化，这亦是美国高等教育世界领先的优势之所在。

从相关研究文献和美国大学网站中可以发现，绝大多数美国大学越来越重视在大学治理结构中重点配置"学术副校长"（provost）专门办公室及"首席学术官"（CAO）行政运作体系。以加州大学伯克利分校的治理结构[49]为例，provost 以 EVCP（Executive Vice Chancellor & Provost）权力组合形式出现，强调其作为首席学术官的权重配置，主要负责统管校园内学术事务的日常运作，召集各分管副校长、研究生院及各学院院长解决跨部门合作问

47 欧阳光华，《董事、校长与教授：美国大学治理结构研究》[M]，北京：高等教育出版社，2011 年，第 155 页。

48 LUCIDOJ A. Managing Academe: The AAU Provosts, Dissertation [R]. The University of Arizona, 2000, p.193.

49 UC BERKELEY-SENIOR ADMINISTRATION [EB/OL]. http://www.berkeley.edu/admin/pdf/senior.pdf.

题。[50]provost 在美国大学治理结构中的组织配置大同小异，基本处于等级法权结构中仅次于校长的第二位次，上对校长负责，下辖各分管副校长及各学院院长、各研究机构负责人，统管全校学术及综合事务，是名副其实的"内部校长"。究其原因，即是外部环境的变化呼唤校长分身内外，而大学的"学术性本质"又注定了内部学术生命的核心地位，于是需要加强组织配置以统整内务，保障学术质量。

三、Provost 的职责与使命

相关文献及美国各大学官网对 provost 的职责描述大同小异。结合亚利桑那州立大学杰罗姆·鲁西多（Jerome Anthony Lucido）的研究成果，provost 的职责与使命可概括如下：

（一）危机管理与化解

以及大学使命的坚守、大学发展方向的掌握大学与外部环境的冲突、大学内部学者自治传统与管理主义回归之间的冲突，将 provost 推向矛盾的风口浪尖，使得 provost 在化解这些危机与矛盾的同时，必须对大学的使命有更清醒的认识，对大学的发展方向有更明确的思路，并加以制度化保障和行动性坚守。故 provost 有时被称为大学本位的学术管理者，是行政管理者与学术化身的合体。[51]

（二）预算改革与管理

这是 provost 最重要、最核心的职能之一。大学预算与资金分配是大学发展的动力系统，直接牵引、规划着各院系、学科、教师个人的前进方向，并为其提供动力与资源支撑。如在影响院系发展方向方面，provost 的职责有：机构重组和战略优先选择；根据院系规模、学生组成和班级大小等进行预算调整；资源重新分配的政策制定；学术质量标准的制定；学术项目的资源投入；院系管理工作原则与规章；学术社区的联系与沟通。[52]总之，provost 在预算改革与管理方面的职责体现了学校参与院系学术管理的权力。

---

50 Key Administrators and Organizational Charts [EB/OL]. http://www.berkeley.edu/admin/org.shtml.

51 LUCIDOJ A. Managing Academe: The AAU Provosts, Dissertation [R]. The University of Arizona, 2000, p.181-182.

52 LUCIDOJ A. Managing Academe: The AAU Provosts, Dissertation [R]. The University of Arizona, 2000, p.139-140.

（三）学术卓越与学术特色保障

provost 主管终身教职设定及教师的评聘晋升，负责起草确立学术评价和教师晋升、入选终身系列的指导方针、标准框架、制度体系及操作流程，藉此激励先进。在此环节，管理的运作工具是谈判与沟通，美国大学绝不会使这种学术管理的权力成为控制权，它是建立在"同行评价"基础上协商、谈判、平衡、合作的结果。同时，provost 确定学术卓越及学校的学术中心与非中心，重点扶持凸显本校学术特色的学科，藉此牵引大学的学科设置与分布，保障学术特色定位。[53]

（四）跨机构、跨学科协调及平衡

provost 需要协调及平衡学校各学科及校内外各机构间的合作，以促进资源共享、合作共赢，并通过激励有效竞争和选择性资助手段保障学校特色发展。其判断标准主要是：与大学使命及特色的匹配度，捐资者兴趣，发展前景衡量，本校第一需要而不是所有大学普遍可做。[54]由于传统惯性，大学里各院系教师大多专注于本专业领域并孤立地进行研究，不太主动拓展跨学科（Interdisciplinary）、跨院所的联合研究，需要 provost 策划、搭桥、推动、鼓励、促成各学科及校内外各种横向和纵向的合作。同时，受美国实用主义哲学家、教育家约翰·杜威（John Dewey）参与式民主思想的影响，很多大学都有"大学社区"（University Community）这样的组织，provost 会通过这种组织鼓励全校教师、学生和管理服务职员广泛参与学校公共事务及与所在州和社区的广泛合作，以营造"参与性大学"（Engaged University），从而实现大学的民主管理以及大学服务社会的使命。

（五）教师考评与教育质量保障

哈佛大学前校长德雷克·博克（Derek Bok）曾批评美国的大学有很严重的重科研轻教学现象，需要狠抓本科教学、保障教育质量，"回归大学之道"。故近一二十年来，各大学的 provost 都通过促使优秀教授登台授课、进行教师教学考评等措施来加强教学，保障教育质量。正如加里·罗迪斯（Gary Rhoades）所言，provost 与各学院院长的学术关系如果是中心与非中心、重点

---

53 LUCIDOJ A. Managing Academe: The AAU Provosts, Dissertation [R]. The University of Arizona, 2000, p.151-153.
54 LUCIDOJ A. Managing Academe: The AAU Provosts, Dissertation [R]. The University of Arizona, 2000, p.165.

与非重点之间的权衡的话，provost 与教师团体的学术关系即是学术自治权与行政管理权的较量与协商。[55]鲁西多的调查显示，多数 provost 坦承，为保障大学学术优秀，绝不接受教师借口研究繁忙或对外服务多而忽视教学，尤其不能容忍不重视本科生教学。他们呼吁教师重视大学使命，有为国家教育事业奉献的职业精神。大学通过 provost 会对教师及院系领导进行部分学术及管理业绩考评，考核其个人成就与大学使命及大学目标、大学发展规划日程之间的匹配度，并将之与资源的重新分配挂钩。[56]

（六）大学外部事务管理

国家同行组织交流、各种校级运动联盟、地区间学术合作、各州之间及州内系统教育组织合作、学术鉴定、学术出版等活动，都离不开 provost 的联络、参与、组织。[57]综上列举，provost 的核心职责就是保持大学学术价值与大学作为学术机构而必然产生的管理文化价值之间的平衡与再平衡，从而为在市场经济大潮中竞争日益激烈的大学重塑学术卓越，保障大学使命。

四、从 Provost 角色强化看美国大学治理的新特点

美国大学是"外行领导内行"的成功传奇，美国大学校长也远非教育家，其中很多并非学者出身，而是集"行政者、政治家与企业家"于一身，有时更是克拉克·科尔所说的"大学形象的创造者"[58]。根据美国教育委员会（American Councilon Education）的调查统计，美国大学非传统型校长占全国大学校长总数的比例分别是 1986 年为 10.1%，1990 年为 9.6%，1998 年为 7.8%，2001 年为 14.7%，2006 年为 13.1%，2011 年为 20.3%，2016 年为 15.2%。可见，当下美国大学非传统型校长不再是个例。加之美国大学数量庞大，根据美国教育部的统计，2017-2018 学年美国可授予学位的大学总数为 4313 所，由此，非传统型校长数量可谓相当可观。[59]

---

55 RHOADES G. Managed Professionals: Unionized Faculty and Restructuring Academic Labor [M], Albany: State University of New York Press, 1988.

56 LUCIDOJ A. Managing Academe: The AAU Provosts, Dissertation [R]. The University of Arizona, 2000, p.151-181.

57 LUCIDOJ A.Managing Academe:The AAU Provosts, Dissertation [R]. The University of Arizona, 2000, p.151-185.

58 [美]迈克尔·科恩、詹姆斯·马奇，郝瑜等译，《大学校长及其领导艺术：美国大学校长研究》[M]，青岛：中国海洋大学出版社，2006 年，第 50 页。

59 刘爱生等，〈美国大学非传统型校长兴起及启示〉[J]，《高校教育管理》，2021 年 2 月。

　　然而，这种"外行治理"是如何应对专业性、学术性极强的大学组织，保障美国大学处于世界前列的呢？美国高等教育发展史已证明，社会力量、大学行政与教授团体三方互相制衡、合作的治理模式要优于欧洲更为封闭的"教授治校"模式。而在新自由主义和市场逻辑弥漫欧美的时代，美国大学的治理结构又迅速调整，通过逐渐加大 provost 的职位权重，有效化解了新时代大学发展的众多利益相关者之间的矛盾，平衡了市场需求与大学使命、学术与行政的冲突和矛盾。美国教育理事会（ACE）主席、威斯康星大学麦迪逊分校前任 provost 大卫·沃德（David Ward）曾宣称："毫无疑问，几乎美国的每一位 provost 都比以前拥有更多的影响力。"[60]随着 provost 角色的日益强化，21 世纪美国大学领导力结构发生了重要变化，大学治理结构也出现了许多新特点。

（一）更加注重内外宏观综合治理

　　20 世纪 60 年代，美国高等教育大众化使得利益相关者日益多元复杂，大学治理选择"法治改革"的路径，信奉结构主义的"只有理想的结构范式才能实现大学的理想使命"的教条，注重治理结构的改革，最终建立起董事会领导下以校长为首的行政系统和以教授会为代表的学术群体各负其责的共同治理结构。进入 20 世纪 90 年代，结构主义陷入实效性危机，随后，大学治理研究发生了理论转型，人-文化研究逐步繁荣起来。人-文化研究的特点是突出人与文化对治理的重要作用，研究人及文化因素如何影响大学治理，试图从人及文化因素上寻找改进治理的途径。尤其是在新自由主义思潮和市场化影响之下，政府和社会日益加大对大学的运行绩效问责，大学在这样的环境中要坚守大学的使命并捍卫学术自由会面临更大的压力。在实用理性的支配之下，美国大学选择了统筹内外、兼顾学术优秀与绩效提升的宏观综合治理模式，provost 权重的不断增大即是这种综合治理的重要一环。在规模宏大、内外部环境日益复杂、目标多元、利益相关者多样、具有特殊组织特性的学术机构中，provost 的治理工作就像编织挂毯的工匠，要完美、和谐、创造性地将上述诸多元素放在一件完美的图景和作品里。[61]美国大学日益注重

60 欧阳光华，《董事、校长与教授：美国大学治理结构研究》[M]，北京：高等教育出版社，2011 年，第 155 页。
61 LUCIDOJ A. Managing Academe: The AAU Provosts, Dissertation [R]. The University of Arizona, 2000, p.172.

provost 的作用及其与大学校长内外职责的分工，反映了美国大学治理由注重"内部微观"向注重"内外宏观综合"的策略转变。

（二）新的治理结构使得松散耦合的大学组织更趋有效合作

鲁西多曾据其所做关于美国大学联合会（AAU）范围内的 provost 专题研究指出：巨型多元大学时代，大学校长将更多精力用于应对校外各种挑战，更易导致本来松散耦合的大学内部各类型组织分裂，教授们也更趋向于单兵作战，独自面对社会和市场，从而降低大学的合力和集团优势。[62]日益激烈的国际竞争环境要求政府向大学施压，向大学渗透管理主义机制，向大学要效率，但美国大学学术自由、学术自治的传统又抵制管理主义的渗透，于是出身于学者的 provost 就被赋予了艰巨的任务：充分利用自身与知识分子属于同行、易于沟通的密切关系以及新的治理结构赋予的权威地位和资源配置权力，尊重学术规律，运用知识管理的智慧，促进校内各学术组织之间的紧密联合，密切跨院系的沟通与合作，在追求合作增值与合作增量中推行学术治理与知识管理；避免加里·罗迪斯所描述的"日益被管理的教授"在大学校园里的消极影响，最大程度降低行政管理在知识分子群体中的负效应，使无论政府急需或忽视、市场需求或冷遇的所有学科、专业、研究方向都各得其所，并基于自身规律得到良好发展。鲁西多在对 provost 的问卷调查中发现，provost 为更好地完成使命，有效连接外部市场环境与内部学术，已越来越多地使用市场竞争、公司管理（如层级结构，hierarchical）、人力资源理论、军事策略术语（如战略与战术、战舰指挥官）、竞赛性体育战术语言（如足球教练，football coach）来描绘其工作，陈述他们对职责及工作经验的感受，足见美国大学 provost 的地位凸显及职能之日益重要。这也是大学日益受外部环境影响、大学间激烈竞争、大学治理复杂以及专业与效率化的必然结果。

（三）法权配置更加集约化，大学领导力得到强化

大学治理结构可以理解为在一定的产权制度基础上，为实现大学的教育目标，就大学内外部治理的组织结构设置及其相互之间的法权配置、制衡与激励等进行的制度安排。[63]大学的特殊性在于其生命力植根于学术自由与学

---

62 LUCIDOJ A. Managing Academe: The AAU Provosts, Dissertation [R]. The University of Arizona, 2000, p.194-195.

63 高松元、龚怡祖，〈型塑大学治理结构：一种法权结构的重建〉[J]，《教育发展研究》，2011 年第 11 期，第 44-47 页。

术生机，但大学校长日益忙于对外塑造形象、争取资源，致力于将外部要求转化为大学使命，并极力用市场和管理主义的效率观运作大学，必然给 21 世纪的大学带来巨大的"科层制及管理主义与学术自治、学术自由的冲突与张力"，无疑增加了校长施加影响、施行治理的难度，造就了 21 世纪美国大学治理的"牧猫"（herding cats）[64]时代。在美国文化里，猫是尊贵、有个性且不合群的，比喻知识分子的自由、自尊与自我。将 21 世纪的大学治理比喻成"牧猫"，形象地揭示了大学学术自由的传统与注重效率的管理主义二者间的冲突。就领导力结构而言，为化解这一冲突，美国大学校长的职能自然分化，让非学者出身、集"行政者、政治家与企业家"于一身的董事会代言人主抓外部工作，内部的学术及围绕学术发展的资源统筹、研究合作、教师评聘及经费预算等工作则由校长的"内行代言人"provost——杰出学者出身、对大学热爱且知之甚深、与教师团队易于沟通的学术副校长——来负责。作为行政与学术的合体，provost 是大学有效治理的保障。正如美国最杰出的、经验丰富的学术管理分析家约翰·米利（John Milligan）所说："一所大学的学术战略规划的有效性取决于学术副校长领导的有效性。"[65]于是 provost 成为沟通行政与学术的桥梁，对于共同治理中的行政，他代表校长及董事会"通过管理实现大学使命"；对于全校师生，他代表学术精神，切实尊重学术规律，确保大学学术至上、学术优先，避免行政对学术不必要的侵扰和干涉。为在适应外部环境与坚守大学使命之间取得平衡以求发展，美国大学不断进行改革和重塑，其中，领导力结构的不断调整及 provost 的权重增加就是核心应对措施之一。provost 的权重配置，即是将大学内部分散多元的教授权力、普通教师权力、学生权力及各种社团权力进行集约、统筹治理，使得大学领导力得到强化，对复杂多变的环境应变更加有效、迅速。

（四）集约基础上的职权分化与管理专业化

权力的集约与集权有本质区别，在美国政治文化环境里，前者是在分权基础上"后多元巨型大学时代"所选择的以提升治理绩效为目的的相近或同质权力的归约。provost 的权重逐渐增加，即是这种权力集约精神在美国大学

---

64 STEVENSON J M. The Modern University Provost [J], Education, 2000, 121 (2), p.347-349.

65 王敏，〈大学学术副校长与学术战略管理〉[J]，《首都教育学报》，2010 年第 9 期，第 10-13 页。

治理中的体现。基于从欧洲继承的传统，美国大学很长时间内学术权力分散在代表教授学术自由诉求的各院系学术委员会手里。由于学科的分化、学院的相对独立，校学术委员会对全校学术权力的集约力度受到限制。provost作为学者出身的"内部校长"，则具有足够的权威沟通、协调各院系、学术中心的学术诉求，集约校内所有学术权力，更高效地应对外部环境。同时，当代美国大学的制度文化，是在共同治理与管理专业化两股思潮的变奏中前进的。在大学组织内，provost在从一名优秀学者逐渐转变为一个专业学术管理者，追求一系列学术卓越的同时，用专业管理的智慧保障机构利益最大化。provost关注大学组织特性和身份认定，负责本科项目质量保障，通过理顺与校长、学院院长以及教师团体的关系，充分整合、调度、激励、平衡各种正能量，吸收外部资源、激发内部资源、修正校长偏差，保障大学持久的学术活力，日益成为大学机构内部的杠杆和平衡石。

（五）内外部治理结构走向有效衔接

学界一般将大学治理分为外部治理和内部治理。作为欧洲大学内部治理的主导模式，"教授治校"是促使欧洲大学走向勃兴并保持卓越的重要因素。"教授治校"的理念和制度之所以能够在欧洲大学得到普遍性认同并展现出长盛不衰的生命活力，关键在于它蕴含着无比丰富的合理性价值，在相对封闭、独立的"象牙塔"大学时代，这一制度从根本上保证了大学不会偏离学术组织的正常轨道，为大学自治的取得和大学制度合法性的彰显提供了最坚实的保障，并有效地激发了大学教师的学术生产力。在学习并修正欧洲传统的基础上，美国大学主要由社会人员组成的"董事会制度"在从"后象牙塔时代"向"巨型大学时代"过渡中超越了欧洲大学"教授治校"的相对封闭性和时代局限性，比较有效地沟通了社会与大学，显示了其实用理性指导下的大学治理智慧的灵活性。但在市场逻辑和政府绩效管理增强的新时代，无论是"外行董事会"，还是纯粹的"教授治校"，都不能单独有效地沟通政府、社会以及大学内部的行政、学术和市场服务与开发。新时代美国大学校长的"分身"策略，无疑很好地集约了内部学术权力、有效地沟通了大学内外利益诉求，有效地平衡了"外行董事会"与"教授治校"的矛盾与冲突。"外部校长"的称谓表明了美国当代大学运营的社会性和市场性；而provost作为"内部校长"，其形成过程映照了在日益复杂化、市场化、相关利益者多元化的新环境里，美国大学力图调节大学固有使命、学术自由传统与日益多元的政府、社会、市场需求矛盾的制度化努力。

除上述的总结之外，美国大学校长的另一个特点是其学历类别与中国大学校长显著不同。我们这些年由于"科研""创新"的压力，越来越多的"工科"背景的知识分子、专家、院士担任大学校长，而美国还是重视"职业校长"和"治理的专业性"，如下图所示，教育学等人文社会科学的人士占较大比例。我们需要研究的是，太多工科背景的科学家做校长会不会降低大学的人文性进和教育性？如果是这样，那么我们追求的创新性和科研能力反而会"欲速而不达"！

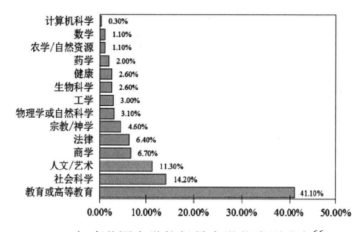

2016 年度美国大学校长最高学位类别分布[66]

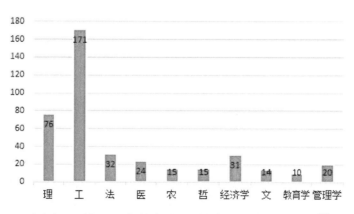

中国 38 所 985 高校校领导最高学历学科分布[67]

---

66 姜朝晖等，〈谁在做美国大学校长——基于《美国大学校长报告 2017 的分析》〉[J]，《教育研究》，2018 年 10 月。

67 科学网，http://blog.sciencenet.cn/blog-2903646-1050534.html。

五、结论及借鉴意义

大学校长领导力研究专家、罗林斯学院前校长丽塔·伯恩斯坦指出："在真实的学术世界中，人们期望大学校长成为学术领导者、财务管理者、资金筹集者、公共知识分子、公民领袖以及经济发展的拉拉队长；期望大学校长在所有领域提供合乎伦理的、有效的领导力。"[68]当我们研究大学这样一个具有特殊组织属性的学术机构时，昔日的"象牙塔"之誉仍具有不灭的光泽，在日益市场化和世俗化的当代仍为人们所念念不忘。大学走出"象牙塔"并不意味着人类社会不需要"象牙塔"的光泽，当大学校长走出校门四处寻找各类资源的时候，provost 就是那个试图重聚"象牙塔"光辉的勇士和智者。这是走在世界前沿的美国大学在面对国际竞争和市场化的挑战时又一次运用实用理性而缔造的新制度文明。鲁西多认为，在美国大学的共同治理结构中，自由的重要性几乎是不证自明的。教师和学生必须不断地自由探究、学习和相互评价，从而获得对生存环境和人类社会自身的新理解、新知识、新发明、新智慧，否则人类的文明将会停滞和消亡。为捍卫学术自由，美国大学对世界的核心制度贡献有"终身教职制度"和"大学共同治理结构"。[69]在新自由主义、新管理主义、市场逻辑的冲击之下，美国大学校长的"分身"——provost 职位的设置和权重不断加大，在保障学术自由的基础上，更好地沟通了内外，完善了治理结构，使大学较好地适应社会而又不完全受制于社会。正如王英杰先生指出的："大学治理结构是现代大学制度的基石，……中国大学的许多问题归根结底都与大学治理结构的失调有着密切的关联，……美国大学治理结构不仅具有清晰的发展路径和慎密的制度安排，而且蕴含着独特的价值取向，……正是通过其共同治理结构较好地兼顾了学术自由与公共利益、教师民主参与和行政主管日程管理、决策的高质量与执行的高效率之间的关系。"[70]中国大学正在寻找和建构适合本国国情和社会发展阶段的治理结构。在研究美国最新大学治理结构变革的基础上，本文认为，就中国大学目前的制度改革而言，应该软硬两手同时抓。硬结构指制度设计和制度改

---

68 刘爱生等，〈美国大学非传统型校长兴起及启示〉[J]，《高校教育管理》，2021 年 2 月。

69 LUCIDOJ A. Managing Academe: The AAU Provosts, Dissertation [R]. The University of Arizona, 2000, p.178.

70 欧阳光华，《董事、校长与教授：美国大学治理结构研究》[M]，北京：高等教育出版社，2011 年，序。

革，即在充分学习、吸收世界范围内先进制度体系的基础上，从中国政治、文化、经济、历史的现实与未来需要出发，设计出适合中国国情的大学制度体系和治理结构，切实保障学术优先发展；软制度文化环境建设，则要发挥中国大学文化中固有的德性优先、注重集体合作的优良传统，重视校园文化和大学治理文化建设，树立学术绝对优先、只有有学术才有大学、只有爱国知识分子旺盛的创造力才有国家的强大和中国梦的实现等大学核心理念。在美国大学文化及校园生活中，provost 的存在将外部市场的冲击和行政效率的制约成功转化成为合作共赢的软实力，值得我们借鉴与学习。但随着知识知本主义和绩效官僚主义的凶猛，美国大学校长的道德领导影响力下降值得我们引以为戒，因为这直接关系到大学的性质、大学教育的质量和社会引导能力。一定程度上而言，大学的道德水平降低和所谓的价值中立助长了美国过度的对个体的放纵和自私自利的华尔街精致的个人主义。期许未来大学可以服务、引导出一个阳光、健康、和谐社会，我们期待这样的大学校长："希望校长在校内确定大学的伦理基调，培植良知文化，使诚信成为大学的基本品格，运用他们的岗位权威把稳舵，让大学成为大学。在校外，校长要代表大学发出伦理"好声音"，引导社会有关伦理和道德重大问题的讨论，使大学成为永恒不变的社会良知。美国大学校长已经开始这样做了，在社会激烈变革的中国，大学校长们也应该有担当，有勇气成为伦理领袖，成为道德楷模！"[71]

---

71 王英杰，〈大学校长：伦理的领袖，道德的楷模〉[J]，《比较教育研究》，2013 年 1 月。

第八章　进步才是硬道理：绩效文化与学术资本主义

我们先来读一段浙江大学社会学系耿曙教授在推荐美国希拉·斯劳特等编著的《学术资本主义》一书时的荐书词：[1]

> 身边经常听见这样的批评："今天的大学，早就不像'大学'了"；"高等教育界越来越功利化了"；"大学教授不再是'老师'，一个个都成'老板'，院长、校长更是整天想怎么搞资源，更像在办企业"；"大学从上到下，看重排名，追求科研"，但说到科研，却又越来越"'订单式''项目制'，又要准时，又要产量"；"大学自主性正在一点一点丧失"，在此之下"从研究生到青年教师，不过是'学术民工'"。总而言之，大学早已不是什么"学术殿堂"，并将此视为中国高等教育的堕落。

> 《学术资本主义》一书却告诉我们，这其实是误解！上述趋势，并不源于中国，西方已多年如此，虽然中国追赶很快。此种被称为"学术资本主义"的潮流，发轫于上世纪后 25 年，欧美高校因为回应全球潮流、知识经济的变化而来。原有继承自 18、19 世纪的那种"独立、专业、与世隔绝、专注基础研究、自由而且闲散的"象牙塔式的大学，在巨变冲击下一去不返。面对种种政经巨变，《学术资本主义》提醒我们，今日的高教领域，无论校长师生，都必须

1　耿曙，教授荐书 |《学术资本主义》，https://mp.weixin.qq.com/s/xl0fXRpJCDaMp cpRTF4ALw。

为争取资源，竞争图存，因此在角色上更加迎合市场需求，组织上更像企业形态运作。诸如强调社会服务、侧重产业对接、计算投入-产出、培育团队研究、追求学科排名、巨金礼聘学者、重诱重压教师、发展实践课程、规划校外实习等，可以说现在所批评的一切，都是《学术资本主义》的产物，都是政经巨变之下，各高校"不得不然"的做法。

　　面对《学术资本主义》的潮流，个人觉得，似乎不能再沉湎怀旧，同样不宜一味批判，期待主动、深刻地理解，分析其利弊得失，一面研判社会发展趋势，一面调整个人生涯规划，如此将更有利于应付未来的压力、掌握未来的机会。

俨然，"学术资本主义"源头是美国，这在资本主义社会顺理成章，是天然。我们本章来梳理、析解它产生的文化根源、历史逻辑，同时也介绍在多元的美国社会里，也一直有不同派别的"思考者"在反思、批判甚至抵制这种学术资本主义的泛滥和对"学术"纯净性以及大学教育性的戕害。作为社会主义国家，中国在引进、学习、反思、批判、创造中已开始发动自己的民族理性，在"去五唯"的大学评估改革中力争回归大学治理的正轨和大学教育的本源。

美国奉行"学术资本主义"起源于社会快速发展对实用知识和技能的需要，大学需要打开围墙、走出"象牙塔"与社会"交换"血液和能量："如果大学没有加入历史发展之中，一些人就认为它成了空中楼阁，落到时代的后面，甚至是反生产力的。'学术'（academic）就变成了'贫血'（anemic）的同义词。"[2]为了适应和服务社会，当代大学早已走出"象牙塔"，这是历史的必然，因为学术资本主义和绩效行政主义在高度竞争的世界环境里不可避免。但德雷克·博克校长曾撰写专著呼吁"象牙塔的回归"，或许是人类的良知和理性从未停止过反思和自我批判，毕竟苏格拉底训示过："未经过反思的人生是不值得的"。博克指出，否认金钱和世俗欲望对学术研究的影响是不现实的。他甚至断言，在这种背景下，大学是象牙塔的说法已经过时了。随着研究型大学的影响不断扩大，学术独立性的标准已不复存在。[3]大学

2　[美]布鲁贝克著，王承绪等选译，《高等教育哲学》[M]，第3版，杭州：浙江教育出版社，2001年，第21页。

3　徐小洲，〈论博克的学术自由和大学自治观〉[J]，《浙江大学学报》（人文社科版），

长在国家和社会机体里，她必然一定程度上会随着国际风云和国家政治偏偏起舞，但"知识分子的家园"和"学术共同体"的"组织特性"天然地赋予了大学一定的超越性，她必然要触达"灵魂"，必然要追求"真理"。美国伟大的校长克拉克·克尔（Kerr Clark）曾说："它（多元巨型大学）在保存、传播和拷问永恒真理方面鲜有可媲美者；在探求新知识方面孤军奋战；在为不断进步的文明社会的如此众多构成部分服务方面，历史上任何高深学问机构都无法与之相比……尽管它没有一个可以称之为其自身的惟一的灵魂，其成员还是为真理而奉献。"[4]克尔校长已离世多年，学术资本主义汹涌之势由美国而席卷全球，最新一篇文献《学术资本主义与高等教育作为公共产品和商品的意识形态相冲突》概述了其在西方的现状：我们提供了一个基于高等教育不断商品化和创业趋势的学术资本主义兴起的概述。高等教育机构（HEI）的历史使命、当前的高等教育形势、高等教育的财务安全策略如何从教育、工业和研究之间收入来源的多样化中获益，以及学术资本主义的出现对国际化战略的影响。[5]我们用本章的内容来梳理和析解一下美国大学对市场力量的挣扎和对学术资本主义超越的尝试。

第一节　新教伦理与美国大学的实用知识观

"五月花号"上每个新移民的简单行囊里最不可缺的东西是《圣经》，而后来西进路上很多人的全部家当就是"一把斧头和一本《圣经》"，这是新大陆上新教徒的最典型行为和典型形象。这成为"新教伦理"提炼的文化符号基础。马克斯·韦伯在比较、研究美国的崛起与欧洲繁荣衰落之异同后提出这一理论，其解释力也受到了全世界的公认。他重点解析了作为新大陆公民的加尔文教徒的"天职"观念和俗世的"个人功业"观念，即努力完成某种由上帝安排的任务，就是成为新教徒的核心条件。他抛弃了原来天主教那种禁欲主义的修行而超越尘世的空洞劝解和训令，而把个人在尘世中完成所赋予他的义务当作一种至高无上的天职。在韦伯看来，加尔文教就是这样为人的世俗活动的意义找到了答案，他使全部的世俗生活彻底的合理化了。"加

2002年6月，第124-130页。

4　Kerr Clark. The Uses of the University. Cambridge. Harvard Press. 1964. 45.

5　Fredricks Lowman Imani; SmithIsabell Natesha. Academic capitalism and the conflicting ideologies of higher education as a public good and commodity [J], Anthropology and Philosophy Volume 2020, Issue 192. 2021. PP.21-27.

尔文教教义中的预定论和禁欲主义，清教徒的重现世、重善行和勤奋、节俭、诚信等良好的伦理道德，都是造就现代资本主义的精神动因。"[6]韦伯所分析的这些新教徒品格，在新大陆开垦荒原的实践中最终凝练出美国式的"个人主义"、"实用主义"和追求社会进步的社会达尔文主义，这些主义都相信市场和实力的竞争，而目标追求则是个人成就、功业与社会进步的实现。"19世纪美国社会有："行动和现实的一面……男人女人努力工作、生活、死亡的世界……有时候产生的概念明确属于达尔文主义，有时候这种形象更接近'积极的商人'。"[7]"新世界的处境很苦，却鼓励了个人主义更大的发展……作为他们日常的价值取向，美利坚人十分崇尚个人主义。基督新教为个人主义提供了神学家园。"[8]

　　而就教育领域而言，这些主义孕育下的市场与竞争信念也发挥了深刻、广泛的影响。当吉尔曼仿照德国大学开创了霍普金斯这种集研究与教学为一体的新美国模式时，哈佛大学的艾略特校长还不接受，表示"它对哈佛新生的适合程度就像'农庄适合鲸鱼'。只是当霍普金斯证明研究生层次的研究可以成为大学的中心任务——并在霍普金斯挖走四名哈佛教授——之后，艾略特才接受了不同于哈佛重视本科生教育传统的新模式。这并不是说艾略特惧怕创新与竞争，或者对研究抱有敌意；实际上他是哈佛历史上最有创新精神的校长之一。"[9]施晓光教授曾撰文谈到美国"大学化时期"留德学者归国后对美国大学的改造，其中改造的文化基础和逻辑原则就是基于新教伦理信仰的建功立业的实用主义：19世纪美国大学思想和大学实践主要得益于实用主义思想的影响，处处都弥漫着实用主义的气息。[10]

　　在实用主义思潮支配之下，美国大学很早就呈现出商业气息。集中分析大学商业模式运作的是索尔斯坦·凡勃伦，在《美国高等教育》一书中，他注

6　董正华，〈资本主义精神：新教伦理、个人主义还是"民族主义"〉[J]，《世界历史》，2007年1月，第17-27页。

7　[美]劳伦斯·维赛著，栾鸾译，《美国现代大学的崛起》[M]，北京大学出版社，2011年，第63页。

8　Albanese Catherine L. America: Religions and Religion [M], Bel-mont: Wadsworth Publishing Company, 1981, p.271-272.

9　[美]乔纳森·R·克尔著，冯国平等译，《大学之道》[M]，北京：人民文学出版社，2013年，第17页。

10　施晓光，〈19世纪中后期美国大学思想发展的基本特征〉[J]，《沈阳师范学院学报》（社会科学版），1998年4月，第72-77页。

意到商业几乎参与了现代大学的各个方面：花钱建造高楼的趋势；官僚机构的扩大；兄弟会和体育运动的知名度；他所相信的研究生院对本科学院的附属地位；职业课程；所有的名誉之争。[11]也有人分析说，在实用主义的国度里，"商业思维的态度和方法渗透进大学是确定无疑的。这是令人担心的事实或仅仅是学术发展中自然而意料之中的方面，取决于观察者的立场。无论是批评者还是维护者都不能否认，学术领导人和面向商业的美国人之间出现了频繁的友好交往。"[12]让我们用下面最近三年的新文献来看看美国实用知识观带来的大学商业化影响：

1.《一个在学术资本主义时代知识生产的故事》[13]：在过去四十年中，学术资本主义的兴起在许多研究密集型大学中得到了充分的证明。然而，在日常研究实践和问题选择中，对于处于特殊地位的学术团体如何管理间歇性和变化无常的商业资金流所带来的不确定性的深入研究基本上是缺失的。为了捕捉科学家在这些条件下采取的策略，本文提供了一个民族志上详细（真实）的故事，讲述了人工智能的单个项目如何在几年内从一个外围想法发展到一个学术实验室商业投资组合的核心。该分析理论化了一种认知形式——灵活的知识生产，并记录了其实验室层面的三个特征：（1）快速原型设计以保持较低的沉没成本，（2）共享对"现实世界问题"而非"理论"问题的搜索，以及（3）对研究问题选择的灵活承诺。虽然类似形式的学术知识转移被誉为"模式2"、"创新型"或"混合型"，用于启动跨机构合作并将科学推到学科筒仓之外，但这一案例表明，它可以依靠对难以快速解决的问题的短暂关注。

2. 南韩：本文[14]探讨了当代公司化大学学术劳动性质的变化。它首先将研究型大学的形成理解为大学融入新经济过程的一部分。然后，我讨论了高等教育在转型期间是如何受到系统性监管治理的影响而增长的，根据政府评估体系，聚集了一种特殊形式的学术劳动以获得更多分数。最后，我认为这种改变了的学术劳动形式加剧了大学中的等级社会关系和不平等。

11 [美]劳伦斯·维赛著，栾鸾译，《美国现代大学的崛起》[M]，北京大学出版社，2011年，第365页。

12 [美]劳伦斯·维赛著，栾鸾译，《美国现代大学的崛起》[M]，北京大学出版社，2011年，第367页。

13 Steve G. Hoffman. A story of nimble knowledge production in an era of academic capitalism [J], Theory and Society 2020. PP.1-35.

14 채석진. Playing with Figures: Academic Capitalism and Reconfiguration of Academic [J], Korean Journal of Communication & Information Volume 95, 2019. PP.60-82.

3. 美国《高等教育纪事》发表了一组文章:《大学的缓慢死亡》(The Slow Death of the University)、《我们是如何扼杀教职的》(This Is How You Kill a Profession) 和《大学是颗"定时炸弹"》(The University Is a Ticking Time Bomb) 等,探讨了学术资本主义对英美大学教师的影响。[15]

而这种大学与商业的深度联姻,也导致了经济力量对学术及大学治理结构的严重影响和干预:"康奈尔和加利福尼亚出现了捐资的哲学教授席位,这些职位对意识形态有一定的限制。……有段时间,木材大王亨利·W·塞奇在康奈尔有权任命或解雇校长,对教职员也一样。……世纪交替之后,这种立场明显软化了,双方都更明确地认识到,学术需要一定的独立性,但是捐赠者仍保留了基本的权力。"[16]这种经济力量、商业思维的影响之下,大学里的各个群体在衡量自身价值、自我目标设定以及选择大学内部协商模式时,都深深地烙上了商业烙印:"学生、捐助人、校友和理事实际上都对大学造成了商业思维的影响。学术机构的内部结构在其安排上表现出'商业模式'风格,这也同样重要。……无可否认,挑选大学校长就类似于选择一位企业主管。而且,任何组织都需要内部纪律,大学校长经常把'他们的'教授看作'雇员',这在企业时代是可以理解的。……管理者也将自己的角色与组织军队的将军,或者赛艇的舵手相比。"[17]而从积极方面来讲,或许这种实用、价值、商业思维的影响同时促进了全体国民"智力的大迸发"和行业分工的专业化:"美国新大学的主要特点就是能够为知识的专业系部提供庇护。只要这些系部代表职业理想,对于实用型高等学习的愿望就能引发专门化趋势。"[18]同时,以个人主义文化为底色的国家必然是追求"大社会、小政府的",这就决定了美国大多的历史时期高等教育的专深知识主要是为社会服务而不是直接为国家、为政府服务,因为美国的文化主流主张个人强则社会强,社会强则国家强。如布鲁贝克曾评价19世纪末技术的飞速发展使"学术

---

15 毛心怡综述,《英美大学教师的职业危机》[N],社会科学报,2019 年 5 月 30 日,第 007 版。

16 [美]劳伦斯·维赛著,栾鸾译,《美国现代大学的崛起》[M],北京大学出版社,2011 年,第 367 页。

17 [美]劳伦斯·维赛著,栾鸾译,《美国现代大学的崛起》[M],北京大学出版社,2011 年,第 370 页。

18 [美]劳伦斯·维赛著,栾鸾译,《美国现代大学的崛起》[M],北京大学出版社,2011 年,第 148 页。

界"与"政界"两个政体间的和谐关系变为紧张状态，从而使教授变为政府和企业大亨两者的仆人，不再是"为民主社会服务的社会改革家，而成为为民主国家服务的改革家。"[19]当然，"学术共同体"并不甘于沉沦，知识分子及教授委员会也从未停歇过反思和抗争，他们在努力借助大学的平台来寻找和维护人类的尊严、人性的真实和人生的乐趣："1898 年西部大学的一位校长说，受过教育的人应该密切接触'人类生活的乐趣，而不仅仅是精神的或是审美的'。教育不应该培养出'一个神圣的，把接触物质利益看作不洁的阶级。'"[20]

第二节　科学主义、进步主义文化带来的大学高竞争性

　　"所谓'学术资本主义'，其实质就是市场或资本介入学术文化领域所产生的一种新的文化现象。从文化哲学的角度看，作为一种文化现象的'学术资本主义'本身便是一个矛盾体，暗含着人文精神与工具理性之间的较量与博弈。受此影响，处于'学术资本主义'中的知识分子很容易在价值观方面出现分裂与拉扯，导向价值虚无，这具体表现在三个方面：崇高价值与世俗价值的矛盾；思想自由与思想谄媚的冲突；精神独立与精神平庸的争执。如何和解这种冲突，预防价值虚无主义？最重要的是要重塑大学精神，在传统人文精神与现代理性的张力中找到平衡点。"[21]说起美国高等教育的腾飞，都绕不开洛克菲勒、卡内基等产业巨头，洛克菲勒通识教育委员会、卡内基基金会至今对美国教育的影响比任何机构都深远。自美国的资本主义巨头成为高等教育尤其是研究型大学的捐助者以来，竞争与市场文化就成为美国大学的制约因素，学术资本主义兴起，今天尤甚。

　　竞争与市场文化都源于科学主义在美国的广泛被接受，以及由此演化出的社会达尔文主义影响之下美国的进步教育文化。"科学已经成为社会进步与完善的手段和基础。许多靠抢掠发家的大亨在这些进化思想中，为其极端

19 [美]布鲁贝克著，王承绪等选译，《高等教育哲学》[M]，第 3 版，杭州：浙江教育出版社，2001 年，第 19 页。

20 [美]劳伦斯·维赛著，栾鸾译，《美国现代大学的崛起》[M]，北京大学出版社，2011 年，第 62-63 页。

21 李丽丽，〈作为一种文化现象的"学术资本主义"〉[J]，《文化研究》，2020 年第 1 期。

自由放任的商业行为找到了理由。约翰·D·洛克菲勒有一次在一个主日学校演讲时，将他的竞争行为比作自然界中的竞争，'一家大型企业的发展只是适者生存的例子……而不是商业中的邪恶倾向。这只是自然法则和上帝律法的体现'。"[22]而在教育界，大学之间的竞争文化则直接表现为对学校声誉位次的比拼与争夺。美国大学认为，学校的声望要基于知识生产的卓越。光向年轻的学生传授知识将不足以和欧洲大学正在取得的成就相媲美。[23]"研究的发展在两个重要方面导致了美国高等教育性质的基本变化。其一是责任，知识越来越专门化的趋势，这是与实用性运动同时发生的。其二，智力的解放，这更为直接地源自抽象研究的氛围，虽然智力越来越为人们接受在某种程度上归功于自由文化的倡导者。"[24]

"在十九世纪末，拥有远大抱负的新大学竭力吸引其他高校的教师，或者干脆开出更优厚的待遇从著名的新英格兰、大西洋沿岸中部地区的学校中挖人。"[25]"争夺最好的教师和学生已经成为贯穿二十世纪美国高等教育系统的一个重要和持久的特征。"竞争虽然推高了一流大学的运行成本，但竞争绝对迫使大学保持创新状态。事实上，竞争已经从整体上提高了美国大学的优秀程度。[26]"美国新大学参与的竞争激烈的名誉之战对它们的发展风格有重大影响。首先，它以古典的放任主义方式刺激了扩张。约翰·霍普金斯大学激励了哈佛；1891年斯坦福的成立对加利福尼亚大学是一次促进；伊利诺伊大学、威斯康星大学和密歇根大学对芝加哥大学的强大都被迫做出回应。""这一点很重要，因为人们有时候称赞美国学术发展的竞争风格，认为与欧洲大学体系相比，它孕育了革新和流动性。"[27]

---

22 [美]乔纳森·R·克尔著，冯国平等译，《大学之道》[M]，北京：人民文学出版社，2013年，第17页。

23 [美]乔纳森·R·克尔著，冯国平等译，《大学之道》[M]，北京：人民文学出版社，2013年，第23页。

24 [美]劳伦斯·维赛著，栾鸾译，《美国现代大学的崛起》[M]，北京大学出版社，2011年，第148页。

25 [美]乔纳森·R·克尔著，冯国平等译，《大学之道》[M]，北京：人民文学出版社，2013年，第23页。

26 [美]乔纳森·R·克尔著，冯国平等译，《大学之道》[M]，北京：人民文学出版社，2013年，第140-141页。

27 [美]劳伦斯·维赛著，栾鸾译，《美国现代大学的崛起》[M]，北京大学出版社，2011年，第348页。

不少研究专家认为，美国高等教育生态系统的"产出能力之所以如此强大，还有一个重要原因，那就是，美国拥有规模庞大、竞争激烈的国内教师市场。该市场是 1900-1925 年在少数几所著名学府之间形成的。在该系统中，教师的职业生涯可以解释为通过平级调动向上移动（upward mobility through lateral movement），这便使授课的经历变得非常重要，学校重视的主要是专业和研究产能，而非名气。在这种环境下，公立研究型大学只有通过规模经济和国家拨款才能提供和私立研究型大学的薪水相匹敌的薪水。"[28]

"从本质上来讲，美国大学体系按照企业的方式运作，受竞争和创新的驱动。其原因之一是伟大的私立大学从来没有由国家控制过。而且因为学术自由的传统，州立大学的教授未被当作'公务员'；他们也没有'公务员'的心态。伟大的大学不受官方控制的独立性，培育了卓越和独立、自主和创新。"[29]

神童出身的哈珀与财富巨人洛克菲勒就曾联手广挖人才，用财富和人才市场竞争规则使芝加哥大学在短时间崛起的典型例子，是美国高等教育进入白炽话竞争的写照。"哈珀的大学变成了一个运转良好、富有竞争力的机器，也引来了他的一些学术同侪的不满和批评。索尔斯坦·凡勃伦对这位作风新派的大学领导人及其与洛克菲勒的联系的反应是，给了他一个'学问巨头'的绰号。"[30]凡勃伦在写于 1918 年的著作中，就批评了上述这些新大学的治理结构。他书中所写的"学问巨头"与"行业巨头"联系太紧密了。一些美国高等教育的观察家也认为，这些新大学与超级富有的权力掮客联系过于密切了，他们不但是大学的捐助人，而且也是制定教育政策的董事会成员。在这些批评者看来，这些大学的校长们正在变成有钱有势者的雄心勃勃的仆从。[31]小奥利弗·温德尔·霍姆斯就声讨说这样的商业化知识，生产扭曲了真理观"对真理的最好检验是思想在市场竞争中使其被人接受的力量，而真理

28 [美] National Research Council of The National Academies 著，朱建平主译，《研究型大学与美国未来：美国繁荣与安全的十大突破性举措》[M]，湖南大学出版社，2015 年，第 33 页。

29 [美]乔纳森·R·克尔著，冯国平等译，《大学之道》[M]，北京：人民文学出版社，2013 年，第 142 页。

30 [美]乔纳森·R·克尔著，冯国平等译，《大学之道》[M]，北京：人民文学出版社，2013 年，第 25 页。

31 [美]乔纳森·R·克尔著，冯国平等译，《大学之道》[M]，北京：人民文学出版社，2013 年，第 31 页。

是安全实现人们愿望的唯一基础。"[32]

学术文化的商业性具有权强的两面性，它既通过市场带来了社会发展的高效，也同时带来了"人"和"大学"一定程度上的堕落，美国一些学者也曾对此进行反思和发生警告，大学可以拥有和出售它们的发现，这个想法直到最近才成为学术文化的一部分。……随着大学在创造具有实用潜力的新知识方面越来越多地居于舞台中心，人们对待知识产权的特点开始变化。……早期最有名的将专利商业化的努力来自威斯康星大学。……事实上，在《科学——无止境的疆界》中，范内瓦·布什就曾提出，专利制度的变化可能会有助于促进将发现推向市场。他建议，可以通过提供激励措施，使大学和产业界之间建立正式联系，促进创新。……1980 年《拜杜法案》的通过，使企业界和学术界之间的合作跨出了更大的一步。……德里克·博克在《市场中的大学》中肯定美国社会从大学做出的非凡研究发现中获得了好处，同时也阐明了对大学过分商业化的担忧：商业化带来的激励会使大学将其精力集中在次要而不是主要功能上，这种精力的重新定向可能会颠覆大学的基本理念。因为商业化对那些在大学工作的个人和容纳他们的机构都可能产生堕落性的影响，使每一方都屈服于大量金钱回报所带来的诱惑。[33]

"我们的文化有强烈的将一切东西商品化的倾向，要将所有东西转化为美元和美分，即进行成本效益分析。这不是伟大大学得以建立的基础。然而，在一个这些倾向盛行的文化中，可能难以让一些个人或者机构避免走上这条道路。我们必须建立结构性的机制来确保这些价值观岿然不动。"[34]

第三节 市场绩效文化与学术资本主义

无论实用主义、科学主义还是市场逻辑，必然要求效果、效能与效率，这最终导致学术资本主义。美国学者罗德斯和斯拉夫特对学术资本主义下的最直截了当的定义，指"一种使大学和教师致力于市场和准市场行为的制

32 [美]乔纳森·R·克尔著，冯国平等译，《大学之道》[M]，北京：人民文学出版社，2013 年，第 35 页。

33 [美]乔纳森·R·克尔著，冯国平等译，《大学之道》[M]，北京：人民文学出版社，2013 年，第 121-129 页。

34 [美]乔纳森·R·克尔著，冯国平等译，《大学之道》[M]，北京：人民文学出版社，2013 年，第 130 页。

度"，换句话说，所谓学术资本主义就是"大学和专业人员为获取校外收入所做的市场和类市场努力。"这些努力的目的是从大学的教育、科研和服务的核心职能中创收，追求利益的最大化正在成为组织和个人行为的基本出发点和终点。"[35]而这种学术资本主义当道之时，大学里的各种群体、各类职能都不可避免地商业化了，校长们不断加薪，也更加奔波应酬于"找钱买人"，我们来看一些美国人自己的描述："当我在哥大做教务长时，我花了大量时间招聘学术明星；我花了同样多的时间防止我们最好的学者和科学家被抢走。"接着作者讲述了请专家咨询评估后，哥大花费 4000 万美元以上代价终于挽留住三个年轻杰出人才的故事。"好在校长迈克尔·索文说，如果我能向他保证这些科学家像我说的一样棒，他就去找钱。我做了保证，而他也找到钱了——我们因此又一次击退了挖走我们最好人才的企图。……十年后，这三位科学家中有一人获得了诺贝尔奖，而其他两人也已当选为美国科学院院士。"[36]"就像精明的商人一样，大学校长和理事们企图付给教职员'市场价格'所要求的微薄薪水。在这方面，艾略特和吉尔曼比他们学院的实际经济情况所需要的更为吝啬。"[37]而教职员工也学会了谈判和在人才市场之间穿梭、游走，努力用高工资、高声誉寻找着知识分子的尊严："当 1910 年之后不久，泰勒式的'效率'狂热开始在学术界寻找目标时，涌现了很多反对意见，既有学术原因，也含有自我保护意识。大多数教职员，不论他们对狭义的学术自由持何种立场，都捍卫某些象征着自尊的东西。"[38]学术资本主义汹涌来袭，以至于美国很多有识之士看到了其深远的危害，以态度鲜明地发出哀叹和警告："今天的高深学问在价值自由，即不受价值影响的客观性方面，已大不如从前了，正在日甚一日地身不由己地卷入市场和政治舞台。由于公立院校和私立院校都具有了公共特征，显然，院外人士组成的董事会在代表公众对学院或大学的兴趣以及把这些院校的观点向公众解释方面可以起

35 王英杰，〈大学文化传统的失落：学术资本主义与大学行政化的叠加作用〉[J]，《比较教育研究》，2012 年 1 月，第 1-7 页。

36 [美]乔纳森·R·克尔著，冯国平等译，《大学之道》[M]，北京：人民文学出版社，2013 年，第 139-140 页。

37 [美]劳伦斯·维赛著，栾鸾译，《美国现代大学的崛起》[M]，北京大学出版社，2011 年，第 370-371 页。

38 [美]劳伦斯·维赛著，栾鸾译，《美国现代大学的崛起》[M]，北京大学出版社，2011 年，第 372 页。

重要作用。高等教育的管理机构必须是由专家和院外人士两方面组成的，学术自治才会实际有效。没有前者，大学就会信息不准；没有后者，大学就会变得狭隘、僵化，最后就会与公众的目标完全脱节。"[39]

第四节　理性回归与学术自由的捍卫

理性赋予了人类反思自身行为的能力。"今天生气勃勃的生活对于学院的要求不仅仅是学习和文化。它不在乎沉迷于无用知识的书呆子。它需要真正的人，认真实际的人，他们了解真实生活的问题并且能够应付这些问题。"[40]20 世纪初，一批有识之士就敏锐地指出大学过度商业化的潜在危机。如约翰·杰伊·查普曼就有点夸张地抱怨说："代表教育和学问的人具有企业家的理念。他们实际上就是企业家。今天掌管哈佛的人也和商人差不多，他们经营着一家向上百万人兜售教育的商店。他们的工作就是使其成为美国同类机构中最大的。"[41]约翰·杜威在 1902 年就清醒地断言："[学术]机构是根据其显而易见的物质财富来排名的，直到赚钱和花钱的氛围掩盖了只有金钱才能获得的利益。"[42]这样的控诉以极端的形式指责大学领导人或多或少直接听命于工业巨头。"就像老板是企业家的政治工具一样，学院的校长就是他们在教育界的代理人。"[43]声讨之余，也有众多学者在积极寻求"解药"，探索在商业环境下最大可能保护"学术自由"的有效路径。弗莱克斯纳就坚定地宣称："我一向主张大学与现实世界保持接触，同时继续不需承担责任。……大学可以在不牺牲理性、正直的同时，从实验的目的出发，提出建议，观察后果"[44]、"大学的精髓是学术自由，大学应该是学者的乐园，应是

---

39 [美]布鲁贝克著，王承绪等选译，《高等教育哲学》[M]，第 3 版，杭州：浙江教育出版社，2001 年，第 37 页。

40 [美]劳伦斯·维赛著，栾鸾译，《美国现代大学的崛起》[M]，北京大学出版社，2011 年，第 63 页。

41 [美]劳伦斯·维赛著，栾鸾译，《美国现代大学的崛起》[M]，北京大学出版社，2011 年，第 364 页。

42 [美]劳伦斯·维赛著，栾鸾译，《美国现代大学的崛起》[M]，北京大学出版社，2011 年，第 364 页。

43 [美]劳伦斯·维赛著，栾鸾译，《美国现代大学的崛起》[M]，北京大学出版社，2011 年，第 364-365 页。

44 [美]亚伯拉罕·弗莱克斯纳著，《徐辉、陈晓菲等译：现代大学论——美英德大学

他们没有任何约束的，按照自己的方式发展精神和智力的场所。"[45]而在商业化社会，"学术自由"存在的合法性与可能性又在哪儿呢？我们认为，美国的要素主义、人文主义等文化流派给出了三方面的理由：

（一）认识论理由

专业知识及高深学问的传递、生产规律要求学术必须自由探索真理："（大学里的）学术界不是人人平等的民主政体，而是受过训练的有才智的人的一统天下。由于经受了这种训练，运用真理的标准的自治得到了妥善保护。……学者们是生活在达尔文主义的世界里，真理像有机体和社会形式一样要不断发展。因此，学术自由所基于的假设是真理不是先行完成的。"[46]而正是由于这种教育达至公民才智成长论才创造了美国"辩论的文明"[47]和"高深学问的多元主义"[48]；"辩论的文明"的文明，就是"讲理的文明"，而"讲理的文明"才是公民社会和法制社会的基础。"高深学问的多元主义"接近我们常说的"百家争鸣"和"各成其家"，这是一个社会有活力和有创造性的基础支撑。

（二）政治论理由

即国家理性、社会进步的需要。1957 年负责斯威泽与新罕布什尔州诉讼案的首席法官沃伦说："对我们的学院和大学的理智领袖横加任何束缚都会葬送我们国家的未来。任何教育领域都没有被人们认识得如此深刻，以至于不再能取得新的发现。在社会科学方面更是如此，在这方面没有任何原理被认为是绝对的，即使有也极少。"[49]"学术自由的认识论基础是从 19 世纪的德国大学继承来的。""当政府试图搜查隐藏的卖国贼的时候，笼罩在教师头上捉摸不定的阴云使那些从事社会敏感问题的人感到胆怯和不安。这也许

研究》，浙江教育出版，2001 年，第 13 页。
45 Abraham Flexner, "The University in American Life", Atlantic Monthly, 1932.
46 [美]布鲁贝克著，王承绪等选译，《高等教育哲学》[M]，第 3 版，杭州：浙江教育出版社，2001 年，第 46-47 页。
47 [美]布鲁贝克著，王承绪等选译，《高等教育哲学》[M]，第 3 版，杭州：浙江教育出版社，2001 年，第 53 页。
48 [美]布鲁贝克著，王承绪等选译，《高等教育哲学》[M]，第 3 版，杭州：浙江教育出版社，2001 年，第 62 页。
49 [美]布鲁贝克著，王承绪等选译，《高等教育哲学》[M]，第 3 版，杭州：浙江教育出版社，2001 年，第 47-48 页。

远比那些隐藏的卖国贼们所能做的更有害。因此，想运用学术自由的对手的最坏的方法来保护学术自由，是不可能有好结果的。（麦克艾伯，1955）"[50]康马杰（1947）则强调："不忠诚测验不仅在应用方面是劳而无功的，而且在后果方面也是危害严重的。这些测验分散了人们对真正不忠诚活动的注意力，压制了由真正忠诚所激发的批评。从一开始，美国人就已经认识到存在着新的领域、新的真理需要人们去探索发现。想把美国方式限制为一种单一的形式，强令它成为一种单一的公式的任何作法，都是对美国方式中所有健康正确东西的不忠诚。"[51]

（三）道德论理由

布鲁贝克进而论证了学术自由在政治论、道德论基础上的合理性。[52]"迎接未知真理的挑战，需要鼓起勇气、摆脱理智障碍和理智保留，不这样做就不可能发现真理，即使发现也只能是局部的。因此，按照逻辑推理，忠实于高深学问看来需要尽可能广泛的学术自由。"[53]

"无论是从理论层面还是从实践层面，学术资本和学术资本主义都已经引起人们的密切关注，趋利取向是两者最为重要的行动边界。美国高校不但学术资本最为丰厚，而且也是学术资本主义理论产生的源发地以及学术资本主义现象的普遍流行之地。政治、市场、文化等外部力量的裹挟以及高校、管理者、教师等内部主体的跟进，是美国高校从学术资本到学术资本主义的演进动因。大学理念的商业性、大学职能的商品化和大学管理的公司化，无不表现出美国高校从学术价值到商业价值的趋利取向，学术资本主义作为一种实践已经向世界拓展。规避学术资本主义，既需要学术资本回归学术，也需要学术资本超越主义，更需要国家、高校和教师的责任担当。"[54]

而就民族国家高等教育整体实然而论，市场经济环境下"学术自由"应

50 [美]布鲁贝克著，王承绪等选译，《高等教育哲学》[M]，第3版，杭州：浙江教育出版社，2001年，第55页。

51 [美]布鲁贝克著，王承绪等选译，《高等教育哲学》[M]，第3版，杭州：浙江教育出版社，2001年，第55页。

52 [美]布鲁贝克著，王承绪等选译，《高等教育哲学》[M]，第3版，杭州：浙江教育出版社，2001年，第48页。

53 [美]布鲁贝克著，王承绪等选译，《高等教育哲学》[M]，第3版，杭州：浙江教育出版社，2001年，第49页。

54 胡钦晓，〈从学术资本到学术资本主义：以美国高校为中心〉[J]，《南京师大学报》（社科版），2020年第5号。

该是上述三论博弈平衡的结果，也是国家理性保持警醒和强势的结果：只有"学术自由"、"学术中立"，才能为国家、民族、社会的整体利益和长远利益可持续性地提供优质服务和智力、创造力支撑，这就是美国大学文化认可的"学术自由"与"社会进步"的关系：大学作为人类知识的仓库和智慧炼丹师的实验室，承担着传承、探索高深学问和把高深学问转化成智慧和社会发展能力的使命和责任。这种"智慧"接近柏拉图的"皇家科学"，代替了宗教对人类的指引作用，不断引导人类持续的"进步"从而也促进大学本身的进步。[55]

在美国大众文化认同里，大学应该在服务社会的基础上引领社会，而不能成为社会的风向标，从而盲目地迎合社会。用弗莱克斯纳的话说，即："大学应不断满足社会的需求，而不是它的欲望。"[56]应该说在认识论、政治论、道德论三种理性博弈之下，美国大学的"学术资本主义"得到一定程度的遏制和超越。但由于国际竞争的激烈和市场力量的强大，不容乐观的是这种"超越"的限度并不理想，因为资本主义对商业和市场有永远至高无上的吸引力。"尽管有些学者一直反对把高等教育作为市场商品，但市场压力似乎是影响学校决策制定的现实因素，能够解释学校中发生的变化。……当市场为组织的参与者提供退出权限时，他们对组织内发言权的兴趣也减弱了。"[57]

---

55 [美]布鲁贝克著，王承绪等选译，《高等教育哲学》[M]，第 3 版，杭州：浙江教育出版社，2001 年，第 140-144 页。

56 [美]弗莱克斯纳著，徐辉等，《译现代大学论——美英德大学研究》[M]，杭州：浙江教育出版社，2001 年，第 38 页。

57 [美]罗纳德·G·埃伦伯格主编，沈文钦等译，《美国的大学治理》[M]，北京大学出版社，2010 年，第 157-158 页。

第九章 "欧洲鸟与美国鹰"之启示：法治文化下美国大学的共同治理

　　大学治理的实质就是如何分权与合作，大学治理结构就是大学内外部利益相关者分权又合作高效运营大学的分工结构图谱；"结构"从何而来，又为什么会这样呢？"结构"是制度的硬框架表达，而制度无不镶嵌在国家、社会活生生的环境中而运行。所以，这种递进逻辑之下，我们不难理解治理文化就是如此分权的理由和让所有人都基本认可并能愉悦接受的分权依据、分工理念和保障大学高质量有效运行的合作环境氛围。而"权"（power,right）又是一种什么文化性质下的"强力"呢？大学这种特殊的学术组织又需要树立、保障一种什么样的权威才不至于大学在政治思维、市场逻辑双重夹裹之下迷失自我、偏离其组织特性从而窒碍学术活力呢？上述几章分专题的历史梳理和系统分析之后，我们基本上完成了厘清美国大学如何运作的动力系统的初衷。做历史的专题考察是因为"大学的历史让我们明白了大学为何而生。大学是有效地保育、保护和联系高深专门化学者的家园。"[1]同时我们注意到，对于大学这样的学术、文化组织，美国很多学者如斯特鲁普强调"权威"（authority）是比"权力"（power）更有意义的概念，这一观点可能与韦伯的不同性质科层组织有效运行理论是一脉相承的。韦伯认为，"权

1　[美]罗纳德·G·埃伦伯格主编，沈文钦等译，《美国的大学治理》[M]，北京大学出版社，2010年，第59页。

力"概念在社会学里是不确定的,他更强调"权威"的意义,任何敏捷、有效性组织都必须有某种形式的权威做基础。韦伯将权威分为三种类型:传统型、卡里斯玛型、法理型。这三种类型的权力集中程度和组织层级密度、森严度在近现代社会螺旋变奏,但总的趋势是民主社会的进步与科层组织的扁平化。科层制与民主的关系是社会学的经典话题。一方面,科层制建立在等级制基础之上,等级制可能导致极权主义,从而破坏民主;另一方面,科层制发挥正常功能,是实现民主的必要条件。科层制是现代社会中的一个悖论,建立在科层制基础上的种种现代"组织"无不需要经常检讨自己和自我革命以保障自身活力、敏捷性从而尽最大努力让自己"永续"和有价值。无数这样的敏捷、活力、有价值组织"万物互联"、"有机团结"从而"构建"成"生态、有机、创新、活力"的大社会。在现代社会,民主需要依赖于科层机构,如选举机构与高效率的生产机构保证了人们的高水平生活。另一方面,由于权力越来越集中于少数人手中,因此,科层制有可能会破坏民主制度。[2]但大学的知识传承与创新属性从来也永远不可能也不必要被建构成庸俗的一味追求形式"平等""民主"的机构。况且,世界的多样性越来越包容"多元民主"和"复数现代化"。大学制度产生于环境而服务于环境,大学运行的有效性必然也因为其源于开放的地域理性和服务于地域发展而呈现出丰富多彩的"全球地方性"。世界的一体化加大了制度理性的相互借鉴和共通性,但世界的多元差异与异样精彩也必然支持了和永远支撑制度的特色性和多元差异性。

就世界高等教育的"母大学"而言,法国的巴黎大学、意大利的博洛尼亚大学、英国的牛津、剑桥大学虽有共同质素,但又特点鲜明、各不相同。其存在形态、运作模式的不同,则是因为基于每个民族国家的政治、经济及文化形态基础上的大学理念、大学制度各异。正是由于环境文化不同,加之些许"历史的机缘与偶然",作为大学这样的普遍性建制和普世性结构,他们虽然用了同样的方式,但却在与环境的斗争中形成了截然相反的治理制度。[3]博洛尼亚大学起源于学生委员会雇佣教师学习知识,学生支付教师薪俸,并有权对教师进行解雇、罚款;而巴黎大学由全体教师掌控,后来逐渐演变成

---

2 林杰,〈美国院校组织理论中的科层制模型——以斯特鲁普的理论为原型〉[J],《北京大学教育评论》,2009 年 2 期, 第 143-161 页。

3 [美]罗纳德·G·埃伦伯格主编, 沈文钦等译,《美国的大学治理》[M], 北京大学出版社, 2010 年, 第 55 页。

教师与学生的联合体——university。当时的巴黎"吸引了欧洲各地的学生。他们来听卡里斯玛式的学者"4讲授各种超越世俗观念的思想体系。"迁移、联合抵抗和暴力（美国大学的发展史上有学者社会贡献赢得的社会宽容和支持，而斗争策略则主要是联合，如 AAUP）使得教师们的思想逐渐得以实现。……随着每一次艰苦斗争的结束，一些防御性的结构也逐渐确立……大学为学术探究开拓了一片安全的空间。"5德国大学依赖于坚守"学术自由"的教授团体。"俾斯麦之后，德国大学从巅峰开始走向滑落，而此刻正是以赠地学院运动为标志的美国大学群落崛起之时。19 世纪末 20 世纪初，伴随哈佛、耶鲁、普林斯顿等传统研究型大学的现代化改造，一个百舸争流的美国大学群落已经蔚为壮观。"6相较于欧洲大学，美国的高等教育是"后来者"，殖民时期九大学院之首的哈佛学院就是英国剑桥大学的摹本——"牛津是剑桥的母亲，剑桥是哈佛的妈妈"。而哈佛所在的小镇，也被命名为Cambridge，为了区别于英国的剑桥，中文译名称为"坎布里奇"。对此，有人打趣说："一只不错的英国老鸟孵化出美国的巨鹰来。"7为什么具有悠久传统的欧洲大学"老鸟"能孵化出美国大学这只"巨鹰"呢？作为本书的尾声，通过上述八章的铺垫和专题研究，我们简要归纳如下：

原因之一，是美国文化中的务实、批判和斗争精神，永远追求"有用与功业"和"进步与超越"，从而保障了美国人民极强的忧患意识、善于学习但不会执着于模仿和照搬。这是新兴国家实用主义与进步主义文化的精髓。与我们中国文化里"日新苟日新"、"变则通，通则久"式的革新文化有相似之处。只是起源于"荒原奋斗"的美国进步文化更具有冒险性、激进性、竞争性和开放性，这些特有质素决定了美国"进步"的规模和速度！尤其是开放性与激进性，在与相对保守、封闭的欧洲大陆对看时，美国的比较优势尤其突出，正如美国学者这样反思为他们培养了大批一流校长的德国教育：

---

4 [美]罗纳德·G·埃伦伯格主编，沈文钦等译，《美国的大学治理》[M]，北京大学出版社，2010 年，第 55 页。

5 [美]罗纳德·G·埃伦伯格主编，沈文钦等译，《美国的大学治理》[M]，北京大学出版社，2010 年，第 55 页。

6 胡钦晓，〈从学术资本到学术资本主义：以美国高校为中心〉[J]，《南京师大学报（社科版）》，2020 年 9 月，第 5 期。

7 世界名校牛津剑桥之争的历史起源，新浪读书，http://book.sina.com.cn/excerpt/eduhissz/2005-12-26/1032194915.shtml。

"然而在德国，这种模式开始变得僵化。高深专门化以及随之而来的偏狭，在与人文主义者渴望对知识进行整全理解的斗争中占了上风。竞争的缺乏以及顽固的官僚作风使得德国的大学开始衰落。今天，德国大学在很大程度上也是垂死而无生机的。"[8]；当然，这段话也暴露"爆发"的美国文化一定程度上的自大与傲慢。

原因之二，是教育全社会用"民族理性"敬畏学术、保护大学，并通过一系列联邦教育法令"推倒"了大学有形无形的围墙，务实而又创造性建立并拓展了"服务社会"大学功能，有效地确立了"大学发展"与"社会进步"的通联依存和敏捷、可持续互动关系。前述几章我们已用大量史料论证了在贫瘠的北美荒原上，有新教徒的务实、奋斗与变通，及在"新教伦理精神"基础上提炼出的美国民族理性——实用主义哲学与社会达尔文主义。这两样武器——"圣经和斧头"作为"五月花号"轮船上100多位美国先民的行李必备是这两样武器的"符号化写照"，帮助美国人民没有照抄照搬欧洲的样板，而是努力汲取欧洲先进大学基因要素的基础上，为确保大学与社会的一体进步，逐步培育出具有自己鲜明民族特色的优良大学基因。如"外行董事会"、"大学——社区共同体"等制度创新，通过构建多元利益相关者共同治理大学、学者组成的学术委员会充分基于教育规律保障学术优先和学术高质量，从而既保障了知识分子有限的学术自由——学者治学，又有效牵引大学学术服务国家发展，引领社会进步。美国大学文化的独特性就在于其守成与超越的精神，在继承欧洲教学、研究的基础上，始终坚持实用主义的"基础前沿研究"支撑下的创新促应用知识观，坚持大学在服务社会和大学与社会充分互动中壮大自己、凝练特色，进而引领社会，促使社会不断进步。有欧洲文化的学养和大学范式熏陶，加之新教伦理财富文化、牛仔奋斗文化氛围下新的"野心"与"宏图"，一批美国本土大学的校长们已能站在实用与进步哲学的高度，系统阐述美国的"实用知识观"，即"浸透"了实用主义、进步主义涵盖了政治论的美国版"知识论"。如怀特海曾阐述到："在某种意义上说，学习过程中应该存在一种从属的应用性活动。事实上应用是知识的组成部分……未被应用的知识是没有意义的知识。小心翼翼地保护一种大学，使其独立于周围世界各种活动之外，是扼杀兴趣、阻碍进步的最有

8　[美]罗纳德·G·埃伦伯格主编，沈文钦等译，《美国的大学治理》[M]，北京大学出版社，2010年，第58页。

效途径。独身不适于大学，它必须与行动结为伴侣。"[9]这种充分"开放""务实""融合"的知识观对新兴国家的快速发展极其有效。这虽然与我们中国传统文化明清实学、阳明"知行合一"的追求有些相似，但我们传统学术因为过早地放弃"极高明"地去"格竹"的"科学精神"，太过"心安理得"地安于缺失"天问"敬畏的"道中庸"，从而也让旧中国与"科学精神"和通过"学术创新"支撑社会快速、高质量发展错失良缘。

美国社会信奉这种创新精神和知识哲学，更将其提炼升华为实用主义的知识观、学习观，如约翰·杜威主张的结构（课程体系）与情境（行动场域）融合且携手并进的知识。加之后来的社会达尔文主义，美国大学坚信高深学问要转化为智慧，就必须接地气，重服务，促进步。"大学不仅是知识的仓库，而且是智慧炼丹师的实验室，直到自然科学与人文科学结成一个完整的领域。这种炼丹术或许就是柏拉图的《理想国》中关于需要一种启迪指导统治者的'皇家科学'的学说中包含的思想。"[10]正是在这种充分信任大学和知识分子对高深学问的试错性研究必然对国家、社会长远利益有利时，美国社会才如此尊重大学及知识分子研究的自由，这种建立于专业精神、旨在服务于国家与社会长远利益的美国特色的"有限学术自由"是继承德国纯粹"学术自由"基础上美国大学实践经验的总结。[11]美国高等教育取得的这种成就，是作为教师、学生的"学术人"与社会、政府既斗争、博弈又协商、合作的结果，同时也是是在丰富多彩的大学发展实践中遗传与变异平衡的结果。

天上不会掉馅饼，天下也没有免费的晚餐。纵观欧洲中世纪至二战前、美国殖民政府时期九大学院至"美国大学时代的辉煌"史，充斥着各种理念、利益集团、宗教与政治形形色色、尖锐激烈的斗争。可以毫不夸张地说，美国有今天领先于世界的高等教育成就，是种种力量和思潮持续斗争的结果，如美国闻名世界的各种大学诉讼案，足以证明美国"大学的产生简直就是美国的一场教育革命。"[12]而这所有的斗争，都是为了大学的发展、壮

9　[美]约翰·S·布鲁贝克，王承绪译，《高等教育哲学》[M]，杭州：浙江教育出版社，2001年，第113页。

10　[美]约翰·S·布鲁贝克，王承绪译，《高等教育哲学》[M]，杭州：浙江教育出版社，2001年，第141页。

11　[美]沃特·梅兹著，李子江等译，《美国大学时代的学术自由》[M]，北京大学出版社，2010年，第151页。

12　[美]沃特·梅兹格著，李子江等译，《美国大学时代的学术自由》[M]，北京大学

大、日益成为自身具有强大"主体性"的"高深学问传播与生成机构"——民族国家"历史智慧传承"、"当代智慧凝练"与"未来智慧生成"的参天大树。在这场旷日持久的斗争中，"大学"是"根深叶茂"且能刮风的"大树"还是随风倒伏的"杂草"，一定是"物种"与"环境"长期博弈的结果。"物种"有先天"基因"，也有后天的"杂交"、"改良"、"变异"、"转基因"；环境尤其是"社会人文环境"是可以要素测量、要素选择、要素移植、要素控制、要素配置的，这决定于民族理性与智慧，决断于国家治理方略与魄力。阿什比是生态社会学家、社会教育学家，其对大学生态的研究举世瞩目，值得借鉴。

原因之三，是美国的民主文化变革激活了大学组织结构和运营模式，赋予了美国大学治理结构有机性、敏捷性、协商性，从而最大限度地保障了大学的"学术组织特性"。我们通过一个小案例来说明这种民主文化与组织活性的关系。托马斯·亨特·摩尔根是将孟德尔的遗传学、达尔文的进化论和发育生物学结合到一起做研究的哥伦比亚大学科学家，他和学生合作进行的研究，就已经深深背离了德国大学模式。摩尔根在其实验室中已经创造出了新的组织结构，改变了教授和研究生之间关系的性质：他们不再是德国大学里的师傅和学徒关系，而是一个团队——学术共同体。这种变化的缘由，美国学者将其解释为民主文化作用的结果：哈佛、约翰·霍普金斯、哥大、芝大等美国一流的研究型大学在二十世纪开始前，全部受到德国研究型大学模式的影响，在这种模式中伟大的科学领袖对处于有序的层次结构中的下属发号施令。然而，摩尔根实验室的管理民主化，基于才干而不是论资排辈。如果有人要问世界各地的科学家，美国的独特之处是什么，他们会说是，而直到今天，外国科学家都因在实验室工作的学生对教授直呼其名感到吃惊。这样模式转变的结果是：在摩尔根的实验室里，一个人的想法的质量胜过年龄、资历和职位。他的几个弟子的"徒孙"之后继续赢得诺贝尔奖。[13]

在学习德国模式基础上变异出的美国新模式含有两个主要目标：做出最前沿的发现，并利用新发现的知识为美国社会服务。[14]而至于要提炼所谓的

出版社，2010年，序言。

13 [美]乔纳森·R·克尔著，冯国平等译，《大学之道》[M]，北京：人民文学出版社，2013年，第21页。

14 [美]乔纳森·R·克尔著，冯国平等译，《大学之道》[M]，北京：人民文学出版社，2013年，第23页。

"经验"，即究竟美国孕育、营造了什么样优秀、有利的文化环境，才生成了如此优良的大学制度、有效的治理结构呢？我们认为，这种创造世界一流大学的文化环境至少包括三个方面：

第一，守护大学理性。大学是人类渴望理性并且长期守护的产物。高等教育发展史上任何一次高等教育机构或制度的变迁，往往都是人类积极探寻高深学问以及理性繁荣的结果。[15]历史上，几乎所有大学都在恪守自身理性与客观性的基础上，通过设法部分满足各自所属的历史时期的社会需求来获得自己的合法地位。[16]从近代大学发展史上看，无论英国"大学是教学的机构"，德国"大学是研究的机构"，还是以威斯康星为代表的教学、科研和社会服务并重取向的研究型大学，大学理性无时不贯彻于其中。大学理性都表现为一种历史与文化传统，它既是稳定的，也是进步的，表现为张扬理性精神，追求知识与真理，把理性看成大学发展过程中的本质特征；其次，大学理性还是一种大学哲学观和方法论，关系到大学如何认识自身以及如何对待外部世界的问题。真正奠定西方现代大学理性基础的，是康德思想指引下的德国大学。这是一种和谐的大学理性：国家办大学，同时又赋予大学以自主性；强调民族国家的文化认同，又不流于民族主义的膨胀。因此，我们要通过系列大学理念的继承、甄别、转换、凝练、集约和固化出适合我们自己的大学理性，制定和实施基于大学理性和本土文化特点的大学章程。需要考虑并权衡现代大学赖以生存的基本价值观：学术自治、卓越的学术水准、学术事业至高权威、知识人心性自由与智性活跃等，探求当下中国大学的发展逻辑和内生动力。例如，要有基于现代性及专业精神基础上的教育家办学制度保障；要有基于"士大夫"精神上的对学术的敬畏和对"学术精神"的推崇；要有"民胞物与"、"家国情怀"基础上的"服务社会与奉献国家"制度保障，要有基于"知识分子"身心品质和职业特点基础上促使最大创造性的"终身教授"制度、"牧猫式"松散治理的理性倡导等等。

第二，营造追求卓越的文化。"美国人生活的显著特征是争强好胜与喜好流动。传统——无论是优秀的还是落后的传统——总是一种起稳定作用的力量。美国不管怎么说，实际上不存在阻碍进步或维护文化思想的传统。在

---

15 侯定凯，《中国大学的理性之路》[M]，上海：华东师范大学出版社，2009 年，第2 页。

16 张学文，〈大学理性：历史传统与现实追求〉[J]，《教育研究》，2008 年，第 1 期。

新世界的平原上，和风一吹千里，根本不存在阻碍它或减弱它的力量的防风林。"[17]美国的这种进取文化、求新文化无疑催生了美国大学的优良基因和明天会更好的"基因进化"模式。而中国的大学，基于重教亲师的文化传统，大学里的质疑行为和创新精神不足。吸收欧美重视学术、尊重高深学问研究的价值精髓和制度设计智慧，将"学术发展"等同于民族、国家、社会长远利益的高度理性和全民智慧，逐渐转化风尚，更多的给大学自由、自理、自治与自信，利用"去五唯"新制度设计更多的放权解绑，用新一轮制度改革激活大学组织，养成诚信、执着、敬业的专业精神和良好学风，从而实现通过强大大学而强大国家的宏愿，通过"教育救国"、"教育强国"实现中华民族的伟大复兴梦。

第三，推崇制度和规章的创新。文化是制度之母。不断创新的文化氛围无疑会催生更有效的制度与规章的创新。有了利于大学自由发展的文化氛围，就需要凝练这些文化要素中的智慧，设计出一套保障、规范大学健康发展的现代大学制度。治理结构是这套制度的骨架，章程是大学制度的"宪法"。现代国家的大学制度应该能充分保障大学能凭借其本身"社会良心"和敏捷学术组织特性，充分理解人类命运共同体文化、响应国家建设服务使命号召，尊重教育发展规律，自主寻求适合于其特殊目标定位的发展模式和发展路径。阿什比说："就遗传的角度而看，它表现为大学教师对'大学意义'共同的一致的理解。例如，大学应代表人类的精华、客观无私、发展理性、尊重知识的固有价值等等。……如果这种共同的认识强而有力，就形成一种强而有力的内在逻辑，而这种内在逻辑就有新的大学继承下去。"[18]大学模式虽千变万化，其核心质素却具有一定的共性与稳定性，如核心理念及质量标准。正如弗莱克斯纳所言："人类拥有判断质量优劣的理智标准。主题在变，问题在变，活动在变，但理念和质量继续存在。"[19]

美国社会学家库利在给文化定义时，使用了一个生动的比喻。他用一条河流和沿着这条河流的一条公路来比作人的生命。河流是自然的、生物的、

---

17 [美]亚伯拉罕·弗莱克斯纳著，徐辉、陈晓菲等译，《现代大学论——美英德大学研究》[M]，杭州：浙江教育出版，2001年，第30页。

18 [英]埃瑞克·阿什比著，滕大春等译，《科技发达时代的大学教育》[M]，北京：人民教育出版社，1983年，第114页。

19 [美]亚伯拉罕·弗莱克斯纳著，徐辉、陈晓菲等译，《现代大学论——美英德大学研究》[M]，杭州：浙江教育出版，2001年，第34页。

先天的；公路是文化的、社会的、教育的、后天的。作为文化的公路是一种发展，在早期的生物的生命中不存在。后来沿着河流模糊起来、充实起来、精致起来、发达起来。而这个后天由人创造的公路就是文化！[20]这种动态历史文化观，与我们"仰观俯察，人文化成"的中华文明智慧是异曲同工的。

历史悠久的中国具有上下五千年的文化和两千余年的以"太学"[21]和"书院"为主要形式的"高等教育史"，但严格现代意义上作为高深学问进行分科研究的专业化建制性"大学"（university）却移植于西方。学术界及社会民众普遍认为，中国高等教育的近代化、现代化的开端始于不断向西方学习和借鉴，我们认可这种关于"中国大学"的"宏大叙事"，并将其作为本研究的背景。而深入大学内部究其实质地比较，我们会发现虽经百余年时断时续、左偏右斜地向外学习（日欧美苏美），当下中国的大学虽然在分科研究和院系设置上一定程度上复制了西方，但其"组织特性"却是基于其自身制度文化氛围慢慢演化的结果。中国高等教育的起步时期还带有较浓郁的"翰林院"、"太学"的影子，但经过百年努力和奋斗，历经数次改革和调整，中国高等教育无疑已经取得了举世瞩目的成就。从旧中国的山河破碎，百废待兴，到今天中国日渐成为世界瞩目的经济大国、教育大国，高等教育所起的人才与智力支撑作用毋容置疑。换言之，虽曾照搬、学习西方大学制度，但由于中华文明的博大智慧和中国人民的务实精神，尤其是新中国历经数次改革，党和政府不断自我反思和自我突破，一百年奋斗终于建构起有中国特色的社会主义高等教育体系，为成为世界一流的高等教育强国打好了坚实基础。

当然，"复数现代化"的多元世界更鼓励开放性互鉴。自信与检讨、忧患与反思才能走向持续的进步，学界众多的学者会在国际比较中搜寻智慧，提炼经验。"不同社会背景下的大学具有不同的治理结构，这种属性被称为组织的社会嵌入性，反映了制度环境对组织的影响。以美、英、中三国为例，美国大学治理结构中的核心关系是董事会（governing board）和校长（president），英国大学是评议会（council）和校长（vice chancellor），中国大学则表现为'党委领导下的校长负责制'。"[22]坚守大学的基本属性，注重

---

20 曾小华，〈文化、制度与制度文化〉[J]，《中共浙江省委党校学报》，2001 年 2 期，第 30-36 页。

21 曲士培，《中国大学教育发展史》[M]，北京大学出版社，2006 年，第 4 页。

22 管培俊、阎凤桥、曹晓婕，〈中国一流大学治理体系现代化研究〉[J]，《中国高教研究》，2021 年第 9 期，第 1-9 页。

"学者自治"和"学术权力"的保障，西方大学由"学习的社团"到"学术的共同体"、"价值的共同体"，呈现了"大学"这种学术组织发展与繁荣的轨迹。而中国的大学发展，通过长期的学习和基于本国文化的创造性建构，虽然我们仍然在检讨自己大学的种种弊端，归结为还没有完全遵照"知识增长"和"学术研究"的内在规律对待大学，依然还遗留有长期将大学作为"国家机构"进行"行政管制"的偏差。这也就是学术界普遍共识的中国大学"现代性"的不足与"组织性质"的偏离——当然，这种"现代性"应该是基于自己文化批判、继承、创新基础上的"全球地方性"中的"现代性"，而不是一味的照搬与移植。要实现中国大学的"现代性"，解决当下大学面临的种种弊端，最紧要的下手处在于"通过大学制度建设，恢复大学的组织特性，使其按照教育教学规律办学"[23]。可喜的是，中国政府 2013 年提出"国家治理体系和治理能力的现代化"，从而大学治理体系和治理能力现代化的问题也顺理成章地成为"国家治理体系和治理能力的现代化"的题中应有之义。籍建党 100 周年建国 70 周年新中国建设成就总结、经验教训检讨、未来展望与规划设计全面展开之际，教育部也加大了以破"五唯"新教育评价为突破口的新一轮大学治理全面改革，越来越遵循知识生产与创新内在规律、具备现代学术组织"组织特性"和"共同治理结构"的中国新高等教育体系值得期待。也有学者认为"中国大学治理的显著特色，如党委领导下的校长负责制、教代会、'双带头人''双肩挑'等。在现代社会，政党与行政并存，前者代表理想或变革，有实质理性的含义，后者代表稳定，有形式理性的含义，两者的结合是否可以形成'科层民主'和'科层创新'功能，从而克服西方科层组织面对的困境，则是一个待进一步考证的命题。"[24]

清醒的认识是行动的开始。面对欧美"世界一流的现代性大学"，我们仍需继续学习。而"独特现代性"中的"全球地方性"，又要求我们要研究制度移植的文化土壤，只有基于文化土壤性质的主动调适性"变异"，才能保障制度移植的"存活"和"创新"。即所谓的不同性质的文化就会有不同

---

23 钟秉林等，〈中国特色现代大学制度建设〉[J]，《新华文摘》，2011 年第 23 期，第 118 页。

24 管培俊、阎凤桥、曹晓婕，〈中国一流大学治理体系现代化研究〉[J]，《中国高教研究》，2021 年，第 9 期。

性质的社会制度。因为，"人在对物质进行加工改造或变革的过程中，把自己的思想、风格、信仰、追求、……汇聚于其上，这样形态的物质便具有了文化的性质(或含义)。"[25]关于多目标复杂共同事务，中国本土文化里有"民本"、"三才王道"、"德治"、"法治"、"责己重群"、"群策群力"等闪光思想资源，但却偏于境界的向往，短于将美好理想落于实处，即通过什么样的制度体系让"群"参与"治理"，实现"群策群力"基础上的"公共善治"与最大化共赢。

我们赞同大学治理结构是现代大学制度基石[26]的论断，但同时也想强调：探询治理结构背后的价值意蕴和文化基础与介绍其制度框架、治理结构同样重要，而更重要的是将这些价值精神与本土文化相融合，培植、创建起适宜本土文化土壤的治理结构，这比急功近利地照搬其治理结构更重要、更有效。因为大学共同治理作为西方 20 世纪 90 年代以来"新制度主义"视野下的大学制度框架，是西方管理文化和观念与时俱进的产物。"新制度主义将人为的规则和程序作为制度的基本构成单元。要让制度独立地存在于'那里'，它们首先必须被社会性地建构'于此'，即在那些有利益关系的个体行动者的头脑当中。只有被个体的认知行动赋予了意义之后，制度才具备作为客观社会结构的威力。"[27]对此有深切体会的前中山大学校长黄达人教授总结说："大学的文化与制度是虚实相成的。制度是形而下的'器'，文化则是形而上的'道'。制度是'迹'，文化则是'所以迹'。有好的制度才能确保正常组织与运作的效率，才有规范可依。而在大学制度之上，还有大学文化……文化是大学核心竞争力最重要的组成部分，对大学发展的影响是潜移默化、大道自然的，然而更为深远。"[28]

本研究强调，制度体系的学习、治理结构的借鉴应该与基于本国文化传统的价值理念的学习、融汇、创新、转化同样重要、同步进行。因为，没有适宜的文化"土壤"，制度移植难以存活。用王英杰教授的话说："钱学森之

---

25 张楚廷，〈大学的文化自觉初论〉[J]，《现代大学教育》，2010 年，第 3 期。

26 欧阳光华，《董事、校长与教授：美国大学治理结构研究》[M]，北京：高等教育出版社，2011 年，王英杰序。

27 [美]海因兹·迪特·迈尔、布莱恩·罗万，〈教育中的新制度主义〉[J]，《北京大学教育评论》，2007 年，第 1 期。

28 吴承学，《大学的观念与实践》[M]，黄达人序，北京：商务印书馆，2011 年，引言。

问"的存在，一言以蔽之，是因为"中国大学缺少大师成长的制度环境和校园文化。"[29]习总书记在纪念孔子诞辰 2565 周年讲话中指出："任何一种文明，不管它产生于哪个国家、哪个民族的社会土壤之中，都是流动的、开放的。"基于这样的认识，我们学习欧美大学制度，研究介绍其治理结构、运行模式的同时，一定要更深入、系统地研究其结构、模式形成背后的文化氛围与逻辑基础，从大学组织文化尤其是制度文化视角，梳理出一条美国大学治理演变的逻辑线索，以飨中国高等教育改革探索中基于自己本民族文化自信基础上的现代大学制度设计。有目共睹的是，"无论是从中国大学的百年发展还是改革开放的 40 年历史看，都可以看到其现代化的一面，在规模、结构、质量、效益等方面均有了长足的进步，缩短了与世界先进国家高等教育之间的距离，在某些方面正在跻身前列，这样的高等教育系统及其对高级专门人才的供给，必将为中国现代化目标的实现提供强大助力。在高等教育现代化进程中，中国既表现出与世界发展态势趋同的一面，同时也表现出自己独特性的另一面。"[30]

当然，学习的基础上，我们更应该警醒、检讨和规避美国"学术资本主义"的泥潭。既要接受"'学术资本主义'是由全球化和知识经济所带动的一种学术市场行为或学术市场化倾向，是现代启蒙运动不可逆转的趋势。"理解"启蒙所导致的工具理性对人文精神的僭越，引发了启蒙意识的倒退或'启蒙悖论'这一现象。"[31]又要充分警醒其作为"双刃剑"而潜在地具有深刻、广泛的危害性。国内外诸多学者和众多知名大学校长一直在呼吁高度重视"学术资本主义"和过度绩效主义对大学和学术的戕害，"历史发展总是表现出惊人的相似，如果从芝加哥大学（1890 年）、斯坦福大学（1891 年）的创办算起，美国大学占领世界高等教育之巅也已经长达一个世纪。在这一个世纪里，与德国大学在 19 世纪 70 年代开始从走向滑落一样，20 世纪 70 年代美国大学也遭遇自产生以来的最大冲击———学术资本主义。尽管我们尚不能断定学术资本主义是否会将美国大学引入穷途，但是，从中世纪大学和

29 王英杰，〈学术神圣——大学制度构建的基石〉[J]，《探索与争鸣》，2010 年，第 3 期。

30 管培俊、阎凤桥、曹晓婕，〈中国一流大学治理体系现代化研究〉[J]，《中国高教研究》，2021 年，第 9 期。

31 李丽丽，〈工具理性对人文精神的僭越——从《启蒙辩证法》看"学术资本主义"〉[J]，《教学与研究》，2020 年，第 6 期。

德国大学走向没落的历史演进中不难看出,学术资本主义乃学术资本发展之恶,学术资本主义乃大学发展之恶是毋庸置疑的。"[32]

政治制度属性和中国最新的改革趋势都有利于我们规避这样的"学术资本主义之恶"。中国特色的社会主义大学必然要为国家富强、社会共同富裕、人民生活共同幸福提供人才、智识、方略、文化保障,这必然要求中国大学的"学术"不会完全放任给"市场",更不会泛滥为"资本主义"。这是我们的制度优越性,也是我们"大学传统"和"学术理性"的力量。当然,我们也必须保持高度开放拒绝内卷,应该看到美国很多大学里仍有非常多的学者在追寻学术文化、坚守"学术"阵地,懂得大学与社会发展的制约与平衡。如斯坦福大学教授理查德·达舍在接受中国学者访谈时就谈到大学的"批判性思维"、"人文社科研究"和这种"平衡":"另一个对中国大学的建议就是平衡满足市场需求的'市场驱动'以及学术自由。大学并不能仅仅成为工业界的培训项目所在地。大学需要教授批判性思考,需要致力于科学和人文的基础研究,而这超出了产业界的社会角色。大学需要成为一个中立的地方,这样人们可以探讨诸如伦理这样的问题。大学是所有这些角色的结合,使之成为一个独特的地方。我认为大学的基础任务就是教育和基础研究,以及一定的应用研究。但创新是大学和工业界联系的重要桥梁。当然每个教授都希望他们的毕业生能够找到好工作,所以他们需要跟产业界相关的知识,包括伦理和从人文科学中学到的批判性思考。当研究中出现了可以应用在现实世界的技术时,大学需要知道什么是合适的孵化时机。大学不是做生意的地方。除了初创企业外,很多时候我看到斯坦福大学内很多孵化器和风险资本最后会独立出去,因为他们本质上是商业。所以我认为创新是存在的,大学需要提供给学生基础知识,以便学生能够参与到创新中来。但除非你真的创办了公司、获得了投资、为你投入的资金冒风险、体会那种每天的压力,否则你就不是真的在做商业。所以大学和商业世界也需要有一定的界限。"[33]

随着特朗普一定程度对高等教育的破坏和拜登总统对高等教育政策的纠

---

32 胡钦晓,〈从学术资本到学术资本主义:以美国高校为中心〉[J],《南京师大学报》(社科版),2020 年 9 月,第 5 期。

33 马晓澄、彭茜,〈硅谷的最大危险:美国摒弃全球化——专访斯坦福大学教授理查德·达舍〉[J],《清华管理评论》,2019 年第 6 期。

偏和调整，美国大学会更加重视人才和创新，会加强政府资助、保障弱势群体权益和通过利好政策吸引并留住国际学生三方面入手对美国高等教育进行改革。拜登高等教育政策主张反映出美国政府未来鼓励学生接受高等教育、支持创新与倡导平权的教育改革方向，一定程度上亦体现出拜登欲借助高等教育促进美国经济复兴、科技发展与社会稳定的政治意图。[34]但出于霸权主义和强化对抗性竞争意识，一定程度上也加强了对大学的政治施压和学术自由的限制，有事实表明有"麦卡锡主义"回潮的迹象。防止历史悲剧重演，美国应该反思和警醒，中国也应该引以为戒。

---

34 刘宝存、商润泽，〈拜登时代美国高等教育将去向何方——新任总统拜登教育政策主张述评〉[J]，《比较教育研究》，2021 年第 6 期。